Os eixos da linguagem

Luiz Costa Lima

Os eixos da linguagem

Blumenberg e a
questão da metáfora

ILUMINURAS

Copyright © 2015
Luiz Costa Lima

Copyright © desta edição
Editora Iluminuras Ltda.

Apêndice ©
"Selbsterhaltung und Beharrung. Zur Konstitution der neuzeitlichen Rationalität". In: *Subjektivität und Selbsterhaltung. Beiträge zur Diagnose der Moderne*. Frankfurt am Main: Surhrkamp, 1976

Capa
Eder Cardoso / Iluminuras

Revisão
Jane Pessoa

CIP-BRASIL. CATALOGAÇÃO-NA-FONTE
SINDICATO NACIONAL DOS EDITORES DE LIVROS, RJ

L698e

    Lima, Luiz Costa
      Os eixos da linguagem : Blumenberg e a questão da metáfora / Luiz Costa Lima. - 1. ed. - São Paulo : Iluminuras, 2015.
      274 p. ; 23 cm.

    ISBN 978-85-7321-473-4

    1. Literatura. 2. Linguagem e línguas. I. Título.

15-23460   CDD: 809
                        CDU: 82.09

2015
EDITORA ILUMINURAS LTDA.
Rua Inácio Pereira da Rocha, 389
05432-011 - São Paulo - SP - Brasil
Tel./Fax: 55 11 3031-6161
iluminuras@iluminuras.com.br
www.iluminuras.com.br

A Rebeca, companheira sempre.

Aos poucos amigos, de que nomeio os que me tiraram do poço:
Wolf-Dieter Stempel e Sepp Gumbrecht.

Ao CNPq e à Faperj, pelo apoio financeiro.

[...] *man das Übergreifen über sich selbst als das Urphänomen des Lebens überhaupt erfaßt hat.*

[...] Reconhece-se como o fenômeno originário da vida ir além de si mesmo.

G. Simmel, *Lebensanchauung* (1918)

TEMÁRIO

Introdução, 11

PRIMEIRA SEÇÃO
CONSTELAÇÃO DE PARTIDA

CAPÍTULO I
O que se extrai de um legado, 17
    1. Primeira aproximação, 17
    2. Heidegger e a questão da essência, 26
    3. Traços da fenomenologia clássica, 33
    4. O Ensaio sobre a origem da linguagem, 61
    4. Arnold Gehlen desenvolve a *Abhandlung*, 67
    5. O terceiro elo: entrada em cena de Hans Blumenberg, 73

CAPÍTULO II
Husserl diante da *Krisis*, 79
    1. Um certo regresso, 79
    2. O agravamento das condições sociopolíticas, 85
    3. O Pensamento repensa seu trajeto, 90
    4. O sentido buscado pela *Krisis*, 93
        4.1. O Questionamento de Descartes e a *epoché* radical, 103

SEGUNDA SEÇÃO
A IRRADIAÇÃO DA NÃO CONCEITUALIDADE

CAPÍTULO III
Antecedência da metaforologia, 121
1. Escolhas e exclusões, 121
2. A Metáfora no *Historisches Wörterbuch der Philosophie*, 125
3. Rápida consideração da *Retórica*, 131
4. *La Métaphore vive*, de Paul Ricoeur, 136

CAPÍTULO IV
A Reivindicação da não conceitualidade, 141
1. Um pouco de quem se fala, 141
2. Dois primeiríssimos ensaios, 145
3. Tempos modernos e legitimidade (um fragmento), 154
4. Apreciações decisivas: Dirk Mende, 163
    4.1. Rüdiger Campe, a metáfora como produto semiacabado, 168
    .2. *Felix Heidenreich: a inconceitual*idade, 176
5. Primeiras peças: os *Paradigmen, 181*
6. "Perspectiva para uma teoria da não conceitualidade", 190
7. A mosca na garrafa, 193
8. A teoria da não conceitualidade, 196

APÊNDICE
Autoconservação e inércia Para a constituição da racionalidade moderna, 203

OBSERVAÇÃO FINAL: EM VEZ DE CONCLUSÃO, 255

REFERÊNCIAS BIBLIOGRÁFICAS, 257

OBRAS DO AUTOR, 269

INTRODUÇÃO

A vítima de um delírio só o reconhece quando ele é passado. Como, no caso, a vítima foi aquele que aqui se acusa, ela pode dizer que este livro é produto da subtração de um delírio.

O delírio consistiu em, a partir da questão metaforológica, cobrir o máximo que conseguisse da obra de Hans Blumenberg, até descobrir o elo de articulação da metaforologia com o que tenho proposto em favor de uma teoria da ficção verbal, a chamada literatura. O delírio esteve na ambição de dar conta daquele máximo. Ele só foi domado quando verifiquei que o esforço de anos só teria resultado quando me contentasse com o que afinal é aqui exposto. O que escrevo a seguir surge portanto depois de uma viagem sem rumo.

Espero que seu resultado mostre que a subtração foi efetivada e que o delírio guardara uma amarra no realizável. Esclareço ainda que o "Apêndice" se impôs a partir do reconhecimento do que não poderia ser feito — que suporia tratar das metáforas da secularização, até aquela que, aplicada aos Tempos modernos, os desmoralizava [*Die Legitimität der Neuzeit*] (versão definitiva: 1988), das metáforas na história das ciências (*Die Genesis der kopernikanischen Welt* (1975), da metáfora da caverna (*Höhlenausgänge* (1989). Intitulado "Selbstbehauptung und Beharrung. Zur Konstitution der neuzeitlichen Rationalität" [Autoconservação e inércia. Para a constituição da racionalidade moderna] e publicado em obra coletiva, em 1976, o Apêndice mostra que o entendimento estoico da *Selbstbehauptung* como "autoconfirmação": era uma qualificação metafórica, que se modificara com o adiamento da escatologia, ainda anunciada por João e Paulo, apresentando-se, no pensamento medieval cristão como "autofirmação" do homem, conquanto subordinada ao Criador. Com isso, o enunciado cartesiano do *cogito* recua temporalmente e não mais é tomado como abertura do pensamento moderno. Este, em que a "autofirmação" se torna plena e concentrada no sujeito individual, antes resulta da perda pelo homem da condição de centro do cosmo, resultante da descoberta das leis da mecânica celeste por Newton.

***

O ensaio que se apresenta procura esclarecer que, de acordo com a metaforologia de Hans Blumenberg, ao contrário do que se tem suposto desde a identificação da retórica com o ornamento persuasivo, a linguagem não tem um caráter piramidal, em cujo topo estaria o conceito. A linguagem está sim investida de dois eixos: se o primeiro culmina no conceito, o segundo extrapola o formato do conceitual e encontra seu ápice na formulação metafórica.

A possível eficiência do argumento a desenvolver seria *a priori* prejudicada caso o realce metaforológico (também se poderia dizer do eixo não conceitual) fosse entendido como um tópico entre os muitos que o filósofo desenvolveu, e não como fundamento do rizoma que forma sua obra. A verificação não deixa de ser embaraçosa: explorá-la a fundo exigiria um livro de tamanho incalculável e uma especialização filosófica que não é minha.

Se os dois obstáculos já seriam bastantes contra a figuração ideal deste livro, ainda não a esgotariam, pois ainda não se teria referido que, escrito na periferia dos trópicos, se dirige a um mercado reduzido, não refinado e de mínimo interesse por tal tipo de questão. Talvez mesmo por essas razões, o país não dispõe de biblioteca aparelhada da bibliografia de que necessitamos.

Os três motivos são a razão por que os itens que antecedem à tematização central da linguagem tiveram de ser reduzidos a seu horizonte básico. Essa decisão explica não utilizarmos grande parte da obra do autor que, basicamente, será o esteio do argumento, ou que ela seja referida de maneira bastante sumária. A mesma razão, por outro lado, explica que tenhamos escolhido a póstuma *Beschreibung des Menschen* [*Descrição do homem* (2006)] como o livro a servir de guia na condução dos temas. Se assim as dificuldades acima apontadas não desapareceram, ao menos se tornaram contornáveis.

A primeira parte da *Descrição do homem* consta de uma minuciosa discussão da fenomenologia de Edmund Husserl. Ela será fundamental para penetrarmos no sorvedouro do pensamento de Blumenberg, por ter sido aquele o filósofo que mais lhe importou para a constituição de seu pensamento. Mais precisamente, porque será da metaformofose a que o pensamento de Husserl é submetido, que derivará a antropologia filosófica que irá propor e onde se alojará a bipolaridade da linguagem.

Será possível realizar esse propósito sem estar respaldado pela presença da *Husserliana*, i.e., das obras completas do filósofo discutido, rejeitado e desdobrado?! É evidente que não dispor, literalmente, daquela companhia mais do que ousadia é uma decisão que nos deixa próximos do delírio que supomos haver dobrado. Mas, sem a vontade de fazer o elogio do desvario, se não a ousássemos, o propósito de repensar o problema da metáfora — para com ela arrematar a teorização a que temos nos dedicado do ficcional —, de situá-lo ante o privilégio concedido ao conceito, ao perder seu mais amplo contexto teórico, pareceria uma questão apenas para especialistas.

Se o que dissemos valida o encaminhamento que será dado, explicita-se não se pretender que, acompanhando exaustivamente um dos parceiros da discussão, enquanto o argumento contrário, de Husserl, poucas vezes aparecerá com suas próprias palavras, não deixará de prejudicar este livro. É certo que Blumenberg mantém, mesmo no mais aceso da divergência, um tom respeitoso, mesmo de admiração, pelo contestado. Mas o pressuposto não bastará para que, de minha parte, supusesse que, ao retomar o embate, alcançasse a verificação do lado que, conforme penso, saíra vitorioso. Resultado semelhante só seria possível em condições que não puderam ser minhas.

Pede-se, portanto, ao leitor que atente para a restrição assinalada: nem se pretende uma interpretação da obra de Hans Blumenberg, nem tampouco seu confronto exaustivo com a fenomenologia clássica, mas levar seu pensamento ao campo de uma teoria da ficção verbal. Concretamente, mesmo já elegendo uma só obra, a *Descrição*, como aquela a ser tratada com esmero, não estaremos obrigados a acompanhá-la senão pelo item, o da "tecnificação", em que se concentram a convergência e a divergência dos dois pensadores. Secundariamente, pelo destaque do confronto de Husserl com seu ex-discípulo, logo convertido em rival, Martin Heidegger. Mas, para não diluirmos nosso propósito, dedicaremos o capítulo seguinte à última obra em que Husserl ainda trabalhava quando a morte o interrompeu, *Die Krisis der europäischen Wissenschaften und die transzendentale Phënomonologie* [*A Crise das ciências europeias e a fenomenologia transcendental*].

Reitere-se, porém, que nossa base estará em Blumenberg. Não haver escrito introdução alguma à sua vasta obra, muitas vezes nem sequer citando alguns dos livros seus ou sobre com que trabalhamos, não nos deverá impedir de recorrer a outras fontes suas, além, especificamente, da *Beschreibung des Menschen*.

Mas o que dissemos ainda não ressalta o propósito elementar deste livro: a amostra de que a linguagem, não se realizando no conceito, mas abrangendo todo o campo da não conceitualidade, pretende conter um elo fundamental para a teorização da *mímesis* verbal, que temos procurado desenvolver desde o *Mímesis e modernidade* (1980).

Aqui tenho de constatar que a aproximação do elemento básico da não conceitualidade, a metáfora, mais especificamente do que Blumenberg chamará de metáfora absoluta, com a *mímesis* foi mais insinuada do que efetivamente verificada. Enquanto *espero* ainda ter a oportunidade de demonstrá-lo, apenas posso acrescentar: se a metáfora é o recurso decisivo de um dos dois eixos da linguagem, a *mímesis* é um modo de configuração diferenciador de formas discursivas. *Se a mímesis está na raiz do discurso ficcional, inexiste por completo apenas no discurso puramente matemático.* É fora desses extremos a ficção verbal e plástica versus a formulação estritamente matemática que sua presença se torna problemática. Assim se mostra na filosofia, nas ciências sociais, na escrita da história. Se estas são movidas pela ambição de dizer ou o que *é* ou o que houve, as três em comum são acossadas pela correspondência não desejada pelo filósofo, pelo cientista social ou pelo historiador, ou seja, pela correspondência inconsciente com *a posição* que os três guardam com o que, contemporaneamente, se entendia como realidade.

PRIMEIRA SEÇÃO
CONSTELAÇÃO DE PARTIDA

CAPÍTULO I
O QUE SE EXTRAI DE UM LEGADO

1. Primeira aproximação

Sei que optei por um caminho difícil. O capítulo de abertura é uma prova de fogo, após o qual talvez restem poucos leitores. Mas, para cumprir o que me prometera, não havia outro modo, pois, sem ser sobre o pensamento heideggeriano, tampouco sobre o de Husserl, nem sobre o de Blumenberg, este ensaio não poderia prescindir dos mesmos. Os três pensadores nele entram, em escala ascensional, enquanto vias de acesso a uma problemática, a do eixo metafórico da linguagem, que se pretende contribuir, não diretamente à reflexão filosófica, porém como mais um passo a uma certa teoria da ficcionalidade literária; a partir da qual se acena para o equacionamento não hierárquico das diversas modalidades discursivas.

***

Em 1986, dez anos antes de falecer, Hans Blumenberg publicara o *Lebenszeit und Weltzeit* [*Tempo da vida e tempo do mundo*] (Lz-Wz). Embora a sua ampla parte mediana tenha uma temática mais variada, as seções de abertura e conclusão mostram a centralidade que a configuração da fenomenologia clássica mantinha sobre si.

A primeira seção, sobretudo, "Das Lebensweltmißverständnis" [O mal-entendido do mundo da vida], não poderia ser excluída da aproximação com Husserl, porque, ainda quando esboce questões a serem aprofundadas nas notas que, reunidas postumamente, formarão a obra a ser destacada, em troca levanta pontos decisivos no modo como o autor compreendia a posição husserliana.

Nossa atenção estará concentrada na maneira como Husserl reflete algo aparentemente geral e nada específico: a questão do *mundo*; e como ela conduz à singularidade de sua compreensão do *fenômeno* e, daí, ao conceito de *Lebenswelt* (mundo da vida).

A seção de abertura praticamente começa com uma alusão a um discurso acadêmico pronunciado por Husserl, em 1924. Na reelaboração do texto para publicação, que afinal não se cumpriu, Husserl introduz o termo *Lebenswelt*, que, sem substituir a simples palavra *Welt*, de Kant, no entanto vai com ele articular-se profundamente. É o que Blumenberg assinala a partir da frase de Husserl: *Die Welt gewann eine unendliche Weite, sobald die wirkliche Lebenswelt, die Welt im Wie der Erlebnisgebenheit betrachtet was* [*O mundo ganhou uma amplidão infinita tão logo o mundo da vida real foi observado, o mundo no como do fato vivencial*] (Blumenberg, H.: 1986, 10).[1] A alusão a Kant está contida em também associar a "infinitude" ao mundo. Se Kant tomava o "mundo" como "o inalcançável ponto de referência da experiência", de sua parte, para Husserl a "amplidão infinita" resultava que, como já se sabia desde a Primeira Crítica, a experiência científica não abrange todos os fenômenos sucedidos no mundo. Noutras palavras, a expressão cunhada por Husserl diz respeito ao destaque do que, sendo do mundo, não cabia na experiência científica.

Essa observação, tão simples, devia mais profundamente a Kant, por sua "criação absolutamente paradoxal" consistente em falar, a propósito da experiência do sublime, em "intuição do mundo"; criação paradoxal, acrescenta Blumenberg, porque, de acordo com os pressupostos kantianos, mundo implicava "a totalidade ideal dos fenômenos, que nunca se poderá estabelecer para tipo nenhuma de experiência, mas que impulsiona o empenho infatigável de toda experiência [...], que, em sua qualidade de totalmente inalcançável não pode ser objeto de 'intuição'" (Lz-Wz, 9).

Ora, o paradoxo fora estabelecido a propósito da apreensão do sublime, daquilo que escapa de toda mensuração matemática, escapando pois de "toda avaliação lógica de grandeza" (*alle logische Größenschätzung*) (Kant, I.: 1790, & 26). Mesmo diante da relevância de todo o & 26, ressalta a passagem transcrita por Blumenberg:

> (...) O simples fato de poder pensar o infinito como *um todo* indica que há uma faculdade do espírito que ultrapassa toda medida dos sentidos. *Apenas poder*

---

[1] Blumenberg dá como fonte o texto "Kant und die Idee der Transzendentalphilosophie", incluído nas GW, VII, 212). Para evitar repetir a mesma data ou o mesmo título, *Lebenszeit und Weltzeit* será a partir de agora (Lz-Wz)

também pensar o infinito dado sem contradição, exige para isso, no espírito humano, uma faculdade que seja ela mesma suprassensível. Pois só por meio dela e de sua ideia de um *noumenon*, que por si não autoriza nenhuma intuição, mas que é atribuído como substrato da intuição do mundo como mero fenômeno (Kant, I.: 1790, 588).

Da complexa passagem baste-nos considerar que a kantianamente contraditória "intuição do mundo" supõe a sensibilidade humana ir além do que lhe concedem seus órgãos intermediadores. Esse extra de que a sensibilidade está investida, ultrapassante da ordem da medição, portanto do cálculo matemático, da causalidade, em suma da razão determinante, leva Kant a supor exequível a *ideia* de um *noumenon*, do que, por conseguinte, fosse além do fenômeno.

Todo o & 26 da Terceira Crítica visa a desfazer o paradoxo resultante de o filósofo perceber que não basta ter por segura a compatibilidade entre razão e *comprehensio logica*. Insiste por isso em sujeitar a suspeita do *noumenon* em *ideia*: tem-se do *noumenon* não a apreensão, mas a ideia, *a* sensação. Por isso o *sublime* é um conceito tão arriscado, mesmo para o Kant de ponta. Admiti-lo como o que se distingue do belo e extrapola sua harmonia significa aceitar "a compreensão pela imaginação em uma intuição", a *comprehensio aesthetica*.

Porque nosso interesse aqui não se dirige a Kant senão que a Husserl, importa verificar que o último trata do excedente antevisto pelo sublime kantiano não como maneira de avançar na *terra ignota* do estético, mas sim de compreender como pode-se apreender um terreno fenomênico para o qual não era suficiente a *comprehensio* por encadeamento lógico.

Bem podemos supor que o embaraço de Husserl era, se é possível conjecturá-lo, ainda maior que o de Kant, porque estava mais comprometido com a causa da ciência do que o próprio autor das três Críticas. Não sabemos dizer se isso explica o contínuo recomeço a que Husserl consagrava a suas obras, com frequência intituladas de introdução — "Tudo que até agora escrevi é apenas um trabalho preparatório; é apenas o assentamento de métodos" (apud Welton, D.: 2003, XV). Como diziam os antigos navegantes, é preferível seguir ao longo da costa; ou como Husserl pensava, de volta ao contato com as coisas. Preferimos por isso simplesmente dizer que Husserl ressalta que o Kant da Terceira Crítica já não se restringia a afirmar que o âmbito da razão extrapolava o passível de ser experimentado e verificado, senão que o próprio campo da experiência contém uma parcela não cabível nas demonstrações das ciências da natureza; que, portanto, a cogitação não se limitava a diferençar a ambição da metafísica e a realização do científico, senão que tinha de levar em conta haver um inframundo da experiência, impossível de ser cientificizado porque a tematização do dito inframundo irremediavelmente termina no subjetivo. Daí o paradoxo da expressão kantiana de "intuição do mundo", sala de entrada para a consideração do sublime.

A Husserl, a ousada afirmação kantiana importava não para desenvolver sua via para a *comprehensio aesthetica*, que nunca esteve explicitamente em sua cogitação, senão em se prender à experiência, na aparência, intranscendente do mundo. Dito de maneira mais direta: em se concentrar nas descrições fenomenológicas excluídas das ciências da natureza, por não darem ensejo a conceitos, no sentido estrito do termo, i.e., a formulações passíveis de serem testadas. Este mundo, tanto operacionalizado pelos conceitos quanto dimensionado pelo que não enseja conceitos, passava a ser tomado por Husserl como infinito. Ou seja, a afirmação da infinitude do mundo decorria da fecunda contradição kantiana e passava a ser fundamental para a tarefa do fenomenólogo, pois seu objeto de eleição é o "inframundo", o qual, mesmo por não caber na determinação de leis cientificamente testáveis, dava lugar a uma tarefa infinita. Kant, pois, ajudava Husserl a afastar-se do legado cartesiano privilegiado por desteleologizar sua concepção: o *cogitandum* de um ser finito para ser seguro não precisava do abrigo de um ser infinito; ao contrário, torna-se infinito pelas propriedades do mundo em que vive.

Se a explicação oferecida a partir da expressão *Weltanschauung* [visão de mundo] já se revelou importante por nos fazer entender melhor o próprio sentido que o termo "fenomenologia" assumia em Husserl, a deriva que este lhe dera, claramente distinta da que levara Kant à formulação do sublime *(Erhabenes)*, ainda nos importa pelo que sucederá com a expressão *Lebenswelt*.

Como já notamos, Blumenberg cita uma frase de Husserl, de 1924, em que, na homenagem prestada a Kant pela passagem dos duzentos anos de seu aniversário, a expressão *Lebenswelt* aparecia, mesmo sem ser problematizada, ou seja, apenas referindo-se aos fenômenos do mundo não ressaltados pela ciência. Conforme observa a seguir Blumenberg:

O fundador da fenomenologia não notou de imediato o que tinha conseguido; e a não publicação do texto ampliado da conferência sobre Kant não lhe propiciou aclamação e recepção, ou esta sem aquela. No curso do semestre de verão de 1925 sobre "Psicologia fenomenológica", Husserl parece ter esquecido por completo a *Lebenswelt* do ano passado; de outro modo não teria tido de recorrer a tão variadas formas para discutir o pré-dado (*"Vorgegebenheit"*) de toda experiência (Lz-Wz, 12).

O não ter percebido a importância do que lhe viera à mão não se explicaria pelo próprio dilema que acuava o autor? Por um lado, como já indicava o título de seu livro de 1911, *A Fenomenologia como ciência estrita*, a busca de converter em uma só unidade os dois tipos diferenciados de saber, de outro, a compreensão de que a via que propunha visava a um plano da experiência inalcançável pelo método científico?

A alternativa nem sequer aparece na exposição de Blumenberg. Mas o que é notado como contradição em Kant parece reforçar o dilema presente em Husserl. Daí a oscilação que parece se notar: embora J.N. Mohanty acentue que "a ideia de que o pensamento lógico e as ciências são idealizações da experiência pré-científica e perceptual tenha guiado o pensamento de Husserl desde os primeiros anos de Göttingen" (Mohanty, J.N.: 1995, 73), a expressão "mundo da vida" é tão exclusiva às análises de *A Crise* que o índice temático da reunião de algumas das obras mais divulgadas do filósofo restringe o termo ao livro, que, no estado em foi deixado, só veio a ser publicado em alemão em 1954 (cf. Ströker, E.: 1992, 178). A referência à oscilação de julgamento deve ser corrigida: na verdade, como mostrará a sequência da *Lebenszeit*, se a reflexão sobre o mundo é uma obsessão de toda a vida de Husserl, a formulação do "tempo da vida" é esporádica, apenas encaminhando a outra questão, que só se converte, de fato, em um conceito de peso, no interior do pensamento husserliano, com a elaboração de sua última obra. É justo portanto justificar-se o silêncio de intérpretes e organizadores da obra de Husserl porque, se a fixação no significado que é dada ao "mundo" o acompanha em toda sua elaboração da fenomenologia, ela só se concretiza na *Crise*.

No semestre de verão de 1925, Husserl logo abandona a exploração do termo *Lebenswelt*, preterindo-o pela afirmação de "a unidade pré--científica do mundo da experiência, (que) condiciona o sentido de todas as operações teóricas como *orientadas para a ideia de um mundo definitivo da experiência*".[2] (Perceba-se o esforço de ultrapassar a tensão já aludida: o mundo recebe da ciência um sentido de orientação; concebe-se sua história como contendo uma etapa pré-científica, que, condicionando "o sentido de todas as operações teóricas", tanto supõe que o mundo presume a integralidade de uma essência como a validade (fenomenológica) de penetrar nesta etapa pré-científica. Assim, "a contingência do mundo" exprimia, na fenomenologia husserliana, "a renúncia metodológica à suposição da existência do mundo e, com isso, se justificava a 'redução' ao essencial" (cf. Blumenberg, H.: Lz-Wz, 14). Pelo mesmo motivo, a reflexão tanto anterior quanto a que amadurece na *Crise* dá lugar ao caráter problemático da reflexão fenomenológica da história. Pois a suposição de uma "unidade pré-científica do mundo da experiência", do "idílio arcaico" de um mundo em que a natureza e o espírito mantinham uma "relação permanente e inseparável entre si" (ibid., 12) tinha por meta um ato intemporal e fundacional da filosofia. Destaque-se a propósito a passagem, próxima à anterior:

> A inesperada importância da história neutraliza o tempo, cuja indiferença torna possível tanto a "realização" do sentido originário como também seu "fracasso" (*Verfehlung*), [pois] o começo no tempo decide sobre a orientação, não sobre a continuação do mesmo (Lz-Wz, 15).

A observação adquire uma importância extra pela extrapolação até o pensamento heideggeriano: a questão de onde derivara a *Lebenswelt*, por estar associada à "redução ao essencial", também motivara o ponto de partida heterodoxo do discípulo rebelado, porquanto "na base do tema do ser em Heidegger está a repulsa à panaceia metodológica da fenomenologia da redução" (Lz-Wz, 19). A afirmação torna-se concreta pelo enunciado, tendo Husserl por referência:

> A privação do predicado de existência para o mundo, portanto daquele modo de crença na existência dos objetos de que, com aquela crença, se ocupavam as ciências como ciências da natureza, devia converter o meramente observável, a "essência", em matéria de descrição (ibid., 20).

Mas a afirmação não parecerá contraditória, porquanto, anteriormente, Blumenberg acusava Heidegger de não ter se dado conta de que mantinha com o ex-mestre a afirmação da essência? Ora, se a *epoché*, enquanto subtração do circunstancial para o alcance do essencial, era

---

[2] O final grifado da frase é da autoria de Husserl, citando Blumenberg no curso do semestre de verão de 1925, agora incluído nas *Gesammelte Werke*, IX.

repelida pela ênfase na temporalidade de Heidegger, como poderia o pensamento desse ser acusado de fundado na essência? Embora na *Descrição* não se proponha o problema, ele precisa ser enfrentado.

Verifica-se não haver contradição entre a afirmação de que Heidegger permanecia preso ao significado da essencialidade, ao mesmo tempo que se afirma repugnar-lhe a operação reducionista, tendo em conta o seguinte raciocínio: por certo, nada pode ser mais oposto à *epoché* que a ênfase no *Dasein*. Mas qual o papel do *da* (aí) se seu caráter de contingente desaparece ante a generalidade que o conceito assume? A correção do argumento pode ser extraída da observação de Hannah Arendt a declarar que a debilidade que se acerca do pensamento de Heidegger resultava do desinteresse que sua reflexão guarda pela política. A etimologia do termo encontra em *polis* sua raiz imprópria. A política não é um fenômeno reservado às "cidades", senão que se prende a decisões a serem tomadas em função da comunidade. Ou seja é o *aí*, o *da*, que distingue a existência (*Dasein*) da intemporalidade do ser (*Sein*).

Em vez desse raciocínio terra-a-terra, Blumenberg acrescenta: "A censura (de Heidegger), no curso de verão de 1925, declara sinteticamente: 'A redução não só expulsa a questão do Ser senão que a exclui como absurda'" (Lz-Wz, 20-1).

Deixemos o excurso sobre Heidegger e voltemos à questão do "mundo da vida". Também não nos fixemos em que a hipótese de uma etapa pré-científica, estando implicada na concepção do mundo da vida, se articulava à hipótese anterior e logo abortada, por Husserl, de uma "lógica genética" e ressaltemos um aspecto, que, no esboço geral que apresentamos, tem maior distinção: a proximidade da concepção husserliana da tradição platônica e a possibilidade de seu ultrapasse. Aquela proximidade é de percepção imediata: a busca de essências, a ênfase no transcendental, que o pensador julga decorrente da ênfase no *cogitandum*, em detrimento do sujeito empírico, o *sum*, o método reducionista, tudo nos parece decorrências da centralidade platônica nas ideias. Tudo isso se resolve em uma afirmação condensada: "Nenhum platonismo nunca pode começar algo com o conceito de tempo [...]" (Lz-Wz, 26). Já o ultrapasse da tradição platônica por um pensamento fenomelogicamente lastreado não seria tão simples. O autor o insinua pela crítica da *Lebenswelt*:

> Se se quer escapar do mal-entendido do mundo da vida, deve-se procurar figurar como se rompe ou é rompida aquela "reclusão" (*Verschlossenheit*) que faz com que os mundos se mantenham estranhos a nós (Lz-Wz, 25).

Parece evidente que as duas últimas citações se conectam e oferecem a resposta: a partir do que Husserl extraía do paradoxo kantiano, a indagação fenomenológica é capaz de ultrapassar o entrave platônico por enfrentar o que tal legado não pode fazer: a temporalização do que indague. Se Blumenberg não o diz explicitamente tanto pode ser explicado por não ter efetuado a redação final ao livro que destacamos, como, o que é preferível supor, porque o componente temporalizante se integrará ao próprio andamento que o autor oferecerá à sua reflexão.

Retornemos ao andamento da *Beschreibung*.

A questão da relação da fenomenologia com o platonismo não é secundária, pois revela o paradoxo de o respaldo platônico da ênfase na essência dar-se juntamente com o que o platonismo despreza: o fenômeno. Trata-se portanto de justificar o próprio realce husserliano no fenômeno. (Embora a hipótese da "lógica genética", que propunha a existência prévia do antepredicativo a ser superado pela lógica predicativa, fosse correlata ao "idílio arcaico", associado ao "mundo da vida", não a destacaremos por se tratar de hipótese que Husserl logo descartara.)

Numa primeira aproximação, o realce do fenômeno, já bem explícito no propósito de Husserl de promover "o retorno às coisas mesmas", se contrapunha à explicação teórica: "O fenômeno devia ser o contragolpe (*Gegenschlag*) contra toda modalidade de esclarecimento teórico" (Lz-Wz, 29). (Husserl praticava um curiosíssimo positivismo: pretendia que seu fazer filosófico fosse a prática de uma "ciência estrita" que se cumprisse com o absoluto das essências, que, ao ser alcançado (!?), tornaria ocioso o aparato demonstrativo tão caro às ciências. Além do mais: se, desde os gregos, o teorizar supunha a contemplação da intimidade essencial das coisas, agora esse retorno às coisas, visando ao alcance de sua *ousia*, se propunha contra a teoria.)

Segunda aproximação:

> [...] As coisas se mantêm *independentes* de sua representação correspondente, mas, inversamente, a representação correspondente é dependente das coisas, segundo um grau de flexibilidade ou regularidade, [portanto] o passo mais indicado era simplesmente fazer valer àquela independência, e a essa dependência, como fenômeno nos fenômenos e descrevê-las como tais (Lz-Wz, 29-30).

Blumenberg então caracteriza o projeto husserliano, malgrado todas suas variações e sua obsessão essencialista, como um "realismo", que consistiria "em descrever e compreender como as coisas podiam ser dadas, de modo que não fossem idênticas a nenhuma de suas representações" (ibid., 30).

A afirmação sobre o paradoxo preliminar da fenomenologia leva o autor a retornar à questão do "mundo da vida". Tornando bastante sumária sua exposição, "se se pode dizer que o mundo da vida é o estado de consciência de que a filosofia está de todo excluída, pode-se ao contrário dizer que a fenomenologia é o estado de consciência de uma mundanidade da vida (*Lebensweltlichkeit*) de todo excluída por sua própria interdição de não admitir nada em formas preliminares de compreensibilidade" (ibid., 32).

Se bem entendo a afirmação, a "lógica genética", abandonada por Husserl, e o "o mundo da vida", que não participava do horizonte da filosofia, terminavam por se entrelaçar, porquanto ambos afirmam a existência de um mundo anterior à indagação predicativa da filosofia; mundo que, não cabível na área do conceito, *abria para a filosofia o que ela se interditara a si mesma*.

Creio entender melhor a atração de Blumenberg pelo pensamento de Husserl, sem que se torne seu seguidor. O que para Husserl implicaria uma abertura para a temporalidade, a abordagem antropológica — sendo por ele recusado — é vista por seu obstinado leitor como amplidão de objeto: o antropológico derivar da consideração a sério da não conceitualidade; do que chamaremos de o segundo eixo da linguagem. Mas não só, há também em Blumenberg uma abertura estritamente temporal; ela, por certo, não supõe algo semelhante ao pré-lógico — o antepredicativo[3] — mas sim considera um tempo em que o filosófico não era pensável — o tempo da migração do hominídeo da floresta para a estepe; tanto no caso de Husserl quanto de Blumenberg, lida-se com uma escala de diferenças gradativas no homem. Mas no primeiro caso estamos próximos da explicação evolucionista, ao passo que no segundo a evolução do hominídeo supõe uma correção interna

---

[3] Em passagem anterior, o autor assinala que Aron Gurwitsch chamara a atenção de Husserl, que desde 1920 se empenhava na *Genetische Logik*, para a importância que a chamada mentalidade pré-lógica desenvolvida por Lévy-Bruhl teria para a indagação fenomenológica. Segundo acrescenta Blumenberg, encontrando-se em 1929 com o etnólogo francês, Husserl não teria dado grande importância à identificação do homem primitivo com a mentalidade pré-lógica. Mas não deixa de ser assinalável a semelhança do antepredicativo husserliano com o pré-lógico de Lévy-Bruhl.

do evolucionismo ortodoxo, pois não temos uma derivação direta dos símios superiores para o homem, senão troncos que internamente se diferenciam.[4]

Embora a primeira seção do *Tempo da vida e tempo do mundo* ainda fosse extremamente útil em analisar o motivo por que Husserl concede um lugar privilegiado à descrição, seu aproveitamento seria aqui ocioso.

2. Heidegger e a questão da essência

Ainda que Blumenberg não se confunda com um crítico arbitrário e sistemático de Heidegger, e chegue até a assinalar a superioridade que levava quanto a seu ex-mestre pelo maior domínio da linguagem e o maior conhecimento de Kant, não deixa de se opor ao cerne do *Sein und Zeit* ao afirmar que seu conceito de *Dasein*, base da oposição quanto à fenomenologia husserliana, estava subordinado, sem que assim se declarasse, à concepção tradicional de *essência*. O argumento de Blumenberg pode ser assim sintetizado. No outono de 1964, Heidegger enviara para seu editor, G. Neske, uma *Vita* que mantivera em segredo, e, em uma longa conversa noturna, "falara pela primeira vez de seu erro político em 1933" (Blumenberg, H.: 2006, 211-2. A partir daqui, usaremos nas citações BM, seguido da indicação da página). O detalhe importa menos por si do que por sua continuação: não será esta a *Vita* publicada no ano seguinte, em que se estende em esclarecimentos sem nenhum risco. Aí relata que, em 1907, recebera de um amigo a tese de Franz Brentano sobre a *Mannigfache Bedeutung des Seienden nach Aristoteles* [Sobre a múltipla significação do ente conforme Aristóteles], tema que, como acrescenta Blumenberg, era "uma espécie de ato de investidura (*Belehnung*) com o tema de sua vida" (BM, 212).

Para seu próprio uso, Heidegger já fizera a tradução do enunciado de Aristóteles determinante para o título da tese: "O ente se manifesta (com respeito ao Ser) de múltiplas maneiras". A continuação ainda é do comentador: (pelas múltiplas maneiras) "realiza-se a passagem do mero *enunciado* (*Aussage*) para o *caráter manifesto* (*Offenkundigkeit*)". [...] Daí que Heidegger possa descrever o campo de possibilidades que

---

[4] Não entendo nada das etapas pelas quais passou o homem até tornar-se bípede. A hipótese que Blumenberg desenvolve parece-me curiosa, mesmo fascinante, conquanto, com alguma frequência, seja acusado de "ficcionista".

parte da cena primordial da investidura do seguinte modo: "*Nesta frase, se oculta a questão determinante de meu caminho intelectual: qual é a determinação simples e unitária do Ser que atravessa todos os vários significados?*" (BM, 212).[5]

A segunda passagem referente ao mesmo encontro com o texto de Franz Brentano é ainda mais imprescindível. As palavras continuam sendo de Heidegger: "*Em consequência, tornou-se necessário primeiramente interpretar a essência do ser humano quanto às estruturas fundamentais da compreensão do ser como* Dasein *histórico*" (apud BM.: ibid.).

Acompanhemos o mais estritamente possível a argumentação do autor. Ele de imediato acrescenta: perguntando-se pela essência do homem, "Heidegger não cogitou em uma mudança na fórmula da interrogação clássica" (BM, 213). A afirmação parece inquestionável, considerando-se que "ainda na discussão de Davos, com Ernst Cassirer, em 1929, relacionou seu procedimento no *Sein und Zeit* à autêntica interpretação do esquema das quatro questões no curso de Lógica, de Kant" (BM, 213). Importa então conhecer o referido esquema e verificar onde Heidegger simplesmente não o segue. Antes de fazê-lo, impõe-se uma pequena informação sobre o texto menor de Kant.

Tendo por subtítulo *Ein Handbuch zu Vorlesungen* [*Manual para as lições*], a *Immanuel Kant Logik* (1800), fora redigida por um terceiro, G. B. Jäsche, que assinaria o prefácio. Jäsche, ex-aluno e amigo de Kant, fora encarregado, a partir de suas anotações do curso do filósofo, de dar à descrição uma ordem expositiva. Embora o redator se qualificasse para a tarefa como doutor em filosofia e docente privado em Königsberg, a sua tarefa era exclusivamente didática. Já o indica a abertura do primeiro capítulo, "Begriff der Logik": "Tudo na natureza, tanto do mundo inanimado como também do mundo vivo, obedece a regras, mesmo se nem sempre as conheçamos" (Kant, I.: 1800, VI, 432). Sigamos às grandes questões apontadas. Pela lógica, o campo da filosofia procura responder a: (a) que posso saber?; (b) que posso fazer?, (c) que devo esperar (*hoffen*)?; (d) que é o homem (Kant, I,: 1800, 448).

Ao contrário das três primeiras, a quarta questão não poderia servir a Heidegger, pois implicaria uma postura antropológica, que tanto ele como Husserl repelem. Mas, em vez de dispensá-la, Heidegger a articu-

---

[5] A frase grifada e entre aspas encontra-se na redação da *Vita*, especificamente escrita para ser publicada, cf. G. Neske (org.): *Erinnerung an Martin Heidegger*, 1977, p. 300.

lará ao singularizar seu pensamento: a indagação sobre o "sentido do Ser" (*Sinn von Sein*). Torna-se então indispensável recorrer ao comentário capital de Blumenberg:

> Não estará errado supor que o procedimento proposto por Kant de deixar que as três primeiras perguntas, desde logo correspondentes a disciplinas autônomas e próprias, se resolvam por um aprofundamento suplementar da quarta e última, tenha dado a Heidegger a orientação para tentar alcançar uma radicalização ainda maior, tomando a quarta como quintessência das três primeiras (BM, 213-4).

A continuação mantém esse caráter. A determinação da postura de Blumenberg é, ao mesmo tempo, simples e complexa. Simples porque, embora Heidegger não o explicite, a resposta direta sobre que é o homem é afastada, porquanto, à semelhança do mestre repudiado, não tinha interesse em propor alguma antropologia. Se isso já decorria da manutenção de uma opção essencialista, a que repugnava a particularização do objeto, na verdade, as consequências são bem mais drásticas. Para compreendê-lo, tenhamos em conta o "sentido do Ser" dado ao *Dasein*. Ora, é a própria maneira como ele é concebido que faz com que a questão do ser deixe de estar bloqueada. Assim se dá por efeito da "antinomia entre o *Dasein* como cuidado (*Sorge*) e o *Dasein* como compreensão do Ser" (Blumenberg, H.: 2006, 203). Que motiva a antinomia? Nada menos que a relação da cotidianeidade do *Dasein* com o *anonimato* (*man*) e sua aspiração então nunca cumprida à *autenticidade*. Explicando-o: a concepção do *Dasein* implicaria o cuidado de si, ainda que ele vivesse na autenticidade, porquanto "o *Dasein*, enquanto preocupação (*Besorgnis*) por si mesmo, possui a si mesmo ou melhor: deveria possuir se vivesse na autenticidade" (BM, 198). A alternativa a que o *Dasein* heideggeriano está exposto, entre o anonimato e a aspiração à autenticidade não alcançada, ressalta que, nesse aspecto, sua divergência com Husserl, por mais capital que ela fosse para um e para o outro, não existia nesta frente intelectual:

> Também aqui, como em Husserl, o estatuto absoluto [entenda-se, a autenticidade, (Nota de LCL)] está numa posição quase alcançável (*greifbar*) e, no entanto, é inalcançável (*unerreichbar*). Assim como o Deus de Husserl está em alguma parte no prolongamento do trabalho infinito do fenomenólogo, o de Heidegger está localizado ali onde o *Dasein* se impede (*hindert*) de ir e, pelas facilidades do cotidiano, se conserva (*bewahrt*) (ibid.).

Deixemos de lado a criptoteologia atribuída por Blumenberg a Husserl, para nos concentrarmos no essencialismo heideggeriano. A impossibilidade de avançar na apreensão do Ser deriva, para o intérprete, da manutenção de uma via essencializante: "Um ente a que nada importava e a que nada mais podia importar salvo o seu Ser era a redução de toda a dotação de 'essência'" (BM, 216). Como o termo "redução" assume no legado fenomenológico uma importância ímpar, aproveitemos para ressaltar que, também para o fenomenólogo divergente, vale a observação: "[...] É precisamente a fenomenologia que se recusa a reconhecer que suas reduções poderiam ser qualificadas de renúncias" (BM, 189). Na frase que provocou o esclarecimento, a redução do ente à sua "dotação" (*Austtatung*) de essência não pode significar senão a impossibilidade para o ente de renunciar a seu estatuto de essência. Se então um pouco atrás dizíamos que a afirmação que procurávamos desenvolver era, ao mesmo tempo, simples e complexa, não nos resta senão explicar o segundo qualificativo. Procurar-se-á começar a fazê-lo pelo pergunta "é o homem definível? Uma contraquestão poderia ser: é, em suma, importante ter ou encontrar uma definição do homem?" (BM, 504).

Dezenas de páginas do capítulo "Anthropologie: ihre Legitimität und Rationalität" revisam as diversas tentativas de resposta. Acompanho a paráfrase da questão proposta pelo *De Cive*, de Hobbes: a capacidade de definição (*die Definitionsmacht*) cabe, e não só neste caso, ao Estado, que deverá assegurar, quando de uma disputa, a quem caberia dirimir as dúvidas. É bastante o exemplo que oferece: se uma mulher dá a luz uma criança de forma insólita (*formae insolitae*), como o Estado deverá se comportar? Por um lado, há a proibição religiosa e legal de matar uma criatura humana. Por outro, a tradição definida desde Aristóteles de que o homem é um *animal rationale* não se aplicaria. Para o Estado absolutista hobbesiano, antes valeria recorrer ao ensinamento de Cristo, conforme o qual, em matéria de "direito, de política e de direito natural", a competência de decisão cabe ao Estado (cf. BM, 505-6).

Se *De Cive* abre a longa lista de caracterizações, entre si discrepantes, têm elas em comum a recusa de tomar a definição aristotélica do homem como indiscutível. Assinalo apenas duas oportunidades em que a recusa se manifesta. Ainda em 1915, quando a antropologia filosófica voltava à cena, o outro discípulo divergente de Husserl, Max Scheler, escrevia expressamente: "[...] A indefinibilidade pertence à essência do homem" (apud BM, 511). O filósofo deixa que transcorram 42 anos, para localizar no *Endgame*, de Samuel Beckett, seu mais incisivo exemplo: "Tivestes alguma vez um momento de felicidade? Que eu saiba, não".

Como se não contentasse com a fala sintética do palco, o intérprete acrescenta: "A capacidade de sobrevivência da humanidade em grande parte se baseia em que suas necessidades e, daí, suas possibilidades de felicidade, não são objetiváveis" (BM, 605-6).

Ao acentuar que o estado de felicidade não ultrapassa as paredes do subjetivo, Blumenberg é eficaz em desfazer o louvado lugar-comum do relacionamento entre razão, objetividade e ânimo prazenteiro.

O salto até Beckett, suspendendo por um instante o tratamento da questão da essência em Heidegger, motiva-me para também quebrar por um instante o encaminhamento deste ensaio. Para esclarecê-lo, preciso, contudo, verter uma formulação colada ao recorte de Beckett:

> A felicidade e a morte são as ausências que definem constantemente a vida, embora nela intervenham *apenas conceitualmente*. Não há futuro que, ao chegar, cumpra sua promessa de felicidade [...] (BM, 605)

A passagem nos torna indispensável como passagem para que se declare que, no propósito deste ensaio, não está diminuir a relevância do conceitual (!), senão acentuar que o conceito não se confunde com o pico do enunciável; que ele tem limites, que, de sua parte, são idênticos aos limites da razão passível de ser operacionalizada.

É possível que a frase acima fosse dispensável, cabendo ao desenvolvimento do ensaio mostrar o que ela antecipa. Talvez a restrição esteja certa, mas ter saído, ainda que só por um instante, da trilha que me impusera torna menos forçoso o que devo acrescentar: quando se define o homem como *"animal rationale"*, toma-se a sua existência (*Dasein*) como definida por seu lastro de racionalidade, passando por supérfluo o que aí não coubesse. Ora, a força do eixo da razão era e é tamanha que, ao afastar-se do cartesianismo husserliano, ao desvincular a ontologia fundamental da razão, Heidegger não a separou do primado da essência. Desse modo, a crítica a Heidegger — aquela que, até agora, foi a única que destacamos —, assim como deverá suceder com o exame menos superficial da fenomenologia clássica, temos como base uma pergunta bastante simples: nós, humanos, somos definíveis?

A tarefa que me impus seria facilitada se, depois de eventualmente mostrar que o Heidegger, o divergente, mantinha-se, por uma frente fundamental, em consonância com o mestre contra que se indispusera, que este, entre suas idas e voltas, teria acenado para uma forma inusitada de transcendência. Por que essa não se manifestaria, em oposição a um *Sein* sempre fugitivo, na centralidade que Husserl concederia à consciência? Em favor dessa ruptura não é verdade que Husserl a tal ponto nucleava a indagação na consciência que chegara a criticar seu principal sustentáculo, Descartes, por cedo haver abandonado a indagação *do cogitatum*, em favor da particularidade do sujeito individualizado?

Conquanto tal separação não seja em nenhum momento insinuada por Blumenberg, algo assemelhado se observa em ensaio recente de um pensador que, admirador de Blumenberg, Odo Marquard, assume posição passível de ser assim entendida. A fenomenologia clássica, diz ele, caracteriza-se pela *Wesenschau* (*intuição da essência*). Para justificá-lo, recorre à *Philosophie als strenge Wissenschaft* [*A Filosofia como ciência estrita* (1911)]. Marquard cita a obra de 1911:

> Na medida que é pura, a *pura* fenomenologia não faz uso algum do postulado existencial da natureza — é tão só pesquisa da essência e não absolutamente pesquisa da existência (apud Marquard, O: 2013, 187-8).

E explicava o êxito de Husserl, antes do aparecimento do *Sein und Zeit*, por postular "um essencialismo extremo" (ibid.). Tal repercussão encontrava uma motivação histórica: a falência, no princípio dos tempos modernos, da transcendência teologicamente concebida. Por conta dela, a postulação por Kierkegaard, no começo do século XIX, de uma filosofia da existência encontrara seu momento de consagração (cf. ibid., 185).

Contra a decadência do teológico e a ênfase existencial do pensador dinamarquês, progressivamente se impusera o império das ciências da natureza. "A operação da redução fenomenológica" (a *epoché*) era por ele chamada de "redução essencialista", por visar à "neutralização do tema da existência". Seu êxito, em suma, decorria de apresentar-se "como contramovimento à dominância por excelência das ciências exatas e por seu estímulo a que também a filosofia se transformasse em ciência exata (em ciência positiva)." (ibid., 191). Husserl, por conseguinte, não favorecia uma reação teologizante, senão uma concepção transcendental, oposta à filosofia da existência e ao primado da técnica. Pelo primeiro motivo, a "intenção essencialista tornara a fenomenologia cega aos problema efetivos da realidade, porquanto se refugiava em uma esfera além de todas as existências: nas essencialidades intemporais puras e subtraídas da existência" (ibid., 195-6). Por isso, se Husserl fez da consciência, campo de irradiação do *cogitatum*, seu cavalo de batalha, a ponto de por ele afastar-se relativamente de Descartes, Heidegger fez do tempo seu lema (*Stichwort*). Se, em Husserl, há também uma ênfase no tempo, é enquanto tempo interno da consciência; ali onde se cumpre o alargamento do presente em retenção e protensão. Ou seja, o tempo é tematizado enquanto faz rebrilhar o tema nuclear, a consciência.

Marquard, por conseguinte, afirma que Heidegger se liberta de todo reducionismo essencialista por sua ênfase no que por definição flui e não se repete: o tempo. "A tese marcante de Heidegger é esta: o sentido do Ser é o tempo, o horizonte da compreensão do Ser é o tempo; os significados da palavrinha *ist* (é) são sempre significações temporais [...]" (ibid., 213).

Em uma ampla retrospectiva, teríamos então: a partir do naufrágio peremptório do teologismo, a busca de uma reessencialização encontra seu principal respaldo em Husserl, ao passo que a ênfase contrária na filosofia da existência se iniciara com Kierkegaard, cujo renome só voltará a acompanhá-lo por volta de 1920, um pouco antes, portanto, do aparecimento, ainda que incompleto, da obra mais importante do século, o *Sein und Zeit*. Ao converter-se no fenomenólogo dissidente por excelência, mesmo porque o outro braço da dissidência, Max Scheler, falecera cedo (1928), Heidegger deixara Husserl no papel do que repete o que fora decisivo na tradição dos gregos: "O primado da pura intuição, a teoria" (ibid., 217).

A hipótese de que o essencialismo do *Sein und Zeit*, assinalado por Blumenberg, poderia encontrar sua antítese em Husserl se mostra, de acordo com a compreensão de Marquard, simplesmente indigna de ser considerada. Além do mais, ao retornarmos nossa atenção à *Descrição do homem* (assim como em toda a obra de Blumenberg que trata de Husserl), veremos que o essencialismo do último é reiterado com muito mais amplo desenvolvimento. O ensaio de Marquard, em consequência, nos importa não por questionar o essencialismo de Husserl, mas por estendê-lo a Heidegger. A rivalidade entre os dois não se daria em que eles divergiriam a propósito do legado grego, porque, enquanto proponentes da *ousia*, ambos estariam de acordo. Sua discordância se dá nos termos centrais a um e outro: *a consciência, para Husserl, é substituída pelo tempo, para Heidegger*. A antítese entre os termos centrais por sua vez determinaria que Husserl se apresentasse como o continuador de uma tradição filosófica abalada pelo colapso, nos tempos modernos, da teologia, enquanto Heidegger, em consonância com a crise aberta pela Guerra de 1914-1918, apresentar-se-ia como seu renovador.

Ainda que, por outros caminhos, voltemos a esse ponto, não devemos interromper o raciocínio que está sendo apresentado. Na verdade, não é legítimo aproximar o tempo da problemática da existência, assim como da consciência — além do mais, reforçada pelo papel que Husserl concede à intuição — da tradição essencialista? Para não repetir o argumento já acima exposto, a propósito da maneira como Heidegger encara a quarta questão da *Lógica*, de Kant, notemos apenas o seguinte: a ênfase no *Dasein*, na existência como propriedade capital do ser, implicava o realce do particular. Por isso Husserl a considerava um retrocesso, a volta ao particular supondo a retomada da via psicologista e positivista que ele acreditava haver ultrapassado. Para que o destaque da existência de fato implicasse a temida volta ao particularizado, em detrimento do universal, seria preciso que sua fonte, a concepção heideggeriana, promovesse uma tematização antropológica. Ora, como já assinalamos, a oposição a uma antropologia filosófica ainda congrega os pensadores rivais, Husserl e Heidegger. O que vale dizer, a insistência no *Dasein* por Heidegger concilia o inconciliável: a particularidade com a intemporalidade... do tempo. O Ser se indaga enquanto ele é *aí* (*da*), mas onde está esse *aí* se ele tem como marca comum a permanência do anonimato no qual se encontram os que nele estão? A existência sempre idêntica a si mesma, intemporaliza o *aí*.

3. Traços da fenomenologia clássica

Embora, a propósito da alternativa Heidegger versus Husserl, a *Beschreibung* não enfatize a presença da essência no segundo, suas observações são inequívocas. Poder-se-ia até acrescentar: é tão manifesto o essencialismo husserliano que não teria interesse dedicar centenas de páginas à sua confirmação. Interessa-nos pois o que é mais genericamente inconfundível na abordagem husserliana.

Para um filósofo que teve como uma de suas últimas obras as *Meditações cartesianas* (1931), parecerá estranho que sua abordagem se inicie pelo realce do que, sem renunciar a um declarado cartesianismo, implica sua divergência quanto ao pensador francês. Essa abertura, contudo, evita muitas voltas. Começo por observação de fácil entendimento:

> A resposta clássica à questão sobre que é o homem, a saber: *um ente vivo dotado de razão*, mostra-se, pela exclusão constitutiva do artigo definido, como interdição (*Verbot*) de realizar uma articulação necessária entre *genus* e *differentia specifica* e justamente como impedimento de toda tarefa antropológica da fenomenologia: não é exatamente como ente vivo que o homem deve ser dotado de razão (Blumenberg, H.: 2006, 41).

Se a exposição que se segue torna progressivamente mais compreensível a recusa de Husserl a uma indagação antropológica e psicológica, a recusa da definição clássica do homem não terá como pressuposto o afastamento do essencialismo? Mas a pergunta perde sua procedência ante o cotejo de passagens ainda não abordadas. A suspeita de a pergunta não ter cabimento se manifesta em formulações sucessivas:

> [...] (A) relação (entre o *cogito* e sua evidência, em Husserl) se fundava na suposição de que a *intuição* de si (*Selbstanschauung*) evidente não seria senão a ampliação homogênea e consequente da *certeza* de si (*Selbstgewißheit*) do *cogito sum*, logo abandonada por Descartes (ibid., 220).

Ao passo que Descartes considera que o *cogito* adquire evidência por se dar em um *sum*, portanto em um agente particularizado, Husserl procura escapar de um fundamento redundante, porque solipsista pela afirmação de uma "intuição de si", supondo-a bastante para que dispensasse um sujeito empírico: a intuição de si permaneceria no mesmo círculo se não supusesse uma *essência* que seria responsável pelo *cogito*. O sujeito individual, o *sum*, é, para Husserl, apenas o meio para que a cogitação se ative. Mais complicada, a explicação mais competente encontra-se ainda em Blumenberg:

> O modo como a concepção cartesiana da teoria se presta ao procedimento acelerado é manifesto, pois seu ideal é o da dedução, da preparação do material em consequências e, portanto, da alta capacidade de formalização. Torna-se aqui visível a diferença decisiva da fenomenologia quanto ao cartesianismo: ela defende a intuição como o procedimento fundador de toda teoria bastante para a razão [...]) (ibid., 439-440).

Portanto, a reiteração da fundamentalidade da intuição contrasta com o dedutivismo cartesiano. E a diferença é capital: enquanto a dedução e a formalização consequente levada a cabo por um agente tornam todo esse arsenal próximo da empiria, portanto das ciências empíricas, a ênfase husserliana na intuição, que será tomada como base para o conceito, terminará por afastar a fenomenologia do mundo:

> A crítica de Husserl ao cartesianismo não é pois somente à passagem à positividade dos objetos físicos, senão à própria certeza primária, na medida que essa se concede a si nada menos que a existência mundana (*Weltexistenz*) e factual do sujeito pensante. O sujeito cartesiano quer permanecer parte de seu mundo, para que possa estar seguro de que esse mundo lhe é teoricamente acessível [...] (ibid., 410).

Antes pois de entrarmos de corpo inteiro no objeto deste item, tenhamos em conta que, se Blumenberg discorda de Marquard no que concerne a Heidegger, é absoluta sua convergência no entendimento de Husserl.

Em vez de nos demorarmos no que já parece manifesto, ressaltemos o dado básico: a ênfase husserliana na intuição contra o procedimento preferencial para Descartes bem mostra que, no pensador contemporâneo, *a consciência* não é um simples meio de travessia; que seu distanciamento de Descartes, em última análise, se restringe ao relacionamento da reflexão teórica com o mundo. A dissociação husserliana entre *cogito* e *sum* supõe por certo um afastamento do antropológico, e, portanto, do sujeito empírico e das ciências particulares. Todos esses distanciamentos conduzem ao por o mundo entre parênteses. Poder-se-ia então pensar a seu respeito em um ascetismo a secas, i.e., em um ascetismo que não está a serviço de algum deus ou de qualquer vantagem material.

Encurto o caminho que pareceria se automover para concentrar-me na dissociação entre *cogito* e *sum*. Como ela favorece a afirmação da visão da essência? As passagens que destacaremos, por certo intrincadas, permitirão uma enorme economia expositiva.

A primeira passagem parecerá estranha a quem não tenha maior contato com a concepção de Husserl. Sintetizada ao máximo, nela se lê o realce que a fenomenologia concede à descrição. Ora, costuma-se entender a descrição como um processo de verificação externo, que exigiria maior capacidade de observação que exata compreensão, e que não teria relação qualquer com a intuição ou apenas um contexto lateral e posterior — seu *topos* literário seria Sherlock Holmes e nunca o narrador da *À la recherche*. Tratando do que chama de "quadro da prescrição (*Vorschrift*) fenomenológica", Blumenberg escreve:

Se não se quiser permanecer no quadro da prescrição fenomenológica, será preciso descrever o que é dado maciçamente na consciência como essência (*wesenmäßig*), sendo então necessário considerar, por um lado, a diferença entre o contínuo da constituição imanente do tempo por retenção e protensão, e a descontinuidade de seus sucedâneos pela limitação factual desse contínuo, a lembrança e a expectativa, por outro, como algo incompatível com o conceito de uma consciência pura ou, de qualquer modo, impossível de ser compreendido a partir dela. [...] Noutras palavras, essa diferença precisamente é suspeita de antropocentrismo (ibid., 182).

Considerar, portanto, as dimensões temporais contínuas da consciência — a dilatação do presente pela retenção do passado e pela promoção do futuro — diversas daquelas que são descontínuas — a lembrança (*Erinnerung*) e a *expectativa* (*Erwartung*) — incompatíveis com o conceito de consciência pura como essência, é suspeito de antropocentrismo.

A glosa sumária ajuda a compreender o complexo de passagens que ponho em um só bloco:

> [...] Quando se lida com as questões máximas da filosofia, o homem não importa (*Auf den Menschen kommt es* [...] *nicht an*) [...]. O sujeito fenomenológico se descobre como aquele que pode ser Deus; no mesmo momento, ele se torna indiferente a si enquanto homem. Apenas por isso o que se torna deus deve sempre restabelecer a relação com o que podia se lhe tornar indiferente, com o que se resguarda de recair no grau de seu abandono. Essa proteção se cumpre pela redução fenomenológica como transcendental [...] A razão profunda de todo o paradoxo encontra-se no conceito de intuição da essência (*Wesenschau*) e em seu objeto privilegiado e único: a consciência pura. Se a consciência pode ser apreendida em sua essência, tal reconhecimento inclui que não pode ter outro tipo de consciência do que este: aquele que é apreendido como estrutura de realização intencional. Os velhos contratipos metafísicos de Deus e do homem na verdade se distinguem conforme o grau com que realizam essa consciência — mas o fenomenólogo se define a si mesmo por realizá-la. Ele não é Deus, mas se *torna*. [...] A razão não é um órgão, uma faculdade, mas um valor limite da consciência. [...] (Os objetos da intuição da essência) são os mesmos objetos que os da experiência, apenas considerados na plena liberdade de afastados de todos seus condicionamentos concretos, e assim libertos de sua pertença a um mundo e a uma natureza factuais (Blumenberg, H.: 2006, 190-3).

Uma maneira errônea de entender a reflexão a desenvolver seria considerar os cortes entre as passagens "costuradas" como trabalho de um editor empenhado em reduzir o fluxo vertiginoso do pensamento em algo palatável ao leitor de boa vontade. A justificação é outra: embora a montagem seja um procedimento nada ortodoxo, ela condensa conceitos fundamentais, cujo esclarecimento evitarão um comentário interminável.

Recorde-se a passagem anterior à montagem: a prescrição de descrever o que é dado à consciência com o peso dado à essência exige que se ultrapasse o que se costuma tomar como contínuo à consciência — a retenção e a protensão — do que lhe seria descontínuo — a lembrança e a expectativa. Tal divisão, acrescenta a passagem, é suspeita de antropocentrismo: essa subordinação ainda suporia a distinção entre o infinito do divino e o finito do humano. A recusa de se confundir consciência e agente humano, ou seja, o *sum* cartesiano, implicaria um ganho decisivo na penetração da consciência. Daí a formulação a que Blumenberg poderia ter aplicado o que chamou de cripteologia husserliana: ao tratar das questões decisivas da filosofia, o homem, porque demasiado particular, não tem importância.

Prevejo o mal-estar que a formulação suscitará a quem não tenha tido contato prévio com o pensamento de Husserl. Mesmo sob o risco de dar a entender que "humanizo" o autor da *Carta sobre o humanismo*, não deixo de citá-lo:

> O homem se essencializa, de tal sorte que ele é o "lugar" (*Da*), isto é, a clareira do Ser. Esse "Ser" do lugar (*Da*), e só ele, possui o caráter fundamental (*Grundzug*) de ec-sistência, isto é, da insistência es-stática na Verdade do Ser (Heidegger, M.: 1943, 43).

Embora mínimo, o trecho mostra como o celebrado filósofo levava vantagem sobre seu antagonista pelo vigor expressivo, respaldado pelo virtuosismo de seus estilemas filosóficos E, conquanto não seja de todo justo pensar que sua formulação visava a defendê-lo das cargas lançadas no imediato pós-guerra por sua participação no partido nacional-socialista, sendo daí escolhido reitor sob o nazismo, a verdade é que o ensaio o ajudou não só internamente, com a pressão exercida por figuras de respeito ante os oficiais das potências aliadas, como em sua divulgação internacional. Husserl, de sua parte, depois de aposentado da Universidade de Freiburg, proibido de falar em público e de editar na Alemanha, deveria contentar-se em saber que a morte rondava sua porta (1938). Seu combate contra as ciências empíricas ou, mais amplamente, contra o rumo tomado pela ciência não era favorecido por álibi algum. Ao contrário, a penetração no império oculto da consciência implicava ver o homem como um mero agente concretizador, ao passo que a consciência pura arrancava o homem da terra, em favor de uma transcendência extramundana. Essas são afirmações banais; devem entretanto esclarecer de modo mais palpável a montagem feita há pouco.

Ao assinalarmos os pontos de contato que permaneciam entre Husserl e Heidegger, mesmo depois de conhecida sua ruptura, atentávamos em ser o *Dasein* concebido como ordinariamente vivido no anonimato, interditando-se à autenticidade, que seria sua vocação. Esse seu estado punha Heidegger, logicamente, em um beco sem saída, semelhante ao que a concepção husserliana armava para o homem. O enunciado do segundo componente da montagem parece, no mínimo, estranho: se, em sua instância fundamental, a filosofia prescinde do homem, como o sujeito fenomenológico se descobriria como passível de tornar-se deus? A "criptoteologia" husserliana decorre tanto da divergência com a ênfase cartesiana no sujeito (o *sum*) quanto da proposta da redução transcendental e da consciência absoluta. A hipotética divinização do homem, sem qualquer respaldo religioso, era, do ponto de vista de Husserl, admissível porque a tarefa do fenomenólogo não era pragmática por ser infinita, como, e sobretudo, por não ser o fenomenólogo de algum modo favorecido pelo que faz. A negação da relevância do sujeito individualizado levava à concepção do labor do fenomenólogo como altruísta (*Selbstlosigkeit*). Dito de maneira mais concreta: o exercício da consciência pura, o estar aberto para o *Wesenschau* (*intuição da essência*), equivaleria, em termos mundanos, ao trabalho que não procura algum retorno vantajoso. Torna-se então transparente por que o exercício do *cogito* se distancia do eu. O *sum* não passa do meio para que a consciência, contendo tanto suas dimensões imediatas quanto as dimensões secundárias da lembrança e a expectativa, manifeste sua integridade. (Só bem mais adiante, ao tratarmos da *diferença* entre consciência e reflexão, poderemos perceber a definida distinção entre o legado husserliano e o que Blumenberg extrairá de seu exame.) No momento, nos contentemos em acentuar que a possibilidade aberta para o fenomenólogo de tornar-se Deus e sua indiferença quanto ao homem não equivalem ao restabelecimento do que se concebe que fosse a relação de indiferença mantida pelos deuses gregos quanto à humanidade. E, conquanto pareça uma possibilidade desvairada, não se confunde nem com a compensação extrema de um estado melancólico absoluto, nem com um idealismo sem fronteiras. Antes se explicaria como a elocubração ateia concebível em um cientista puro — não esqueçamos que Husserl foi originariamente um matemático e sua crítica do rumo assumido pela ciência decorria da opção tecnologizante por ela assumida —, cujas raízes filosóficas o mantinham preso a um idealismo de cunho platonizante. Nesse sentido, vale recordar a passagem de seu intérprete:

> A história factual da ciência dos tempos modernos era justamente a inversão repetida e, dessa vez, sistemática do intuitivo no formal, do conceito realizado no simples cálculo simbólico. A utilização crítica por Husserl do conceito de tecnização terminou por fim na vontade de ligar toda transmissibilidade possível do saber, tanto em aplicações como na própria comunidade científica, tanto no tempo como no espaço, na compreensão do saber que subjaz a tudo isso. *No conceito de tecnização, técnica significa então a quintessência de todos os procedimentos para tornar supérflua essa compreensão; era a suma do domínio da economia racional sobre a própria ideia de teoria* (Blumenberg, H.: 2006, 372--3, grifo meu).[6]

Reservo ainda uma observação preliminar: embora o caráter *intencional* da consciência deva ser o primeiro traço da concepção husserliana a ser ressaltado, até o momento o adiara pela problemática que suscita. Com efeito, ser intencional significa que a consciência lança seu agente para fora de si. Ela é, por conseguinte, a consequência imediata da ênfase no *cogitatum* se antepor ao *cogito ergo sum* cartesiano. Consciência supõe alteridade. Mas como a imprescindibilidade do outro se harmoniza com a afirmação inarredável da essência por Husserl? Recorramos ainda à longa montagem acima. Já no seu final, trata-se da razão. Defini-la como "um valor limite" (*Grenzwert*) da consciência implica não a considerar ou algo dependente do biológico (um órgão) ou uma faculdade natural. A razão não é dada ao homem enquanto espécie. A afirmação ressalta que o essencialismo husserliano é distinto do tradicional. Devemos nos deter na diferença.

Lembremo-nos que Marquard definia Husserl como "o grego mais recente", que, como tal, "trouxe a concepção do Ser ao nível dos gregos" (Marquard, O: 2013, 216). Algo básico, contudo, não era assim levado em conta. Para os gregos e a tradição filosófica a partir deles engendrada, a

---

[6] Ainda veremos que a acepção plenamente negativa da tecnificação só se cumpriu no que se costuma chamar de *testamento de Husserl, Die Krisis der europäischen Wissenschaften und die transzendentale Phänomenologie*, escrito entre 1935-6 e que, mesmo não terminado, só saiu na Alemanha, no pós--guerra. Na obra precedente, *Formale und transzendentale Logik* (1929), Husserl ainda tinha uma concepção positiva do fenômeno (cf. Husserl, E.: 1929).

razão seria um talento natural dos homens, a qual, por sua excelência, define a criatura humana. Quando Kant estabelece a crítica da razão pura, limita a abrangência positiva da razão. Conforme outra linhagem do pensamento, Husserl faz o mesmo, igualmente se distanciando dos gregos de antes. A linhagem que se atualiza com a fenomenologia clássica é diversa da kantiana porque, embora das três Críticas derivem formações discursivas não superponíveis,[7] isso não é suficiente para que o autor das Críticas considerasse que seu engendrador deixasse de ser um sujeito empiricamente uno, ao passo que, em Husserl, sem que a razão seja um talento natural, a capacidade de exercê-la é própria da espécie.

À primeira vista, parece espinhoso distinguir a generalidade afirmada da razão de sua concepção tradicional. Remetendo a razão à espécie humana, a concepção tradicional a vê como iminente a uma ciência do que significa ser parte desta espécie; próxima portanto de uma antropologia. Ora, nota de abril de 1932, que Husserl não tornou integrante de nenhum livro seu, define de maneira agressiva a antropologia: "Construção do homem como homem em uma humanidade e de uma humanidade em humanidade universal. Sob essa forma ontológica, desenvolvimento, história" (apud Blumenberg, H.: 2006, 455). Husserl rejeita a aproximação antropológica porque, se já desdenhava o sujeito empírico, mantém igual desestima por seu conjunto, a humanidade. Como conciliaríamos essa repulsa com a afirmação de Marquard: "A forma clássica desse essencialismo é mais que nada a doutrina das ideias de Platão" (Marquard, O.: 2013, 190)?

O deslinde da questão é por certo delicado. Voltemos a vista ao intérprete que elegemos. Embora não negue a proximidade com Platão, Blumenberg recusa sua superposição por considerar que a "intuição da essência (*Wesenschau*) não conduz por si a objetos transcendentais, no caso as Ideias, senão que visa aos mesmos objetos da experiência, desligando-os apenas de seus 'condicionamentos concretos'". Desse modo, os objetos revelariam sua "intuição eidética", conforme relata a última passagem realçada em nossa montagem.

A partir dessa correção, temos maior segurança em diferençar o essencialismo husserliano. (Entenda-se que o esforço que fazemos não

---

[7] A afirmação significa que os princípios do juízo determinante, enquanto promotor da demonstração científica, o princípio da experiência ética e o juízo reflexivo, enquanto promotor da experiência estética, são absolutamente díspares. Para um tratamento menos telegráfico, cf. Costa Lima, L.: 2012, 276-328.

procura restaurar o pensamento de Husserl, senão o entender para então conduzi-lo a outro leito.) Para tanto, comecemos por considerar que *eidos*, em grego, significa "aspecto exterior", "forma". O próximo passo é dado sem dificuldade: o essencialismo husserliano não pretendera captar o em si do objeto da experiência, senão sua formatividade primária, livre de condicionamentos. O modelo que Husserl tinha para sua construção era o do objeto matemático, ou seja, de uma ciência pura, desligada de qualquer operacionalidade. Isso explicaria que a "abnegação" do fenomenólogo o convertesse em um doador que não pedia recompensa ou reconhecimento.

Não seria arbitrário dizer que Husserl era uma variante do tipo que dera Platão; em vez de desmundanizar os objetos em ideias, segundo um padrão geométrico, dispondo-as em um lugar jamais alcançável, embora sempre aspirado, Husserl os desmundanizaria não por os situar em um espaço extralunar, mas por romper com sua convivência mundana, submetendo-os a uma *epoché* que os mostraria em sua configuração originária. Adiantando o que logo será melhor exposto:

> A experiência estrangeira deve ser capaz de sua própria evidência se ela tem de ser capaz de trazer o conjunto do resto da experiência, como compreendida na síntese (*Inbegriff*) de um mundo real (Blumenberg, H.: 2006, 55).

Escrevi o parágrafo precedente sentindo o desconforto de perceber que a aludida variante platônica nos põe diante de um quadro incômodo; é a desmundanização, seja extralunar ou sublunar, que soa problemática. Apesar da distância que declaro, mantenho o que foi escrito porque espero que o que se disse sobre a "abnegação" do fenomenólogo se torne mais plausível pelo exame das propriedades seguintes. Cito a glosa de Blumenberg das formulações originais de Husserl acerca do que denominava "experiência estrangeira" (*Fremderfahrung*):

> O que me é propriamente dado teria a qualidade de um mundo objetivo se fosse dado igualmente a outros. Mas isso é somente a fundamentação do que é referido como "mundo objetivo", não a fundamentação do próprio mundo objetivo (Blumenberg, H.: 2006, 56).

O mundo objetivo, por conseguinte, se funda pelo que é dado a mim e, de igual, aos entes que me são iguais. A afirmação já é o corolário de realização antes destacada, i.e., que "o conceito de intersubjetividade é o de relação de realização aberta: os outros devem existir como sujeitos iguais a mim, porque eu não poderia ter o conceito senão de um mundo existente" (ibid., 56-7). "A intersubjetividade não é menos *representada* pelo *conceito* de objetividade do que *experimentada* pela *validez* da objetividade" (ibid., 58). São os outros enquanto iguais a mim que validam a objetividade do mundo dos sujeitos da "experiência estrangeira". Portanto, entre o agente do *cogito* e a objetividade procurada penetra um terceiro elemento: a consciência da carne (*Leib*) própria. Ainda no princípio da *Beschreibung*, encontra-se a afirmação:

> A experiência estrangeira exige apenas que, para uma consciência da carne própria, haja de igual a de seu semelhante. A hipótese daí decorrente é que esse "semelhante a mim" carnal, uma vez estabelecido por seu aparecimento da carne, comprovado por correlação comportamental, é o pressuposto de que o "mundo", como síntese das condições de um tal discernimento externo de conduta ante a suas circunstâncias, exista enquanto menos "objetivamente" seja o mesmo para mim e para o meu semelhante (ibid., 29).

Tais afirmações simples contêm pressupostos indispensáveis. Quanto à "carnalização": "Um sujeito absoluto (como o que Husserl se empenha em objetivar) sem objeto seria uma construção especulativa, que não pode proceder de alguma filosofia descritiva" (ibid., 28). O pressuposto seguinte parece chocar-se com o anterior:

> A essência "homem" não pertence à essência "mundo". Quaisquer que fossem as voltas que a fenomenologia teria podido tomar, a aceitação do "mundo" como um de seus temas genuínos pressiona para que se fale do homem como um ente mundano contingente, em vez de uma "consciência em geral" ("*Bewußtsein überhaupt*"), correspondente ao último horizonte de todos os objetos, enquanto sujeito constitutivo de qualquer mundo possível (ibid., 29).

A compreensão imediata da afirmação e seus pressupostos também são simples: o fenomenólogo que considera a filosofia como "ciência estrita" interessa-se pela objetividade do mundo. Mas a objeção a essa pretensão já não é da ordem do simples. Repense-se esta consideração: "Husserl passou com demasiada facilidade da capacidade da intersubjetividade *representada* pelo conceito de objetividade à suposição de realização da intersubjetividade *experimentada* pela *validez* da objetividade" (ibid., 58). Onde esteve, para Blumenberg, a falência do projeto? Sua primeira alegação é bastante evidente: "*A debilidade da base da certeza na subjetividade está em que o outro não pode oferecer certeza alguma da certeza dos outros*" (ibid., grifo meu).

Dito de outro modo: Husserl opera sob o suposto da transparência do outro. Em que a suposição se sustenta? A observação seguinte torna-se também aqui relevante porque outra vez assinala a concordância de pensadores rivais, por efeito de uma carência semelhante: "no fundo, o fenomenólogo não quer saber pelos outros e sobre os outros o que é homem, senão que — e isso já em Husserl — o que Heidegger expressamente quererá saber do *Dasein*: qual é o 'sentido do Ser'" (ibid., 59).

Embora a objeção seja de extrema pertinência, só transcreveremos seu final: a propósito da experiência estrangeira, a longa análise de Husserl só procurou "delimitar com certeza a redução e resguardar os estados de fato que se tornaram acessíveis por ela contra o retorno de sua objetivação positiva" (ibid., 60). Mas o acerto da objeção não basta para encerrar o exame. Na verdade, ele apenas principia.

Para que a experiência estrangeira cumpra o propósito de entrar em um domínio científico era preciso, como toda experiência com esse propósito, que fosse capaz de sua própria evidência. Ora, *"em que se funda a certeza de que o fenômeno aceito como outro eu é um outro eu, e não a simulação de um diálogo estragado?"* (ibid., 55, grifo meu). O cientista exato, como Husserl pretende que deva ser o filósofo, há de ter a certeza absoluta da veracidade na maneira como procedeu com seu objeto ou de como seu objeto se conduz diante do procedimento que se lhe aplicou. Por isso o filósofo pode manter sua convicção diante dos fenômenos da natureza. Por isso é legítimo falar-se em ciências da natureza. Por isso, ainda quando tenha sido forçado a renunciar ao que concluíra, Galileu termina por se impor a seus censores. Partindo da suposta fidedignidade da conduta do outro, Husserl crê ser capaz de explicar a experiência estrangeira. É então facilmente explicável, mesmo não considerando a busca de escapar da particularidade, que a interdição da abordagem antropológica se cumpra em defesa da posição do "espectador transcendental", ou seja, o próprio fenomenólogo: "O interdito antropológico é, portanto, a ação apotropaica com que se defende a posição do espectador transcendental" (ibid., 91). Por isso "os fenomenólogos não podem verificar entre si se os outros realmente fazem o que dizem ou apenas dizem o que eles creem compreender" (ibid., 93). Em palavras menos "fluentes", "a teoria da percepção estrangeira (*Fremdwahrnehmung*) é, de fato, *eidética* com respeito à evidência, fora de toda constatação empírica, de seus enunciados sobre a percepção de outros semelhantes" (ibid.), porque não admite que o observador do outro se dê meios de confirmar o que supõe que o outro diz ou fez.

É com a insuficiência de modificação dessa ordem que Husserl se propõe o ultrapasse da tematização do homem, em prol da objetivação do mundo. A filosofia assim se apresenta como "um modo de lugar-tenente presuntivo do conhecimento positivo", em substituição ao já constituído império positivista (cf. ibid., 31).

Contra a presunção de que a fenomenologia assim poderia fazer com que a filosofia recuperasse a primazia perdida para as ciências naturais, a continuação do exame de Blumenberg explicita como a questão se complica. De imediato me pergunto como a pretensa transparência da experiência estrangeira é negativa para a maneira como a fenomenologia pensava a relação entre consciência e tempo.

Não necessita de maior indagação reconhecer que a impossibilidade de acesso à efetiva experiência do outro afeta a questão do tempo. Já se assinalou que, em Husserl, o tempo é uma propriedade da consciência, que esta amplia sua articulação com a temporalidade pela memória do passado e a antecipação do futuro. É contudo facilmente compreensível que os limites de penetração no que pensa o outro afetam a propriedade da temporalidade da consciência:

> [...] O salto além da estreita fronteira do presente definido pela retenção e a protensão para a certeza de si que, tendo sido, só pode ser lembrança, nunca tem êxito, nem pode tê-lo: *"Eu era. O eu que fui é aquele que foi enquanto presente"*.[8]
> Para dizê-lo na formulação cartesiana:
> *Cogito me fuisse ergo sum* [*Penso que era, portanto sou*] vale tanto quanto qualquer outra, mas nunca se transforma na admissibilidade do "[...] portanto eu era: *Cogito me fuisse ergo fui*" (ibid., 44).

Reitera-se desse modo a limitação do conhecimento do outro e, em consequência, a inadmissibilidade de se atingir quer uma consciência absoluta, quer um sujeito transcendental. "A impossibilidade de transgredir a fronteira entre retenção e a lembrança tem sua economia fenomenológica própria" (ibid.). A via pela qual Husserl optava outra vez reiterava a interdição de pensar antropologicamente, crendo assim impedir-se de voltar às ciências particulares e, portanto, de manter a crítica às ciências positivas. Na verdade, isso já não se daria

---

[8] *Ich war. Das gewesene Ich ist das als gegenwärtiges gewesenes,* formulação do próprio Husserl, de acordo com *Husserliana VIII*, p. 471, apud Blumenberg, op. cit., 44.

porque os procedimentos por ele privilegiados, a descrição e a intuição, concernem a objetos materiais (não a ideias), que, conforme pensava, seriam captados por tomadas sempre parciais, por assim dizer, por camadas. Noutras palavras, a pretensão eidética de Husserl não visava ao suprassensível, senão à forma que, no território do mundo, procuraria sua disposição desmundanizada.

Ainda que a explicação pareça correta quanto à pretensão de Husserl, não o é menos que a "consciência pura não poderia se converter em horizonte de afirmações antropológicas" (ibid., 45). Embora ao dizê-lo, apenas repitamos o que Blumenberg reitera, a insistência se justifica porque afeta mais do que a recusa do antropológico. O questionamento que deriva da articulação inadequada da consciência com o tempo dará lugar a várias ordens de abordagem. Importa-nos, de imediato, a relação entre redução transcendental, razão e história. O tema oculto do último Husserl é "instaurar o sujeito da história pela redução transcendental, por meio da autorrealização da razão" (ibid., 81-2). Mas não parece estranho que a história entre em um circuito semelhante ao que temos mostrado?[9] Ainda que a tentativa pareça descabida, pois "na verdade, *a subjetividade transcendental é a essência hipostasiada da consciência como intencionalidade, como intuição a realizar-se no sentido de todas as solicitações*" (ibid., 110, grifo meu), nem por isso deixa de surgir em Husserl o ensaio de uma filosofia da história.

Contra o factualismo historiográfico, a tentativa husserliana supõe subordiná-la à "*metaphysische" Wille zu Sein* ("metafísica" vontade para Ser), "que, justamente, só pela história se torna em *vontade que desperta por graus*" (ibid., 110).

Assim a resolução de converter a filosofia em "ciência estrita" tem o efeito ambicioso e paradoxal de subordinar a investigação empírica, mesmo aquela que, como a historiográfica, aspira a ser reconhecida como empenhada em internalizar a cientificidade factualista, à vontade metafísica. Em seu combate contra as impurezas do empírico, a busca do puro encarece a importância do unitário, ou seja, do que contraria a índole do *fato*.

---

[9] Paul Ricoeur dedicou um longo estudo ao surgimento da questão da história em Husserl. Sua leitura é fecunda, embora o próprio autor não pareça convencido de que a intentada historicização, mesmo que distinta da dos historiadores, funcione. Pensada como "advento de um sentido", a História para Husserl tem um caráter teleológico, acrescentando-se que, para ele, só a Europa dispõe de uma teleologia imanente (Ricoeur, P.: 1949, pp. 280-316).

A tendência já se ensaiava no afastamento do *sum* cartesiano, que dava lugar à hipótese do sujeito transcendental, enquanto ultrapasse da individualidade; ela agora se amplia à coletividade das ações, para a qual a historiografia procura descobrir um nexo. Husserl por certo não se contenta com esse encaminhamento. Subordinar o nexo das ações à metafísica seria supor que tal articulação está previamente dada, que não se inaugura na história mas nela se revela por "graus".

Como essa disposição subordinada da história se conciliaria com a estrutura do tempo interno da consciência? O alargamento do tempo pelos movimentos retentivo e protensional não dá conta da questão da lembrança (*Erinnerung*), obviamente central para a reconstituição historiográfica e menos obviamente distinta da retenção estabelecida pela memória. Tomar "'a lembrança' (como) tributária da empatia (*Einfühlung*) pelo eu da experiência rememorada", a qual seria descritivamente verificável (ibid., 100), era desconsiderar a flutuação da lembrança, que provoca a desconfiança ante sua suposta fidelidade. Por enquanto apenas aludo que, na relação estabelecida entre redução transcendental, razão e história, muito menos se observam as *perversões* a que a razão está sujeita. (Embora Blumenberg utilize Freud em sua reflexão sobre Husserl, não refere que o filósofo conhecesse o originador da psicanálise). Em suma, a concepção da "experiência estrangeira", com sua estranha subordinação ao princípio da transparência, obstrui a cara pretensão de Husserl de converter a fenomenologia em lugar-tenente do científico:

> Como a absoluta certeza do *cogito sum* só pode ser exclusivamente minha, torna-se de todo incerto se um outro que se declara eu (*Ich-Sager*) ligue a mesma significação a esta expressão ou, em caso contrário, a qual outra (ibid, 68)

Tanto a questão da lembrança como a da razão ainda serão detalhadas. No momento, concentremo-nos na relação entre consciência, ciência e mundo; mais concretamente, entre o homem, como objeto da indagação fenomenológica, e o mundo. A passagem capital, relativa à função da *Lebenswelt*, há de ser antecedida por uma longa frase, decisiva por relacionar a ênfase na "abnegação" do fenomenólogo, sua renúncia ao mundo e o papel do conceito de "mundo da vida":

> O mundo da vida tornou-se o tema da fenomenologia porque se encontra nos antípodas da possibilidade da atitude fenomenológica. É ele a suma das

condições que tornam a fenomenologia impossível. Sob seu domínio, a redução não pode ser sequer pensada. É por isso que sua tematização equivale a atacar em cheio a questão de saber o que realmente obstaculiza a ação da redução. No mundo da vida, a crença no Ser se oculta a si mesma (ibid., 77).

Se não fosse o risco de tornar o argumento enigmático, seria possível substituir a frase acima pela afirmação: o conceito de mundo da vida visa a motivar a "renúncia ao mundo" (*Weltentsagung*).

O que é dito sobre a consciência enquanto intencional implica que seu conceito não supõe uma mera conjunção de incidências perceptíveis senão que possui um caráter *construtor* por antecipar (*vorgreifen*) o que ainda não foi dado ou jamais o será.

Como o perfil definitivo do pensamento de Husserl, aqui ainda em processo de formulação, a observação acima tem o mérito de abrir uma clareira explicativa do demorado interesse de Blumenberg na obra daquele filósofo. (Na verdade, considerando que além das quinhentos páginas da *Descrição*, as 370 da antes publicada *Lebenszeit und Weltzeit* [*Tempo da vida e tempo do mundo*] também têm a obra de Husserl como foco principal, pode-se afirmar ser desse filósofo que parte a fundamentação, ainda que altamente modificada, do pensamento de Blumenberg.) A constatação se funda em não ser a consciência tomada como um mero *Bezugpol* (*polo de referência*), mas sim um núcleo aglutinador do não dado/dável; isso é suficiente para acentuar-se que o cientificismo de Husserl se manteve distante de qualquer espécie de determinismo, ou seja, que suas explicações não supõem a existência de leis inflexíveis, redutoras do mundo à sua materialidade. Portanto nele não nos deparamos nem com um materialismo reflexo, nem com um estrito idealismo platônico, mas sim com uma concepção que, sem falar no princípio da autoconservação, entende que a efetiva prática da autoconservação pelo homem não se confunde com o desenvolvimento de meios materiais de ataque e/ou defesa. Sem que deixe de conter esse aspecto, a *Selbtserhaltung* (autoconservação) ainda supõe o estímulo de produzir o que o mundo, por si, não oferece à criatura humana. A tensão embutida na *Selbsterhaltung*, que a leva a ir além do biológico, parece difícil de ser notada pela obsessão husserliana com o *transcendental*. Por isso será oportuno que o leitor procure por entre parênteses seus próprios pré-juízos para que penetre na passagem:

[...] A subjetividade transcendental permanece velada na humanidade por efeito de outra limitação que a do horizonte: não a de um dado prévio ainda por vir, para o qual, entretanto, todo horizonte, ao mesmo tempo que se retira, remete. Para isso, Husserl escolhe uma expressão mais forte e com um sentido mais estreitamente "gnóstico": a de "cegueira" (*Verblendung*). Ela é a pura e simples inconsciência de que alguma coisa permaneceria fora de acesso ou subtraído ao sujeito com referência a seu mundo e se expandindo na crença no mundo (ibid., 118).

Como não há até o momento uma edição crítica da *Beschreibung*, diante da passagem pode-se pensar que, embora suscitado por formulação de Husserl, se trata de um pensamento de Blumenberg. A dúvida deixa de ser razoável porque, logo a seguir, a transcrição que é feita de Husserl demonstra que a ideia era dele: Husserl relaciona seu apego ao transcendental com a afirmação de que a "subjetividade transcendental" não nos é acessível. É a *Verblendung* sobre a qual Blumenberg estabelece sua glosa da afinidade gnóstica.

Vale levar adiante a consequência da alegada cegueira. Para ajudar sua compreensão, acentuemos que, no trecho, "cegueira" equivale à afirmação: podemos de fato saber mais que efetivamente sabemos. Costumamos associar aquilo que sabemos com o resultado de alguma percepção ou cálculo. Para Husserl, o reconhecidamente sabido é a atualização de uma essência. Já assinalamos e adiante desenvolveremos os embaraços provocados por seu essencialismo. Por isso é tanto mais espantoso que a cegueira referida mostre um resultado surpreendente, mesmo se se considera que, sendo uma glosa vinculada a uma formulação de Husserl, contém a contribuição do próprio glosador. Alguns passos são necessários para que se atinja o alvo pretendido. Blumenberg por certo os justifica de modo a ajustá-los ao sistema husserliano. Assim a ofuscamento aludido é transgredido pelo ego "transcendental desperto" por ser "a justificação *derradeira* da *primeira* redução fenomenológica", enquanto "supressão da posição do mundo" (*Aufhebung der Weltsetzung*), e "evidencia-se este elemento relacional da primeira redução fenomenológica ser não só a mais opaca das obstruções à temática transcendental da fenomenologia, como exatamente sua tela de ofuscamento funcionalmente condicionado" (ibid., 119).

O passo referido é, de sua parte, justificado pela afirmação: "O sujeito mundano apenas pode ser funcionário da temática transcendental da fenomenologia porque sua crença no mundo não se suspende" (ibid.).

Suponho entender o enunciado de acordo com citação de que destaco o trecho capital: "[...] A vida de todo eu transcendental é uma vida de ser finito que se introduz na infinitude" (apud Blumenberg, H.: 2006, 121, fonte não indicada). (Formulação por conta própria: considerando que a *epoché* supõe o ultrapasse do provisório, é correto dizer-se que o ser infinito é alcançável pela atuação da *epoché*.) Interpretando os termos do próprio Blumenberg: para que se equilibre a si próprio, o sujeito mundano depende de não pôr em dúvida sua crença no mundo; tal crença, portanto, não se confunde com a constatação de que o mundo *é* porque *está aí*.

A "cegueira" que procuramos esclarecer é, do ponto de vista, da existência, uma "boa cegueira".[10] Pouco importa minha discordância de todo o argumento. Ela não diminui o precioso *páthos* da conclusão: "A redução deve ser 'difícil'; deve perfurar a cegueira porquanto a 'coisa essencial' não é o resíduo aberto por ela senão que o reduto. O fato *é* a essência" (ibid, 119).

Tanto entendo que, para Husserl, a redução até a essência é algo extremamente positivo, como minha própria rejeição ante tal posicionamento. Mas o decisivo não está nem no entendimento, nem na discordância, mas em uma terceira via que apenas delineio: os críticos do cientificismo positivista concentram suas baterias contra o império nele reinante do factualismo. Ora, o crítico radical das ciências empíricas não encontra dificuldade em conceder outro estatuto ao fato: a crise das ciências deriva do uso do fato, através da tecnização, para tornar a teorização prescindível. Nisso, reaparece sua divergência com Descartes. Sendo o *cogito* exercido por um ente finito, o *cogito* seria falível se não derivasse, como efetivamente supunha Descartes, de um ser infinito. A *Verblendung*, portanto, seria a resposta do que Blumenberg intitulou a criptoteologia de Husserl. Dito de maneira direta: o *cogito* de uma criatura finita não poderia se expandir além da vida de quem o exerça senão pondo entre parênteses sua crença em estar respaldado pelo mundo em que, contingentemente, toca. A legitimidade do fato, ademais, justificaria ser a tarefa do filósofo contribuir para a cognição da objetividade e não em centrar-se na provisoriedade do *sum*. Por isso

---

[10] Será que me engano quando vejo a *Verblendung* como aparentada com o "anonimato" heideggeriano? Caso a aproximação seja correta, seus caminhos são contrários: Heidegger parte de seu suposto para afirmar o ofuscamento em que, para o homem, se mantém o Ser; Husserl como que procura roubar outra vez o fogo dos deuses, tomando a redução como a trilha capaz de abrir para o ser finito a transcendência do sujeito.

a *Lebenswelt*, só introduzida e começada a ser tematizada por Husserl em 1924, é um conceito de ataque. E isso porque o fenomenólogo reitera que deve manter o estado de renúncia ao mundo: "O mundo da vida [...] está nos antípodas da possibilidade da atitude fenomenológica" (ibid., 77).

Esta, em suma, a razão que encontro para a dedicação de Blumenberg a um autor de que divergia profundamente. E se me torna compreensível o elogio paradoxal mas correto do destino de Husserl: de que sua perda internacional de prestígio ante seu rival fosse acompanhada de sua afirmação da função salvadora do que concebera:

> O trauma da intransmissibilidade da fenomenologia, enquanto experiência acadêmica do naufrágio de uma escola, empalidece ante o esboço de uma função salvadora, pela qual o fenomenólogo *se mantém em sua única solidão filosófica, que é a exigência metódica fundamental para uma filosofia verdadeiramente radical* (ibid., 95; a passagem grifada é de Husserl, sem que a fonte seja indicada).

Mas o supostamente vitorioso não é bem um ego, ou seja, uma particularidade que Husserl considerava de somenos? A dúvida é jogada no lixo pela resposta de Blumenberg:

> Este eu alcançado na *epoché apenas por equívoco chama-se propriamente "eu", embora seja um equívoco conforme com a essência, pois que, quando o nomeio de maneira refletida, não posso dizer senão: é o eu que sou* (ibid., a passagem grifada é de Husserl, sem precisão da fonte).

Em síntese, a análise do que Husserl designa "experiência estrangeira" apresenta um rendimento díspar. O lado que leva em conta a operação fenomenológica é caracterizado pela seta da intencionalidade, sendo ela portanto condição para o processamento da consciência. O segundo aspecto positivo da apreciação depende de um trajeto complicado. A "subjetividade transcendental" se defronta com o mundo em estado de ofuscamento. Essa condição resulta que, sendo finito seu portador, seu transcendentalismo, não poderia ser senão finito. E o que extrai da subjetividade, por efeito da redução eidética, provoca a redução da crença no mundo, crença dependente de nosso aparato sensorial. Tal supressão não significa que a subjetividade passe a se encontrar desgarrada, sem um entorno que a respalde, senão que é o meio pelo qual perfura seu ofuscamento habitual para chegar ao que, para a variante de platonismo praticada por Husserl, é a raiz a atingir, a essência. Ora, o alcance da essência na periferia de um ente finito não poderia ter outro nome senão *fato*. Assim, conquanto a formulação seja de Blumenberg, ela é fiel fundamentalmente ao pensamento de Husserl: "*Das Faktum* ist *das Wesen*".

Que se procurou mostrar através de um trajeto que sabíamos complicado? De imediato, comprovar-se a razão de falar em variante platônica a propósito da fenomenologia clássica. De maneira operacional, que a crítica de Husserl ao rumo tomado pela ciência na modernidade — a que, por enquanto, apenas fizemos alusão — não implicava a recusa do factual, mas a tentativa de desconectá-lo do mero privilégio do técnico, considerado como a operação que se descarta do teórico.

Continuemos a tratar do ângulo negativo da "experiência estrangeira". Ele tem como maior lacuna a incapacidade de entender a *carnalidade* do outro da mesma espécie, senão como uma organização semelhante à minha. A transparência, ingenuamente suposta, do outro, provocada pela busca de atingir a disposição eidética, impede ao fenomenólogo de saber, como pretendia, qual o teor da experiência estrangeira.

O confronto dos aspectos positivo e negativo conforma um perfil surpreendente. Se a ênfase no *cogito*, em detrimento de seu agente empírico, provoca a potenciação do descritivo e da intuição — duas experiências fundamentais para o pensamento husserliano –, enquanto capacidades humanas, o que se passa na mentação do outro, a possibilidade pois de tematizar a inter-relação é abandonada. Por outro lado, se ao desprezo do *sum* corresponde a ênfase na objetividade, a *Lebenswelt* (mundo da vida), como já se disse, encontra-se no lado oposto da possibilidade de uma atitude reconhecidamente filosófica.

Das duas direções contrárias, por fim, deriva em comum a recusa de uma antropologia filosófica. Como será mostrado, esse será o ponto de partida básico da revisão proposta por Blumenberg. Assinale-se ainda o receio constante do leitor cuidadoso de Husserl de que sua empresa fracasse pela incapacidade de prever um lugar específico para a reflexão. A passagem com que o corroboro assinala que a questão igualmente envolve o pensamento heideggeriano:

> Heidegger contrapôs o conceito de facticidade do *Dasein* ao absolutismo cartesiano de Husserl de um eu consciente de si e de sua dimensão transcendental. Com isso, entretanto, não atingiu a incerteza (*Fraglichkeit*) da evidência reflexiva; ao contrário, a aumentou, pois a analítica do *Dasein* é uma reflexão

camuflada — de onde poderia vir senão a autotransparência quanto ao cuidado (*Sorge*) e à temporalidade? (BM, 199).

Mesmo com o risco de provocar o extravio da argumentação, desenvolvo um desvio que antes mereceria uma estrada principal.

A obsessão husserliana de transformar a fenomenologia em representante legítimo do que julgava ser o caminho legítimo da ciência o levava a não distinguir o que deveria ser diferenciado. Assim sucede a propósito da *objetividade*, cuja extensão exige que se ponha a pergunta pela reflexão. Propomos que, do termo "objeto", se extraiam duas direções. A direção da *objetualidade*, i.e., presa que se presume fidedigna a propriedades do objeto, relaciona-se com o termo básico ao pensamento de Husserl: a intencionalidade. Em consequência, ao realce da memória, da *mnese*. Por ser o horizonte husserliano saturado pela equivalência dos três termos, objetualidade, intencionalidade, memória (retenção), a mesma lógica da univocidade ainda se estendendo ao prolongamento do tempo da consciência para o futuro (a protensão), não há lugar para a diferença que propomos abrir-se a partir da objetividade.

A relação da objetividade com o objeto de que fala, sobre que pensa ou refere não se encerra em uma dimensão de univocidade, senão que remete a uma consciência que se redobra, que conscientemente refaz seu caminho ou de modo não consciente estabelece outro percurso. Neste movimento, o alargamento do presente não cabe na retenção da memória e na protensão de um futuro previsível, senão que mostra a fragilidade da memória, a qual opta pela anamnese e não pela mnese, e enseja a reflexão.

Duas pequenas passagens de Blumenberg nos servirão de apoio. A primeira relembra a formulação de Max Scheler: *O homem conhece de si sempre e apenas o que ele não é mais — nunca o que é.* E então acrescenta: "[...] A fórmula que o homem só conhece o que não é mais *deve ser tratada com tamanha prudência que deixa um espaço de jogo para a evidência reflexiva*?" (BM, 253-4, grifo meu). O segundo ponto trata "das formas antropológicas precoces da experiência de si como *reflexão*". A que logo acrescenta: "É inquestionável que, sob o critério da capacidade de realização biológica, importa contrair o quanto possível temporalmente, visibilidade e comportamento, sequência de ações e reflexão sobre sua ordem de aparecimento" (BM, 283).

Apenas acrescentemos: nas duas passagens — que devem ser lidas não pontualmente, mas no todo da argumentação em que aparecem

— trata-se da incerteza promovida pela reflexão. É evidente que, se o pensador tem em conta apenas a busca de univocidade da lógica científica, tende a se afastar do terreno movediço. Neste ensaio, a segunda passagem deverá ser conectada com a reflexão autônoma de Blumenberg, depois de terminado o exame de Husserl, ao passo que a primeira será relacionada com a problemática metaforológica.

Voltemos ao destaque dos filões fundamentais de Husserl. Embora já tenhamos tratado da consciência íntima do tempo, vale retornar de passagem a ela. Assim se impõe pela importância de passagem a destacar: é pela consciência íntima do tempo que se cumpre "a invenção do instrumento único e nada óbvio implicado na *negação*" (BM, 602). *A indagação husserliana do cogito implica que não é ele um achado ou investimento natural da espécie humana. A negação é precisamente definida como uma* Erfindung *(invenção), e não simplesmente* Entdeckung *(descoberta)*. Mas, como já indicava a extrapolação acima, o raio de alcance da consciência interna tem um limite. O que vale dizer, a invenção da negação conjuga-se com outras propriedades atuantes pela consciência. Chama-se a atenção para o modo como é entendido o funcionamento da percepção externa. Afastando-se da estrita concepção husserliana, Blumenberg questiona o papel concedido à essência, a propósito da percepção externa:

> Husserl pressupõe que toda intuição de essência alcançada pela fenomenologia deva ser também válida para uma consciência absolutamente pura: ou seja, também o que pôde ser evidenciado sobre a essencialidade do dado dos corpos físicos, na percepção externa (BM, 195).

Assim, entender implica não aceitar "que um corpo físico só pode ser percebido [...] pelos esboços que constituem este corpo" (ibid.), pois, se houvesse "simultaneidade absoluta de sua percepção", em vez da percepção de corpos, teríamos "imagens panorâmicas" deles. Ora, se a intuição fenomenológica e a essência se projetassem sobre uma consciência pura, a percepção externa deveria se realizar por um único dado simultâneo. Daí decorre que a percepção externa transcorre temporalmente mediante a "finitude fáctica" da retenção e "a dependência da lembrança" (BM, 196). Em suma:

> A percepção realiza com efeito o que o objeto, enquanto físico, dela exige e lhe permite, de modo que possa ser organizada a faculdade táctil ou ótica ou

de algum outro tipo; mas, a partir de seus pressupostos essenciais, ela pode unificar as diversidades que não seriam simultâneas, no sentido estrito (ibid.).

Em uma passagem difícil, limito-me a assinalar o que me interessa: (a) como o extremo interesse de Blumenberg por Husserl vai além de um minucioso comentário inteligente; (b) como, simultaneamente, é recusada uma explicação fundada na certeza absoluta do *cogito*, a subjetividade transcendental e o caráter eidético do ato cognitivo humano; (c) a necessidade de, ao contrário, estar atento para a necessidade finita da retenção e a presença da móvel e incerta lembrança. *Esta última, em síntese, não pode ser compreendida pela indagação do território da consciência íntima do tempo.*

O mesmo questionamento, tendo por objeto a afirmação da essência, se mostra na indagação das relações entre empatia, intuição e lembrança. O problema deriva da insuficiência, por si já referida, da maneira como Husserl pensou a "experiência estrangeira", enquanto equivalência da carnalidade do outro e a minha. Embora o próprio Husserl tenha questionado a certeza intuitiva da equivalência, em obra tardia, as *Meditações cartesianas*, voltaria a afirmar que os outros "são mônadas que existem por si mesmas, da mesma maneira que eu existo para mim" (Husserl, E.: 1931, 132). É ocioso notar que o termo "intuição" não aparece na passagem: [As outras criaturas] "são [...] realmente separadas de minha mônada, enquanto que o elo real conduz de suas experiências às minhas, do que lhes pertence ao que me pertence" (ibid.). Que a frase poderia querer dizer senão que um arco intuitivo aproxima as diversas mônadas? Por outro lado, Husserl se empenhava em aproximar a empatia da lembrança:

> [...] Husserl desde cedo se esforçara em fortalecer a concepção de empatia (*Einfühlung*) pela descrição dos processos que podem permitir a um sujeito ter a intuição do conceito do "outro" sujeito. A isso pertence antes de tudo a importante prova descritiva que já a lembrança é comandada pela empatia no eu da experiência recordada (BM, 100).

O esforço pareceria explicável se não evocássemos que o realce do *cogito* pretendia por fim conduzir à concepção eidética, à *forma* unitária de todos os membros da espécie humana; esforço, além do mais, indispensável para ressaltar a oposição da filosofia quanto às ciências empíricas, enfatizadoras das particularidades. Já a retificação de Blumenberg prender-se-á à associação da lembrança com sua databilidade (*Datierbarkeit*):

> A lembrança necessita da databilidade, que não teria sentido para a retenção, mesmo se pensada como infinita, porque nela cada conteúdo foi localizado por seus únicos "vizinhos". A lembrança admite por completo a incerteza sobre o que foi antes e será depois [...] (BM, 185).

Não estranha que, importante que tenha sido para a fenomenologia clássica a concepção dos mônadas múltiplas, ela termine por ser abandonada (cf. BM, 184).

Fosse nosso propósito a compreensão exaustiva do pensamento husserliano seria o caso de considerar se a fundamentação a partir de então oferecida à lembrança, que a baseia na *Sichtbarkeit* (*visibilidade*), teria sido de fato vantajosa. Não sendo o caso, apenas acrescento: sua vantagem é evidente para a posição de Blumenberg, a ser ainda exposta. Sem nos anteciparmos, note-se que Husserl se empenha na reafirmação da unidade eidética, mas que ela agora se faz de modo muito menos peremptório. É verdade que as palavras que cito são de seu comentador enquanto retificador:

> À identidade formal pertence a identidade transcendental. [...] A significação ocasional "eu", que todo sujeito deve poder utilizar para si mesmo, se transforma na significação transcendental "eu", que se distingue da ocasional porque nela está implicado o "eu sou" (BM, 174).

É dispensável acrescentar que a retificação não melhora a qualidade do soneto. Já o questionamento de Blumenberg vai além de Husserl. Note-se ademais que a verificação da debilidade do argumento de Husserl, quanto à *Erinnerung*, não se dissipa com Heidegger:

> O teórico do *Dasein* — e, com isso, o ontólogo fundamental que constrói sobre o *Dasein* — não se sustenta senão ocultando que seu *Dasein é Sorge* (*cuidado*) e só pode ser compreendido como cuidado. Igualmente eles vivem de uma simples lembrança e não de uma evidência reflexiva (BM, 205).

Do estrito ponto de vista husserliano, duas são as consequências imediatas. Em primeiro lugar, a compreensão de que o circuito da "ciência estrita" e da caracterização eidética do humano o levava a um território estreito. Daí a necessidade de passar da circulação da lembrança entre os homens, como indivíduos, à sua condição coletiva. Ou seja, vir a pensar na História. "A história [...] é o modelo por excelência da realidade que o homem pode adotar e o historismo é a barbárie correspondente" (BM, 189).[11]

Ante todo o exposto, a abertura para a História era inesperada. Ela de fato encaminha para uma reviravolta: chamemo-la de abertura para a reflexão. Mas antes de intentá-la, ainda haveremos de tratar de um item.

A pequena montagem feita a seguir nos dá outros elementos para uma consideração mais ampla sobre a reflexão:

> [...] Uma consciência sem lembrança é pensável. [...] A lembrança não existe necessariamente. Se ela entretanto existe, sua base (*der Grund*) deve estar fora da intencionalidade. [...] Só é determinado pelo entendimento (*Einsicht*) o que a lembrança não pode ser: não pode ser a autodoação do eu lembrado quanto a seus conteúdos materiais. [...] Essa compreensão conduz a outra sobre a possibilidade da reflexão. [...] Se bem que não seja lembrança, a reflexão é do mesmo gênero da lembrança e não da retenção, pois o que só pode ser refletido sempre já está constituído na retenção. [...] Se todo "eu penso" é um "penso alguma coisa", então nenhum *cogito* pode ser apresentado reflexivamente sem seu *cogitatum*. E, portanto, o ato da reflexão sempre está fora do horizonte da retenção aberto para a constituição do objeto. Dito de outro modo: em relação ao que é refletido, a reflexão por princípio já é datável diferentemente no tempo (BM, 159-60).

A montagem provoca uma verdadeira desconstrução da concepção husserliana da consciência e de sua relação com o tempo. Enquanto esteve associada à transparência, com que Husserl supunha que o *ego* chegava ao outro, esteve imantada à empatia e à intuição. Seria legítimo falar-se em um estágio pré-adâmico da lembrança.[12] Fiel a si mesma, ou seja, seu conteúdo material preso às malhas da retenção, a lembrança assegurava que o que se dizia memória reproduzia o passado ou, em termos de perfil dos sujeitos, que o perfil do outro era idêntico ao meu. A consciência então processava bons fluidos, porque era bastante confiável.

A montagem de enunciados de Blumenberg retifica — para não dizer mais brutalmente que destrói — o paradisíaco. A consciência cumpre sua função sem produzir transparência ou reproduzir fidedignidades; portanto não se confunde com o trabalho da intencionalidade. Como ser intencional significa projetar a consciência em abertura, essa pode não

---

[11] Entenda-se que o repúdio do historismo é de Husserl. Nisso, era ele bastante coerente. Afinal, o teleologismo de Huserl era ameaçado pelo historismo.

[12] Note-se que, de acordo com o texto original de Blumenberg, sempre falamos em "lembrança", porque ele emprega o mesmo termo, *Erinnerung*, para o que vemos se delinear como dois polos distintos, a que, quando falamos em nome próprio, chamamos, respectivamente, de "memória" e "lembrança", a primeira correspondendo a *mnese*, a segunda, a *anamnese*.

se limitar ao que esteve retido. Quando então a montagem acima destaca seu terceiro componente, tematiza uma possibilidade capital não levada em conta por Husserl: assim como, na terminologia de Blumenberg, a *Erinnerung* (cf. nota 12) compreende a anamnese e esta não se confunde com a mnese, assim também a razão não se confunde com a reflexão. A reflexão confina com a retenção; noutras palavras, alimenta-se do que nela está contido, sem nunca ser idêntica a ela. Quando Blumenberg assinala, em passagem que não incluí na montagem, que "a evidência da reflexão deve conter um momento de diminuição do que concerne a si (*ein Moment der verminderten Selbstgegebenheit*)" ou também "[...] de metade do outro (*Andersichlichkeit*)", a reiteração husserliana da forma eidética quebra-se em pedaços. *Eidos* supõe estabilidade da forma, subjacente à sua configuração individualizada. Como então se justificaria essa diminuição de si, sobre que se transplanta uma semialteridade? A dificuldade evidente de expressão de Blumenberg decorre de operar um inusitado destravamento do território do ego, até agora altaneiro com a alimentação regular e facilmente compreensível de alargamento do presente pela recolha do passado e a absorção do futuro previsível.

Tendo-me dado o direito de uma especulação, devo, mais que depressa, retornar, de maneira cordata, à questão da reflexão. O trecho que então escolho está bem próximo das páginas sobre as quais foi feita a montagem discutida:

> [...] Uma fenomenologia é por completo insuficiente; deve partir do *cogitatum* como correlato intencional do *cogito*. Não pode insistir na evidência da simultaneidade porque esta só seria acessível a uma reflexão sobre a reflexão, e sequer dela necessita porque a simultaneidade é um conceito da consciência externa do tempo (BM, 162).

A reflexão, que esta favoreceria, na linha de frente dos conceitos abertos pela intencionalidade, tem o efeito contrário de provocar a paralisia do fenomenólogo porque se choca com a importância que sua indagação atribuía à simultaneidade entre o *cogitatum* e o *cogito*, de que o primeiro seria o correlato intencional, atualizado pelo cogito. Rompida a harmonia da consonância entre *cogitatum* e *cogito*, a reflexão abre para um poço sem fundo. Substitui a paciência tranquila dedicada à descrição das coisas por uma dinamicidade que, não tendo rumo previamente definível, corre o risco iminente de não sair de uma precária instabilidade.

O limite crítico que Blumenberg estabelece para a linhagem husserliana abre caminho para a sua própria posição. (Apenas assinalemos que só depois de seu exame teremos condições de verificar em que a demorada travessia terá favorecido nossa própria problemática. Por enquanto apenas se observe: tanto no tempo concernente à exposição crítica da fenomenologia de Husserl quanto no seu desdobramento blumenberguiano, privilegia-se a relação da filosofia com a ciência. Só ao chegarmos à questão específica da metáfora, veremos que sua problemática se estende além daquele limite.)

Em vésperas de passarmos da exposição primeira, concernente ao pensamento de Husserl, para a segunda, em que as rédeas do discurso vêm para o território devassado por Blumenberg, é prudente, antes de desenvolver o que nos conduzirá à trajetória da reflexão, ainda tratar da razão.

Partamos de algo já sabido: a consideração husserliana do *cogito* não supõe que ele seja uma dotação humana natural. Daí, nas palavras de seu intérprete, declarar que "a consciência, este triunfo idealista da natureza sobre a natureza...". A parte final da afirmação, "seria antropologicamente apenas o correlato de um estorvo quase mortal" (BM, 553-4), nos lança mais propriamente na teorização do próprio Blumenberg. O referido "estorvo" deriva da condição do homem como animal frágil, cuja sobrevivência biologicamente pareceria improvável. Não o confirma o enunciado que se segue quase de imediato?

> Na estrutura da consciência humana deve já estar decidido o que a razão cumpre como sua forma de realização máxima, na medida que ela é a transgressão da imediatidade da relação sensorial com a realidade (BM, 554).

Por isssso a razão é conhecida como a realização máxima do triunfo (idealista) da natureza sobre a natureza.

Daí deriva uma segunda consequência que ainda mais aproxima esta parte do livro do pensamento que se expõe de Blumenberg:

> Na ideia limite,[13] faz-se inegável que a razão é autêntica *actio per distans*.
> A razão é a capacidade de obter enunciados sobre tudo que não está facticamente presente e não é intuível, como mesmo sobre o que não é real em absoluto, e só apenas possível ou até mesmo impossível (BM, 601).

---

[13] Consistente em considerar a possibilidade de abolição da distância entre o que nosso sistema físico nos permite e o mundo de fato concede.

Mesmo considerando que Blumenberg ainda não completou seu exame de Husserl, para então propor o que é de sua exclusiva responsabilidade, note-se que toda a frase acima não poderia ser endossada por Husserl. É por ser *actio per distans* que a razão é *Reinkultur* — que traduzimos por "cultura absoluta"; a que logo se acrescenta: "Tudo isso não se poderia realizar sem a invenção do instrumento único e nada natural, implicado na *negação* (BM, 602), sendo com ele internalizado o 'irrepresentável' da morte e o sentido do aparentemente sem sentido, o sonho". Como declara o fim do parágrafo: "Apenas posso estar ausente do mundo se o tempo segue 'sem mim', se há o 'tempo do mundo'" (ibid.). O autor não precisa dizer que a negação não só nos permite entender que "o tempo do mundo" vai além do meu tempo, como que a negação do representável pelo sonho e pela morte não se confunde com o que se dá na negação.

Tais deduções estão por certo distantes do típico solo husserliano, embora seja possível admitir que pudessem ser desenvolvidas nas chamadas "variações livres", porquanto nestas "a redução é tão só um aspecto parcial, conquanto o mais corrente" (BM, 192). Mas não compliquemos o que seria secundário.

Terminemos este extenso item com a consideração de um desenvolvimento cuja autoria é inquestionavelmente de Blumenberg.

Na verdade, o capítulo IV, "Autoconhecimento e experiência estrangeira", se inicia com a referência a Husserl, mas logo seu desenvolvimento dele se emancipa. Partir de Husserl significava considerar a resistência que o filósofo mantivera contra a antropologização da "experiência estrangeira". É sob esse prisma que o autor se pergunta em que a história moderna contribui para a absorção do homem em uma concepção filosófica. E Blumenberg responde que ela pôde fazê-lo por três vias: a formulada por Puffendorf (1632-1694), a antagônica de Hobbes (1588-1679) e a de Rousseau (1712-1778). De acordo com a primeira, se imaginamos como se comportariam dois homens que acabassem de se encontrar, a reação mútua seria bastante amistosa. Já em Hobbes, a hostilidade que cada criatura reservaria a cada outra justificava a imprescindibilidade do que seria o Estado absoluto. Em Rousseau, antes se supõe o que seria uma espécie antecipada da experiência baudelariana do *voyeur*: "Faz com que os dois passem calados e sem se tocar" (BM, 248).

Recordam-se as três posições para que sejam subsumidas pela formulada por Schopenhauer: "[...] A situação poderia justamente se desenvolver a partir de sua indeterminação e de suas múltiplas significações" (ibid.). (Ou seja, um Schopenhauer que enfatiza o princípio da indeterminação de Kant.) Em vez, por conseguinte, de favorecer uma reação unívoca, Blumenberg antes privilegia aquela que destaca os valores "indeterminação e significação plural". Sua opção corre de acordo com a complexidade que cerca cada parcela da *Descrição do homem*. É o que já se mostra pontualmente na passagem: embora ela se faça no interior da primeira parte da obra, como sabemos dedicada ao exame da obra de Husserl, e o próprio termo "descrição" evoque um dos procedimentos básicos do filósofo escolhido, a postura final de Blumenberg não seria definida por ninguém como de um discípulo tardio. A preferência por Schopenhauer, não restrita a esse aspecto menor, implica o claro realce de um princípio que não tem qualquer similar em Husserl: o princípio da indeterminação. Este, de sua parte, dá lugar a um conceito outro, o de prevenção, que se mostrará não só coerente como decorrente de toda uma teorização que ainda não vimos.

Não há dificuldade em se entender a indeterminação como antagônica ao que se infere da forma eidética. Isso equivale a dizer: a inconteste admiração pela obra de Husserl está longe de confundir Blumenberg com um seguidor ou um reinvidicador do renome que lhe fora retirado.

Se a seguir ressalta-se a maneira como caracteriza a prevenção, indispensável mesmo à sobrevivência e não só à conduta, em geral, da criatura humana, verifica-se que antecipa toda uma argumentação que não poderia ter por meta o destaque da constância ou da estabilidade das propriedades do objeto sob análise:

> A prevenção (*Prävention*) corresponde precisamente a este estado de coisas em que a comunidade da espécie não tem nenhuma decisão; fora de tomar a própria indeterminação — a consciência da pluralidade de possibilidades que cada um tem — como a grandeza incalculável do outro (BM, 249).

A ordem dos conceitos se torna de tal modo diversa da de procedência husserliana que posso considerar encerrada a reflexão expositiva e crítica de Edmund Husserl. Em vez, no entanto, de passar diretamente à exposição blumenberguiana, será oportuno verificar o respaldo que ainda encontrará em *Der Mensch* (1940) de Arnold Gehlen, que, por sua vez, já desenvolvia a reflexão precedente de Herder (1744-1803).

4. O Ensaio sobre a origem da linguagem

Contra o *topos*-clichê que declara ser o homem o rei dos animais, desde Platão, vozes que terminaram minoritárias consideram que a verdade está no avesso. Coube a Johann Gottfried Herder, com seu primeiro ensaio sobre a questão da linguagem, a *Abhandlung über den Ursprung der Sprache* (1772), demonstrar que, na escala biológica, o homem é a mais débil das criaturas. Embora a filosofia de Herder ressoe na entonação nietzschiana, para o percurso que temos a fazer será mais relevante a relação da *Abhandlung* com a obra capital de Arnold Gehlen. Mediante os sumários dos referidos ensaios será compreensível o desdobramento de ambos na *Beschreibung*.

O texto de Herder, apresentado em concurso, aberto em 1769 pela *Königlich-Preußische Akademie der Wissenschaften* sobre a invenção da linguagem entre os homens, poderia, sem prejuízo, ser resumido à sua primeira parte, que não só sintetiza o antagonismo do autor às opiniões então correntes sobre o tema, como contém o fundamento da hipótese que desenvolverá. Não obstante, preferimos o sumário de todo o ensaio.

Sem condescendência à polidez acadêmica, começa por mostrar quão estúpidas eram as ideias de seu compatriota J.P. Süßmilch (1707-1767), como as do famoso Jean-Jacques Rousseau (1670-1741), com suas respectivas suposições de ser a linguagem de origem divina, que ainda explicaria a arbitrariedade do signo decorrer da inescrutabilidade da vontade divina ou de que ela antes derivava das sensações provocadas pelos ruídos dos animais. Sobre ambas, é suficiente o comentário do autor: toda filosofia sobre a invenção da linguagem oscila entre provir das nuvens ou das florestas, sendo cada palavra uma *qualitas occulta*, algo caprichoso (*willkürlich*) (cf. Herder, J.G.: 1772, I, 743).

Talvez Herder não fosse tão incisivo contra o que ia combater se a questão da origem da linguagem não assumisse então tamanha importância que a Academia de ciências promovesse um concurso a seu respeito. A posição do vencedor será taxativa e inusitada pois inicia atacando a secularmente suposta superioridade do homem. Considerar a equipagem biológica de que o homem dispõe implica verificar sua inferioridade em face dos outros animais. É o que declara sem voltas a frase:

O homem está distante dos animais em força e segurança do instinto (*Daß der Mensch den Tieren an Stärke und Sicherheit des Instintinkts weit nachstehe*), pois é inegável não ter o que, no caso de tantas espécies animais, denominamos de habilidades inatas e de impulsos sagazes (Herder, J.G.: 1772, I, 711).

Considerando a relevância da hipótese aí enunciada para Gehlen e, deste, para Blumenberg, convém nos determos no compacto enunciado.

Do ponto de vista da contemporaneidade de Gehlen (1904-1976), a formulação herderiana supunha um traçado absolutamente diverso do que será percorrido quer pela fenomenologia clássica de Husserl, quer pela ontologia fundamental de Heidegger, pois ambas desprezavam o ponto de vista antropológico. Husserl desconsiderava a abordagem antropológica porque, em seu cartesianismo com restrições, ressaltava o *cogitandum*, como território do que abrange a consciência e, por consequência, a subjetividade, que, não restrita ao empirismo do *sum*, termina por se postular enquanto transcendental. A abstração progressiva possibilitada pela *epoché* levava ao abstrato unitário correspondente à manutenção da ideia de essência. O homem não era definido por alguma ação desempenhada pelo ego senão por uma disposição eidética, que abrigava toda a espécie. O essencialismo, de fundo platônico, embora, como já assinalamos, praticante de outra direção, tornava Husserl, o velho professor judeu, suspeitíssimo ao virulento antropologismo biológico do arianismo nazi. A derrota do nazismo, no entanto, não tornaria o essencialismo husserliano algo praticável. Já a mesma derrota não abalaria a difusão da dissidência heideggeriana. A maneira como o privilégio do tempo é feito, conjugando-o com a presença do Ser (*o Dasein*), embora mantendo o mesmo perfil essencialista, o tornava menos visível, enquanto o vigor de sua linguagem e a capacidade de escamoteio do autor ajudavam a não identificar o seu pensamento com o mesmo racismo nazi que Heidegger habilmente camuflara.

Contra o essencialismo comum a personagens de trajetórias e pensamentos tão distintos que poderia ser mais antagônico senão a afirmação de que o homem antes de tudo se define por carências, na sua disposição biológica? Nenhum *eidos,* enquanto caracterização externa, nenhuma essência, enquanto unidade definitória de um objeto, ele não se especifica pela designação de traços próprios, distintivos e definitivos.

O curto argumento acima é suficiente para se constatar que a recorrência de Gehlen a Herder e de Blumenberg a Gehlen expõe uma via contrária àquela que, erguendo-se a partir do aprofundamento de Heidegger, tem constituído o heideggerianismo dominante, no pensamento ocidental, desde a segunda metade do século XX.

Voltemos então à *Abhandlung*. Considerando a frase capital que acima expusemos, a primeira consequência a dela extrair é de que, se os sons da "linguagem" animal são reações a experiências de ordem material, no caso do homem, "a lei natural" (cf. Herder, op. cit., 708) a que está sujeito há de ser procurada na deficiência que o marca. Falar a propósito em "lei natural" não dá lugar a equívoco. Trata-se de "lei" porque nenhuma criatura está dela isenta, e é "natural" porque decorre de sua própria configuração biológica. A "máquina sensível", que é a criatura humana, encontra na linguagem sua "lei natural" por ser através dela que consegue sobreviver apesar de suas carências e mesmo impor sua presença. Daí Herder alcança a maior precisão quando distingue a "linguagem" de cada espécie animal da humana porque não deriva de algum "princípio de imitação" (*kein Principium der Nachahmung*):

> Aqui (ou seja, no homem) não há nenhuma explosão emotiva (*kein Geschrei der Empfindung*) porque não foi uma máquina que respira senão uma criatura que toma consciência (*ein besinnendes Geschöpf*) que inventou a linguagem! Na alma, *nenhum princípio de imitação* (Herder, J.G.: op. cit., 725).

É fundamental recordar ser específico da condição humana criar condições para a sobrevivência que a natureza não lhe concedera. Assim ele não só desenvolve a linguagem — diante da qual os modos de comunicação dos outros animais são rudimentos — como a consciência. (Embora não se possa ter provas, é de supor que cada uma das duas invenções permite o desenvolvimento da outra.) A invenção, por conseguinte, não é um luxo para o homem, senão o produto do esforço para suprir uma necessidade. Do ponto de vista da primeira tese aqui defendida, o achado de Herder permite que digamos: não sendo concedido ao homem uma natureza bastante para assegurar sua sobrevivência, literalmente não é possível falar em uma essência sua — a menos que, sem temer um jogo gratuito de palavras, se dissesse: sua essência é a carência.

Venhamos a outra consequência: cada espécie animal está subordinada a um círculo:

> *Cada animal tem seu círculo*, a que pertence desde o nascimento, em que penetra imediatamente, em que permanece por toda sua vida, até a morte: é entretanto estranho *que tanto mais agudos os sentidos dos animais e quanto mais maravilhosos são os produtos de suas artes, e quanto menor é então seu círculo, tanto mais limitada é sua arte*. [...] A aranha fia com a arte de Minerva, mas toda sua arte se esgota neste pequeno espaço de fiação (ibid.,, 712).

Ao homem, ao contrário, envolve "um mundo de ocupações e de decisões" (*eine Welt von Geschäften und Bestimmungen*).

As reduzidas afirmações seguintes reiteram e reforçam o que já a primeira passagem acentuava: se a extensão da "linguagem" de cada outra espécie é predeterminada pelo alcance de seu instinto, ela não admite variações. A singularidade humana não resulta de uma característica que tenha *a mais*, porém do *menos* que carrega consigo:

> Despido e à descoberta (*Nackt und bloß*), fraco e carente, inibido e desarmado: e o que constitui o ápice de sua miséria, desprovido de quaisquer meios de direção (*Leiterinnen*) na vida. — Nascido com uma sensualidade tão dispersa e débil, com capacidades tão indeterminadas e adormecidas, com impulsos (*Trieben*) são divididos e fracos, evidentemente dependente de milhares de necessidades, destinado a um grande círculo e, no entanto, tão órfão e abandonado que nem sequer é dotado de uma linguagem para manifestar suas insuficiências... Não! Tamanha contradição não faz parte da economia doméstica da natureza (*ist nicht die Haushaltung der Natur*) (ibid., 715).

Limitemo-nos a dois últimos traços:

> A mais ignorante das criaturas ao vir ao mundo, (o homem) logo se torna aprendiz da natureza como nenhum outro animal. [...] O traço constitutivo de (sua) vida nunca é o prazer, mas sempre ir adiante (*Progression*), e nunca conhecemos um homem até que sua vida tenha acabado (ibid., 773).

Há outras mais incisivas, porém mais conhecidas. Já na primeira parte da seleção acima, a expressão *Lehrling der Natur* (aprendiz da natureza) poderia dar a impressão de que Herder explicasse as invenções da linguagem, da consciência e a exploração da razão ou como deterministas ou como provas da força da "espiritualidade" humana. Ao inventar, então, ele resgataria da natureza o que a natureza não lhe concedera. Contra o sofisma — que não sei se já foi forjado por alguém — basta considerar, por um lado, que a aprendizagem da natureza leva a uma razão que sempre procura avançar; por outro, que a invenção da linguagem se processa tão fora dos parâmetros da natureza que seu elemento mínimo, o signo, não sendo motivado, não se explicaria por algum fenômeno natural. De onde então derivaria a passagem da reação instintiva do animal — os ruídos ou o canto de cada espécie — para o signo imotivado da linguagem humana senão de que *kein Principium der Nachahmung* explica a mínima parcela da complexa expressão humana?

Passo, sem me deter, ao que Herder considera a segunda lei natural humana:

> Em seu destino, o homem é uma criatura da horda, da sociedade: a formação progressiva de uma linguagem assim se torna para ele natural, essencial, necessária (ibid., 783).

Do ponto de vista do propósito deste ensaio, a discussão do enunciado poderia ser dispensada. Mas ela nos importa pela articulação que permite. Em uma formulação primeira e, por certo, não errada, o caráter gregário do homem (*ein Geschöpf der Herde*) não resulta da invenção da linguagem, mas, em última análise, de suas carências. Por outro lado, tampouco seria falso declarar que a inventividade da linguagem, por não depender de algum instinto, favorece sua constituição progressiva. Em suma, nem a linguagem explica o caráter gregário, nem tampouco, embora ainda fosse mais plausível, o caráter gregário impõe a inventividade daquela. Ambos, ao contrário, corroboram a nossa carência constitutiva. Por isso, ao passo que os animais podem ter de escavar suas furnas individuais, o homem precisa de uma cova coletiva (*eine gesellschäftliche Hülle*). Por mais que, dentro dessa comunidade, a seus membros seja mais cômoda adotar uma vida anônima, que os isente da ousadia inventiva, a capacidade de invenção verbal, concretizada pela poesia, declara Herder, é do interesse da humanidade (cf. ibid., 739).

Ainda mais rápida será a passagem pela terceira e quarta leis.

> Assim como era impossível que toda a espécie humana permanecesse como uma única horda, também seria impossível persistir uma só língua. Dá-se assim uma formação de diferentes línguas nacionais (ibid., 791).

Adotando uma explicação mais concisa que a do próprio Herder: o desenvolvimento progressivo da expressão verbal/e ou gestual se defrontava com a impossibilidade de que toda a espécie estivesse em uma só cova ou nela coubesse. À dispersão da mítica torre de Babel corresponde não só a constituição de línguas diversas, como, no interior de cada uma, a variação dialetal e, de maneira ainda mais restrita, a diversidade de pronúncias:

> Assim como, segundo toda probabilidade, a espécie humana forma um todo único e progressivo com uma origem única em uma grande economia familiar, assim também (sucede com) todas as línguas e, com elas, a grande cadeia da civilização (*Bildung*) (ibid., 799).

Embora estivesse temporalmente próximo da presença do evolucionismo, difundida a partir de Darwin (1809-1882), nada mais diverso que a suposição de uma origem única e, portanto, em igualdade de condições, de toda a espécie e da variedade de línguas.

Ante minha incapacidade de reconstituir os passos que levarão de uma a outra posição, antes ressalto passagem de seu comentário:

> Nada é mais falso (*allein nichts weniger*) do que pensar que uma *única família separada* poderá desenvolver sua língua mais no conforto e vagar do que pelas destruições, a guerra contra outra tribo (*Stamm*) etc. Quanto mais ela se volta contra outras, quanto mais fortemente se torna compacta, arraiga-se a suas raízes e converte os feitos de seus antepassados em canções, em ações mobilizadoras, em monumentos eternos (ibid., 805-6).

A formulação mostra que o teólogo pensador estava mais próximo de Hobbes (1588-1679) que do evolucionismo e, por conseguinte, da futura antropologia biológica. Só que a motivação belicosa já não encaminha a alguma proposta absolutista, senão à antinomia primordial entre amigo-inimigo, base do que Carl Schmitt bem depois desenvolverá em *Der Nomos der Erde* [A lei da terra] (cf. Schmitt, C.: 1950).

Na medida em que a comunidade se concentra em si mesma, cultua suas raízes, converte seus antepassados em monumentos e canções patrióticas, transforma sua fragilidade em força leonina contra a própria espécie. O espectro de Hobbes reaparece com outros nomes.

4. Arnold Gehlen desenvolve a *Abhandlung*

Um tema está sendo preparado desde a primeira página deste ensaio: a concepção da metaforologia (ou não conceitualidade) no pensamento de Hans Blumenberg. Só quando a atingirmos, poderemos *acenar* para o passo final: a relação entre os eixos conceitual e metafórico da linguagem e a diferença entre as formas discursivas, que têm como extremos a ciência e a ficção. Com esse propósito, temos em síntese tratado da: (a) análise na *Beschreibung des Menschen* dos fundamentos da fenomenomelogia husserliana, tratando-se eventualmente de sua divergência com Heidegger e, de maneira mais relevante para o propósito do ensaio, da velada convergência que ambas as abordagens mantêm quanto a um embasamento essencialista. O exame não pretende valer por si senão como modo de ambientar a leitura para a argumentação autônoma relativa a Blumenberg; (b) às páginas finais do item 2, concentradas na diferenciação entre razão e reflexão, corresponde o início propriamente dito da entrada na concepção de Blumenberg, preparando para sua proposta de uma "descrição do homem", contrária à que fora intentada por Husserl, seja por seu antiessencialismo, seja por levar a uma antropologia filosófica. Especificamente, a condução a uma antropologia filosófica assinalava a necessidade de traçar outro trajeto implícito no pensamento de Blumenberg: aquele que se alimenta da hipótese levantada ainda na segunda metade do século XVIII pelo *Ensaio sobre a origem da linguagem*, de Herder, a ser desdobrada por Gehlen. Dado o tamanho desse livro, seu sumário será proporcionalmente maior do que o reservado ao *Ensaio* herderiano.

A aludida diferença não impedirá que um curtíssimo enunciado destaque o que será comum ao item anterior e ao agora iniciado: "A não especialização do homem é a pedra de toque da doutrina de (sua) origem" (Gehlen, A.: 1940, 123). (Por *Unspezialiertheit* (não especialização), o autor entende a *carência* da criatura humana, ou seja, não ser dotado de meios de ataque e defesa que assegurassem sua sobrevivência entre outros animais melhor conformados, sua falta de instintos que o tornassem habilitado a um modo preciso de estar no mundo.)

A tal ponto Herder, Gehlen, Blumenberg insistirão no papel decisivo da carência morfológica do homem que se poderia pensar fosse suficiente concentrarmo-nos em Herder. Não o é, porque as consequências da não especialização do homem irão sendo complexificadas por Gehlen e Blumenberg. Ela se faz evidente na obra de 1940 por efeito do desenvolvimento das pesquisas realizadas sobre crianças de meses, em espécies diferentes de macacos, noutros animais e em adultos mentalmente deficientes. O trabalho então desenvolvido, sobretudo na década de 1930, na Alemanha, em torno da diferença entre os comportamentos animal e humano permitirá que *Der Mensch* (referido, a seguir, por M) disponha de uma riqueza material ímpar. Seu sentido está contido na afirmação:

> O homem não vive em uma relação de acomodação orgânica ou instintiva com quaisquer condições externas precisas e declaráveis, senão que sua constituição força mas também realiza uma atividade inteligente e planificadora, que lhe permite preparar técnicas e meios para sua existência a partir da *mudança* de *muito variadas* constelações de circunstâncias naturais. [...] O homem pode tudo isso porque, por uma modificação planificada e previsora, cria para si, a partir de quaisquer circunstâncias existentes, sua esfera de cultura (Gehlen, A.: 1940, 80).

A convicção que externa a passagem não impede que pouco adiante o autor se veja como um solitário:

> A antropologia filosófica não deu um passo adiante desde Herder e, em esboço (*im Schema*), é a mesma concepção que quero desenvolver, com a ajuda da ciência moderna (M, 84).[14]

Mas a afirmação não parece precipitada quando a comparamos com o que enuncia mais adiante?

> Não se compreende absolutamente como o desenvolvimento da linguagem e do pensamento podia ser, na competição para sobreviver na selva, uma vantagem da seleção em face dos antropoides (M, 125).

Vale expor a dúvida para se entender melhor a presença de Herder no esquema. A última afirmação não poderia contrariar sua ênfase na linguagem porque a restrição que Gehlen agora apresenta supõe as pesquisas de biólogos como Von Uexküll e etólogos como Konrad Lorenz, com as quais é evidente que Herder não podia contar. A plena atualidade de Herder, por conseguinte, concernia à hipótese filosófica, não a seu incremento pela pesquisa de campo. Tais pesquisas se conectam à hipótese primeira de Herder na medida em que se contrapõem à versão primeira do evolucionismo, que tomava o homem como descendente

---

[14] O isolamento em que Gehlen se sentia é moderado pela nota com que encerra o capítulo. Por ela, se entende que as discussões "extensas e repetidas" com Konrad Lorenz, Hans Bürger-Prinz e Helmut Schelsky foram incorporadas a muitas de suas formulações. Assinala ainda que o artigo de O. Storch, "Die Sonderstellung des Menschen in Lebensabspiel und Vererbung" [O lugar especial do homem no curso da vida e na hereditariedade (1948)] "amplia os fundamentos biológicos de pontos de vista básicos. E acrescenta que o artigo anterior de Buytendijk, 'Tier und Mensch' ('O Animal e o homem'), que posteriormente soube ter tido a colaboração de Helmut Plessner, estava 'muito próximo das teorias aqui expostas'" (M, nota, 84-5). Só o acesso às obras das autores citados poderia dizer qual o grau de isolamento efetivo de Gehlen.

direto dos antropoides. É o que, como não especialista, entendo do destaque de Adloff:

> Adloff concorda (1931) com Klaatsch, de que o homem possui uma árvore geneológica própria que chega ao terciário, ou seja, que as formas primitivas em que existiam dispositivos para propriedades especificamente humanas, que as continuaram adestrando e evoluíram paulatinamente para o homem, enquanto os outros primatas, embora procedentes da mesma raiz, não puderam seguir essa evolução, ficaram atrás e também ou antes ou mais tarde seguiram outros caminhos, que os distanciaram da linha humana (M, 95).

Em vez de uma evolução que seguisse trajetos comuns, antropoides e hominídeos constituíram linhagens autônomas, pouco importa que, remotamente, derivadas de um tronco comum.

Dessa complexificação de linhas evolutivas, obviamente só formuladas muito depois de Herder, derivava que o realce da linguagem e do pensamento já não podia supor o quadro explicativo muito mais simples da *Abhandlung*. Gehlen desenvolve o "esboço" de Herder pela compreensão dos processos que passavam a estar à disposição do antepassado do homem. Dentre eles, ressalta a multiplicidade e variedade de movimentos corporais, mostradas como a base sobre a qual se estabelecerá a linguagem, e então permitindo a conexão entre ação e conhecimento. "Com isso, já começam os *processos de descarga (Entlastungsprozesse)*[15] puramente humanos, nos quais, atraindo para si o mundo na experiência, em consequência dessa atividade, (o homem) torna-se capaz de reduzi-lo e condensá-lo em meros símbolos perceptuais, de modo a ganhar em visão geral e disposibilidade" (M, 130). Por conseguinte, ser uma criatura não especializada já não podia ser entendido como equivalente a carecer de uma ambiência propícia. Ser uma "criatura carente" (*ein Mängelwesen*) significava compensar

---

[15] *Entlastungsprozesse*: conceito criado por Gehlen que distingue a resposta animal da humana. Ao passo que a descarga animal é sua resposta a uma incitação instintiva, biologicamente prevista pelo tipo da espécie que a processa, a humana constitui o império da cultura. A partir da análise de Husserl por Blumenberg e das primeiras observações sobre a teorização própria deste, note-se, como uma espécie de subtema que mal aflora, a passagem da ênfase do *univocamente determinado*, seja pelas ciências empíricas, seja pelos conceitos de essência, de sujeito transcendental, de indistinção entre memória e lembrança, com os quais Husserl procurava contrapor a fenomenologia da prática tecnicista já dominante, para o destaque da indeterminação "como grandeza incalculável do outro" (BM, 249). Ser a cultura caracterizada como o processo de descarga propriamente humano, participa do mesmo processo. A recuperação do papel da metáfora em face do primado do conceito partilha do mesmo processo. Adiante-se contudo que não se tratará, em nome da dignidade a ser concedida à metáfora, de inverter os pesos e tomá-la como a sucessora do conceito. Ao contrário, ao chegarmos nesse momento, deveremos ver que os dois eixos da linguagem significam dois modos de cumprimento seu, cada um com suas vantagens (e desvantagens) próprias.

sua não especialidade, não ter uma territorialidade previamente assegurada (e limitada) pela multiplicidade de movimentos, possibilitada por sua posição ereta, pela mobilidade da cabeça e da região lombar, "na pluralidade de articulações (sistema mão-braço), conectadas entre si e em que a pele despida é toda ela uma superfície sensorial" (M, 132). (Chame-se a atenção para a restrição que Blumenberg estabelecerá a tal pluralidade de movimentos — tornar-se um animal bípede significará para o homem dispor de uma ampla zona que não domina, mesmo porque não sabe o que em torno dela se passa: as costas.)

A variedade cinética referida no último trecho citado de Gehlen não é nem instintiva, nem inata ao homem. Ao contrário, como complementará Blumenberg, o mundo está aberto — terá a extensão permitida por seu cálculo e seus passos.

Embora tenha evitado recorrer ao resultado de experimentos particulares, que foram capitais para embasar a argumentação de Gehlen, aqui tenho de abrir uma exceção. O experimento se baseia em observação da conduta de uma criança de onze meses. Tendo caído de seu berço, sua reação imediata fora de chorar por alguns minutos. Logo depois de se calar, passara a sacudir a cabeça para a frente, juntamente com a parte do corpo que sofrera o impacto da queda. Gehlen se pergunta como o ato se explica e responde : procurava "a repetição da excitação original; do sentimento de dor, em um local determinado" (M, 134). A função da repetição era provocar "*o sentimento íntimo (Selbstgefühl) da própria atividade*", em que estaria a fonte de prazer do movimento (ibid.).

Como a explicação ainda não convence, continuemos com ela:

> O exemplo de Guernsey é muito significativo. Mostra de imediato uma certa "falta de finalidade" da ação, até mesmo uma ausência de finalidade vital: a dor é "livremente" repetida (M, 135).

Considerando a reação da criança como tipicamente humana, pois nenhuma ação animal deixa de ser guiada por uma finalidade instintivamente estabelecida, pergunta-se Gehlen como ela se explica:

> Um movimento se apossa de si mesmo na reação que suscita; nisso justamente se experimenta em sua singularidade. Uma coisa nele entrou; não o impulsiona o retorno abstrato de uma sensação (*die abstrakte Ruckempfindung*), mas sim a *comunicação* com uma coisa externa, assumida nela mesma (M, 135-6).

Entendo que a repetição do movimento da queda pela criança se explica não como a reiteração abstrata (ou automática) da sensação da dor que tivera senão como a ação comunicativa do contato de seu corpo com algo externo, o chão em sua dureza. Se a reação da criança envolvia a reiteração de um movimento que "encenava" a dor, enfatizava-se não só a função *comunicativa* do *encenado*, como a reiteração do que já recordamos dito por Herder: "O traço constitutivo de nossa vida nunca é o prazer (*Genuß*), mas sempre ir adiante (*Progression*)" (Herder, op. cit., 773).

O que Herder chamava de *Progression* corresponde à repetição da experiência concreta que possibilita a ação comunicativa aberta, ou seja, não destinada a um parceiro determinado. Ação possibilitada não por uma reação instintiva, no caso o choro, mas pela *encenação* da queda e do choque. Desnecessário notar que nenhum dos dois pensadores fala em encenação, embora a advertência de Herder nela se faça sentir: "*Kein Principium der Nachahmung* in der Seele" (ibid., 725).

O processo de hominização, portanto, supõe o destaque de sua múltipla, não previamente determinável, capacidade cinética. Por consequência, não é antes de tudo a inteligência, como exercício da razão, que particulariza o homem, mas "as realizações sensório-motoras":

> Mesmo que [...] também os animais superiores não alcancem esta capacidade de autoconstrução imediata de figuras cinéticas, não é porque lhes falte para isso a inteligência ou a linguagem, senão a plasticidade e a sensibilidade dos movimentos, então, a "inteligência dos movimentos" (M, 146).

Portanto, entre a "criatura carente", destacada por Herder, e sua capacidade de linguagem, há uma camada intermediária. Mesmo poupando exemplos, acentuemos com Gehlen: antes de ser plenamente significativa, a linguagem pertence "às realizações sensório-motoras". (Atente-se apenas: a preocupação evidente nesta etapa da argumentação de Gehlen está em acentuar que a explicação total do homem, enfatizando sua capacidade cinética, afasta qualquer traço que conduzisse a uma espiritualidade generosamente criadora. Mesmo que o autor, ao contrário do que sucederá com Blumenberg, não mostre preocupação alguma com Husserl, não é a uma espiritualidade não religiosa que conduz o último à sua procura de localizar essências, consciência pura, subjetividade transcendental e semelhantes?)

A ênfase na capacidade cinética humana serve de respaldo para a função da linguagem, dentro de uma concepção que, inequivocamente materialista da antropologia filosófica, não recorre aos causalismos em que se fundam os materialismos de cunho determinista.

Mas seria uma falha entender que o realce do sensório-motor e, daí, da ação, supusesse diminuído o papel da linguagem ou o engrandecimento de um sujeito performático.

Se é louvada a capacidade do homem de ultrapassar os obstáculos estabelecidos pela natureza, sua vitória se torna plena quando, com o substrato da inteligência, a linguagem se exercita com "conteúdos do mundo". Desde então as "realizações sensório-motoras" relacionadas às puras operações cinéticas se convertem em vetores de comunicação. (cf. M, 146). Seria válido também dizer: não se mantém a oposição corriqueira nos tempos modernos e na modernidade entre sujeito e objeto, senão que, sem se confundir com sujeito ou dele prescindir, é o mundo que se manifesta pela voz humana. Em síntese:

> Nenhum animal tem a plasticidade de movimento do homem, a suscetibilidade sensorial de nossos movimentos, nenhum (conhece) a cooperação entre as mãos e os olhos, nenhum a ilimitada abertura para o mundo dos sentidos humanos. Ante a todas as percepções possíveis que não lhe sejam vitalmente importantes ou instintivamente interessantes, o animal mostra uma indiferença obtusa. O animal tem uma "ambiência" (*Umwelt*); não um mundo (M, 175).

Antes que beneficiado por uma inteligência superior, o homem o foi por sua base sensorial, que lhe permitiu desenvolver sua linguagem:

> A "expressão" é um fato puramente humano e nela devemos distinguir dois aspectos essenciais: uma estrutura de impulsos (*Antriebstruktur*) aberta ao mundo, liberta de necessidades, com uma vivacidade comunicativa excessiva e, por isso, com movimentos que fluem *sem valor de resultado* [...] (M, 195).

Destacaram-se em *Der Mensch* apenas os aspectos que interessavam à abordagem deste ensaio. Acentue-se um derradeiro, que deriva da superabundância de impulsos e da restrição de seus meios de descarga: a função lúdica, que se cumpre pela linguagem. Caracteriza o jogo "a experimentação de propriedades fundamentais da estrutura de impulsos humanas, excessiva, plástica, aberta ao mundo e comunicativa" (M, 208). O aspecto lúdico concretizado pela linguagem permite a seu agente assumir o papel do outro, conforme a expressão de George H. Mead, *"to take the role of the other"*, que Gehlen cita e assume.

Ainda que o pensador alemão não o desenvolva, não contrariaria sua argumentação geral que a experimentação da alteridade oferece uma forma excedente de descarga dos impulsos de quem a pratica, assim como serviria de suplemento à motivação da prática humana da ficcionalidade. Gehlen, no entanto, não o fez e, neste momento, desenvolvê-lo seria despropositado.

5. O terceiro elo: entrada em cena de Hans Blumenberg

O perfil a traçar do terceiro formulador da retomada da antropologia filosófica será ainda mais esquemático. Assim sucede porque, não visando a escrever uma introdução à obra de Blumenberg, depois de assinalar a evidente proximidade com Herder e Gehlen, cabe considerar como a proposta de uma antropologia filosófica se complexifica.

Para que se constate a limitação do que será dito, basta notar que o argumento do presente item apenas considerará parte do capítulo VIII, "O Risco da existência e a prevenção".

O *páthos* confluente das três abordagens já se explicita pelo início e fim do primeiro parágrafo: "O homem é um ente de risco, que pode se autodestruir. [...] É o animal que apesar de tudo vive" (BM, 550).

Que então se encara senão a "criatura carente" definida por Herder e, com o suporte das pesquisas empíricas dos etólogos contemporâneos, reiterada por Gehlen? Daí ser imprescindível reiterar-se que "a cultura humana é um programa de emergência (*Notprogramm*) para compensar a falta de dotação biológica" (BM, 552).

Mas não há só semelhanças. Se como Gehlen, Blumenberg serve-se das comprovações e experimentos de etólogos e biólogos, por outro lado lhe é exclusivo o exame exaustivo e o confronto com o legado de Husserl, por ele extremando um antiessencialismo, fundamental para quem queira ir além da roda travada dos dogmas.

Embora não seja difícil perceberem-se as diferenças, destaca-se a ausência de atenção para a frente sensório-motora, tão grata para a ênfase na ação por Gehlen, enquanto criadora das instituições. É ela substituída — o que não vale dizer refutada — pela ênfase na formatação do cérebro do homem e, sobretudo, pelos efeitos do abandono, na época terciária, da floresta tropical pela estepe. Mas não nos apressemos.

O primeiro ponto que destacaremos está menos ausente da análise de Gehlen do que nele recebe uma acentuação diversa. Refiro-me ao papel da consciência. Gehlen não negaria que a consciência representa uma conquista capital para a sobrevivência de uma espécie, nascida sob condições de precariedade. Tampouco, de sua parte, Blumenberg contestaria a função de controle que a consciência exerce:

> A consciência não é tão só uma instância de elaboração constante de estímulos, mas também a capacidade reativa de não dar sequência a estímulos (BM, 555).

Embora Gehlen não falasse nesses termos, "o absolutismo das instituições" que Blumenberg nele censurava (Blumenberg, H.: 1971, 115) provocava que a ação institucional chegasse a um pico que conduzia ao que chamamos de controle negativo (cf. Gehlen: 1940, 32, 52, e sobre a necessidade de restringir sua absolutidade: Costa Lima, L.: 1995, 293-5). Porém, com certeza encararia com reservas a caracterização da consciência como o "triunfo idealista da natureza sobre a natureza" (BM, 553), fundamental para quem necessite ir além da roda travada dos dogmas.

Ressalto com mais ênfase uma segunda propriedade da consciência para Blumenberg, que não caberia em *Der Mensch*: a ênfase do poder do agente humano de diferir as respostas. Embora fosse desejável que Blumenberg tivesse desenvolvido mais a relação entre a consciência e a força de diferimento, as duas passagens, próximas entre si, são eloquentes:

> Na estrutura da consciência humana, já deve estar decidido o que representa a razão enquanto sua forma de realização máxima, na medida em que ela é a transgressão da imediatidade da relação sensorial com a realidade. [...] A consciência não é apenas uma instância de elaboração constante de estímulos, mas também a capacidade reativa de não dar sequência a estímulos (BM, 555).

O cuidado de verificar a extrema convergência entre os dois pensadores, concretamente manifestada na relação entre consciência, percepção e razão, não sendo a percepção um dado natural (Gehlen) ou algo confundível com o ato reflexo ou com "a força unívoca de um gatilho" (Blumenberg), e ambos tendo a razão como algo cultural, um meio disposto contra a natureza de um "*Mängelwesen*", não se deve deixar de acentuar em que não se superpõem. Já tendo indicado que o papel do diferimento é exclusivo de Blumenberg, acrescente-se que, no autor, ele não se limita à capacidade de retardar respostas, senão que ainda se manifesta na prevenção.

Não só aproximados mas diferenciados os dois pensadores, tratemos da concepção de Blumenberg com maior fluência.

Principio com o que ainda não lhe é exclusivo, pois ressalta a raiz comum com a *Abhandlung* e *Der Mensch*: embora bem mais detalhada em Blumenberg, como se definiria o tomar o homem como uma criatura biologicamente *inacabada* senão como a renúncia cabal a uma concepção essencialista? Será cabível então dizer que o questionamento do essencialismo já se mostra na hipótese herderiana sobre a origem da linguagem, que corre implicitamente no realce do homem como criador de instituições, embora seja em Blumenberg que suas armas se extremam. É a partir do antiessencialismo que Blumenberg concebe o momento — temporalmente, não determinável com precisão — em que o hominídeo é obrigado a fugir das florestas e a tornar-se um habitante das estepes. Para o desagrado de certo tipo de leitor, ainda que bastante provável, a afirmação é apenas um conjectura:

> [...] Quando da passagem da fronteira entre os dois biótipos (o do habitante das florestas e o das estepes), a superioridade das faculdades de adaptação dos indivíduos e, por fim, de espécies decidiu-se em um prazo dilatado. Eram superiores aqueles que, neste espaço vital reduzido, com os meios originais de sua constituição orgânica, não tinham necessidade de suportar exclusivamente, ou tinham mesmo de perder, o combate pela existência. A luta pela existência não consiste apenas na agressão. Aquele que fugia podia ser superior. Pois aqui a fuga significava penetrar em um espaço de condições elementares incrivelmente diversas e dominá-las: a extensão e a abertura ótica da estepe (BM, 557).

Ao passo que a agressão era a atitude adequada ao animal "especializado", i.e., aquele que dispunha dos "meios genuínos de sua equipagem orgânica", ao "ser carente", o apropriado era antes a fuga. E nisso o "ser carente" tinha a vantagem de ser servido por um meio mental, a consciência, que, ausente do aparato instintivo, é, como Husserl o afirmava, embora em contexto bastante distinto, *intencional*.[16]

A posse da consciência, seu caráter intencional, sua capacidade de prever as reações serão fundamentais na adaptação do fugitivo das florestas, pois, sendo seu meio de atuação, a razão, "centralmente, um

---

[16] A referência a Husserl não é ocasional. Pretende sim insinuar que a diferença de trajeto de Blumenberg é de algum modo preparada e estimulada por seu cuidadoso exame do idealismo da fenomenologia clássica.

órgão de expectativas e de formação de horizontes de expectativas", a consciência intencional retarda suas reações, "aproveita o tempo a ganhar na vastidão do espaço" oferecido pelas estepes (BM, 560-1).

Não sendo indispensável acompanhar a demorada exposição relativa à mudança de biótipos, aponto para seus pontos básicos: por não ser biologicamente determinada, a consciência não se confunde com uma excitação que dispararia uma certa reação. Indispensável à autoconservação de quem dela dispõe, é ela atraída pelos objetos. A observação nos lembra a experiência da criança de Guernsey, já discutida por Gehlen. Mas ela é aqui explorada de outro modo. Em vez de dar lugar à repetição da experiência originária, à cenarização da queda, a atração pelos objetos privilegia os "ausentes" (os *abwesende Gegenstände*), porque "a capacidade de representar os traços também dos objetos ausentes, de tal modo que tomam o lugar do excesso cego do reservatório energético e se tornam capazes de engendrar uma forma de ação orientada, é a capacidade do conceito" (BM, 562). A passagem, acentuando a diferença entre o curso externo dos estímulos processados por um aparelhamento instintivo e o curso interno resultante da presença da consciência, termina por assinalar *a funcionalidade dos conceitos*. Apenas o notemos e deixemos para adiante tratar da formação, do papel e do que explora o conceito. Permaneçamos ainda na distinção entre as modalidades de estímulos.

Aos estímulos externos, corresponde a estrutura fechada, própria das espécies animais. Aos alimentados pela consciência corresponde uma situação de latência, a "latência da reação" (BM, 555).

Chega-se então à parte decisiva. Nos outros animais, a "soma dos estímulos" provoca uma conduta específica e intensificada. No homem, a resposta não é automática, pois

> as sensações, as impressões, as representações isoladas são, antes de tudo, objetos incompletos, como tais sempre ligados ao índice da capacidade de integração. Esse é o lado negativo, o aspecto do que ainda lhes falta. O lado positivo está em que, também consideradas como estímulos parciais, são *diminuições da indeterminação* (*Verminderungen der Unbestimmtheit*) (BM, 556).

A consciência enfrenta uma magnitude de respostas indeterminadas, cujo amplo arco de respostas ela faz diminuir. Daí resulta a função positiva que, na reação humana ao estímulo, é desempenhada por sua capacidade de diferir respostas. À referência já feita apenas se acrescente outra passagem capital:

> O homem hesita e temporiza não porque disponha da razão, mas tem razão porque aprendeu a hesitar e a temporizar. A razão é a suma de realizações presuntivas, antecipatórias, também provisórias, cujo valor-limite antropológico está em podermos ter consciência que devemos morrer e que sempre estamos às voltas com essa consciência (BM, 559).

Sem nos darmos ao direito senão a uma breve observação, note-se que a completa alternativa que a concepção de Blumenberg apresenta quanto à etérea idealidade com que Husserl procurava entender o mundo mostra, no entanto, que uma raiz comum, embora remota, os relaciona. A descrição, como procedimento fenomenológico básico, manteve-se presa ao propósito de chegar aos objetos, para que, mediante sua redução eidética, atingisse sua suposta essência. À busca da essencialidade se associavam, portanto, os procedimentos "científicos" da determinação. Já em Blumenberg, a manutenção do realce da *descrição*, mantido no título que elegemos para apresentá-lo, leva a uma direção completamente distinta: tanto se trata de abrir uma via antiessencialista, como de privilegiar as modalidades de indeterminação que favorecem a criatura, em princípio, desprivilegiada que é o homem. Mas a condução oposta assim estabelecida não é o paralelo antagônico do procedimento essencialista. Se a capacidade de dispor de respostas indeterminadas é o primeiro meio que assegura a sobrevivência biológica do homem, que é o conceito senão um *meio determinante* de trazer para o domínio do homem o que dele está ausente? Se, portanto, o conceito é o cume do primeiro eixo da linguagem — "o conceito orienta complexos inteiros de elementos motores em direção a uma meta não dada" (BM, 562), a seu lado, visando a outro rendimento, deposita-se a não conceitualidade do que, enquanto designação comum das figuras da linguagem, trataremos como metafórico.

A verificação de como se conectam pensamentos tão opostos como o de Husserl e o de Blumenberg permite-nos ainda acentuar, embora superficialmente, a diferença que o filósofo contemporâneo guarda quanto ao outro grande nome da antropologia filosófica, Arnold Gehlen. Se, para este, a indagação do homem leva a privilegiar sua ação institucional, chegando até a exorbitá-la, como no caso do controle, em que só exalta sua função positiva, por certo indiscutível, sem a distinguir da negativa, normalmente não percebida, tampouco por ele,[17] em Blumenberg, o tesouro da ação se prestaria a outros equívocos caso não se mantivesse o privilégio da consciência. Assim, a concepção que dele se manteve mais próxima, a de Arnold Gehlen, ganha distância, enquanto a que parecia remota, a de Edmund Husserl, se move em seu subsolo, pela atenção concentrada nas ramificações do *cogitatum*. Esse o motivo por quê, antes ainda de enfrentarmos o tema básico do presente ensaio, devemos dedicar a reflexão seguinte ao menos à última obra do filósofo ofuscado pela estrela ascendente de Martin Heidegger.

---

[17] Sobre a inexistência de um aspecto negativo do controle em Gehlen, traço, entretanto, decisivo no que analisamos como o controle do imaginário, cf. Costa Lima, L.: 2009, 180-2.

CAPÍTULO II
HUSSERL DIANTE DA *KRISIS*

1. Um certo regresso

Explicou-se, no Prefácio, que, não pretendendo escrever uma introdução ao pensamento de Blumenberg, mas oferecer um delineamento geral da reflexão em que está contida seu tratamento do não conceitual, escolhêramos ainda tratar, nesta primeira parte, do livro em que Blumenberg mais concentradamente meditara sobre a obra do pensador que mais lhe havia importado, Edmund Husserl. Esclareceu-se também não ter a pretensão de oferecer uma via de entrada ao complexo pensamento husserliano, nem muito menos oferecer um tratamento exaustivo do diálogo e discussão que Blumenberg travara com o originador da fenomenologia contemporânea.

Ambas as decisões, por certo restritivas, nos causaram embaraços, fosse porque gostaríamos de nos dar mais espaço para a discussão dos dois autores, fosse, sobretudo, porque pressentíamos que afirmações seriam feitas sem a possibilidade de serem submetidas ao devido desenvolvimento. Ainda assim, mantivemos nossa decisão inicial porque o interesse por Blumenberg tinha, desde o início, uma meta específica: considerar que sua reflexão sobre a metaforologia — designação que mais tarde desprezaria em favor de não conceitualidade — oferecia um suporte extra para o desenvolvimento de uma teoria da ficção e, mais geralmente, para a tentativa de contribuir para uma teoria do discurso literário, iniciada com o questionamento da acepção secularmente atribuída à *mímesis*. Numa formulação menos pessoalizada: testar a hipótese de que a via desenvolvida por Blumenberg viabilizava desfazer a inferioridade que o Ocidente tem reservado a toda formulação verbal que não conclua em um conceito; que, portanto, em vez de se pensar a linguagem verbal como um constructo dotado de um único eixo, a direção que levava ao conceito, vê-la como constituída por dois eixos, o conceitual, adequado, em graus diversos, para certos discursos, o científico, o filosófico, o teológico, e o eixo do que genericamente se chama de linguagem figurada ou metafórica.

Se assim explico aonde pretendo chegar, antes de levá-lo a cabo, deverei ainda vir ao papel que Husserl aqui representará. Sua análise não poderia ser evitada por mais inteligente e respeitoso que tenha sido o outro pensador que dele tenha cogitado. E como já se explicou e reexplicou por que não podíamos tratar mais amplamente do que escrever sobre um de seus escritos, optamos pelo acompanhamento de sua última obra, deixada incompleta: *Die Krisis der Europaischen Wissenschaften und die transzendatele Phänomenologie* [*A crise das ciências europeias e a fenomenologia transcendental*], escrita entre 1935-6, publicada na revista *Philosophia* (1936), de Belgrado, que só em 1954 apareceria com as partes complementares, trabalhadas por seu fiel discípulo Eugen Fink, ou preservadas da sanha nazista pelos que conseguiram levá-las para a Bélgica, onde formariam parte dos *Archives Husserl*, em Louvain.

Cabe perguntar: por que precisamente *Die Krisis*? Teria ela sido motivada por ser o livro que miticamente se reverencia como o derradeiro de um transformador, escrito nos seus últimos anos de vida, na condição de um professor aposentado, doente e atormentado por um regime que o proibia de falar em público, de publicar em seu país, de frequentar a biblioteca da própria universidade que fora sua? Ainda que tal razão tenha estado presente em mim, não foi a principal. Esta antes terá sido permitir-nos ver com mais pertinência os motivos que terão levado Blumenberg a tomá-lo como o pensador a que dedicaria pesquisa mais minuciosa, assim nos consentindo verificar núcleos que, mediante contestação e/ou adoção de alternativas, serão capitais para o que nele mais destacaremos: a relevância concedida ao eixo não conceitual da linguagem.

Supondo aceitável a explicação, nos aproximemos da *Krisis*. Desde logo, não será desmerecê-lo declarar que o livro é um *patchwork*, conforme expressão de François (2008, 108), uma miscelânea de fragmentos, nem sempre ajustados entre si, que, além do mais, padecia pelo descaso do filósofo quanto à sua expressão. Daí decorre que as formulações chocam-se umas com as outras ou encaminham para soluções divergentes. Da conjunção de partes não bem ajustadas resulta, entretanto, consequência diversa: como toda obra decisiva, *A Crise* provoca leituras antagônicas — o fato de privilegiarmos o encaminhamento interpretativo de Blumenberg não nos impedirá de verificar como o ensaio de Nicolas de Warren propõe uma trilha convergente, embora distinta.

Tanto na linha pontuada por divergências como na convergente, o conceito fundamental na *Crise* é o de *Lebenswelt*. Sua compreensão variará de acordo com a direção assumida pelo intérprete. Comecemos pela mais congruente com a leitura de Blumenberg:

> (a) o mundo da vida é cotidiano, por oposição ao mundo do sábio, é o mundo a que o próprio sábio retorna, depois de realizado seu trabalho;
> (b) comum a todos os homens e não exclusivo a alguns especialistas; subjetivo e relativo, por oposição à objetividade pretendida do mundo da ciência;
> (c) em movimento permanente, por oposição ao mundo fixo e perfeitamente determinado da ciência;
> (d) colorido de subjetividade, de presença humana, por oposição a um mundo de coisas ou de objetos físicos;
> (e) efetivamente experimentado, por oposição ao mundo dito objetivo, que, na realidade, não foi experimentado e não pode sê-lo;
> (f) solo derradeiro de validação na experiência e na evidência (De Gandt, F.: 2008, 106).

Tal heterogeneidade prejudica seu entendimento porque seu fluxo parece correr sem muita ordem ou concordância interna. O problema, no entanto, não se restringia a um conceito que, já aparecendo antes, só na *Crise* é plenamente formulada. Suceder bem antes e ser notado eram dificuldades que já cercavam o conceito de *epoché* (*redução*), que, praticamente, atravessa toda a obra fenomenológica de Husserl. Como testemunha, tome-se a figura insuspeita de Paul Ricoeur, que sempre se manteve fiel ao desdobramento do filósofo alemão, no importante prefácio à sua tradução das *Ideen*:

> A redução seria [...] algo como a dúvida metódica ou o recurso à consciência como condição *a priori* de possibilidade da objetividade. Estes são modos de aproximação possível entre outros. Em particular, a redução não seria a *dúvida*, pois que ela deixa intacta a crença sem dela participar. [...] A redução não é tampouco a descoberta de uma ação legisladora do espírito [...] (Ricoeur, P.: 1950, xvii-xviii).

Expostas as dificuldades iniciais que cercam o conceito de *"mundo da vida"*, damos outro passo para o interior da *Crise*.

Embora seu termo inicial e central, *Die Krisis*, fosse e continue a ser bastante usual, a acepção por ele aqui assumida nada tem de convencional. Para mostrá-lo, recorro a um texto publicado anteriormente (1911) por Georg Simmel.

Ainda que Simmel já associe o termo "cultura" com "tragédia", sua conexão supõe um horizonte ainda muito pouco sombrio. (Advirta-se que as observações seguintes são insuficientes quanto à concepção plena de cultura do autor, pois para verificá-lo deveríamos recorrer a seu póstumo *Lebensschauung* [*Concepção da vida* (1918), o que aqui seria excessivo (cf. Simmel, G.: 1918, v. 16, 209-425)].)

Em "Der Begriff und die Tragödie der Kultur" [O conceito e a tragédia da cultura], o termo "cultura" mantinha seu entendimento tradicional de cultivo. Mas já aí algo se modificava: tal cultivo, em vez de proceder como resultado de um amadurecimento orgânico, supunha um enriquecimento acompanhado de uma tensão. Cultura implicava a internalização pelo indivíduo de valores específicos, "a arte e a moral, a ciência e os objetos dotados de um fim (*zweckgeformte Gegenstände*), a religião e o direito, a técnica e as normas sociais". Contudo, mais do que internalizados, deviam ser integrados, ou seja, personalizados: "A cultura se origina do encontro de dois elementos, nenhum dos quais a contém: a alma subjetiva e a produção objetivamente espiritual" (Simmel, G.: 2011, 12, I, 198). Ela, portanto, não se confundiria com uma veste, traje de gala ou roupa de serviço, que, retirada, deixaria idêntico o corpo do usuário. Daí nos perguntarmos: que encarna o símile simmeliano para a cultura além do ideal da *Bildung*? Por certo, a formulação já prenunciava uma certa tensão, não mais a mera dualidade entre sujeito e objeto, enfatizada desde o pensamento cartesiano. Percebe-se assim que há em Simmel a antevisão de algo incompatível com o *Discours de la méthode*:

> Na formação dos conceitos de sujeito e objeto como correlatos, cada um dos quais só encontra seu sentido no outro, já se encontra a nostalgia e a antecipação de uma superação desse rígido dualismo (Simmel, G.: op. cit., 198)

Menos que pela leitura de Descartes, Simmel fazia sentir o distúrbio pelo argumento que se insinuava. Que se insinuava senão que a disposição correlativa entre sujeito e objeto não era postuladora de um equilíbrio ou de que o sujeito deveria sentir-se completado pelo objeto por ele produzido? Em lugar desse confronto harmonizante, cumpria-se uma desconformidade, pois o processo da vida durante o qual se cumpria a produção não a absorvia, não a tomava como um prolongamento de si, senão que se cumpria uma defasagem entre os usuários das valores culturais e o criador do valor usufruído. Pela maneira extremamente sutil do autor, a ruptura mal é percebida:

> O simples fato formal de que o sujeito engendrou algo objetivo, que sua vida adquiriu um corpo (*verkörpert hat*) a partir de si mesmo (*heran*), é sentido como algo significativo, pois justamente a estabilidade do objeto assim constituído pelo espírito pode solucionar a tensão básica entre o processo e o conteúdo da consciência (ibid., 200).

Desse modo, a tensão entre o fluxo da vida, enquanto vivência subjetiva, e a produção que dela derivou provocava a sensação positiva de que o polo do sujeito promoveu o enriquecimento do mundo. A observação pareceria então subsumir a tensão antes observada na "felicidade da criação". Mas a última palavra ainda não fora dada. Seria engano supor que Simmel supusesse que a contradição, embora tenuemente manifestada, entre o sujeito, participante da cultura e, eventualmente, criador de novos objetos culturais, e o próprio objeto criado ou a ser internalizado estivesse superada. É por isso que reitera a imprescindível personalização do valor cultural por aquele que se relaciona com ele ou o produz:

> O valor objetivo do processo de cultivo (*Kultiviertheit*) é inacessível ao sujeito se o caminho para alcançá-lo não passar por realidades objetivamente espirituais (ibid., 204).

Semiglosando Camões, é o que se dará se o amador não se transformar na coisa amada. Ou, em outro torneio, se a objetividade do valor cultural não afetar subjetivamente e não tocar na personalidade do que passe a lidar com ele. Essa afecção tem um efeito tão marcante que, de imediato, o autor o compara à passagem do "estado de natureza" — o sujeito antes de ser "tocado" — para o "estado de cultura".

Só a partir dessa volta o leitor estará em condições de entender por que o ensaio fala em "tragédia da cultura". A tragédia tem como pressuposto que "a cultura sempre e apenas significa a síntese de um desenvolvimento subjetivo e de um valor espiritual objetivo e que a justificação de cada um desses elementos, na medida de sua exclusividade, deve execrar a junção de ambos" (ibid., 208).

Conforme entendo o raciocínio de Simmel, o "valor concreto" e o "valor cultural" de uma criação não caminham paralelamente. O primeiro anexa-se à vida do sujeito que apenas "flerta" ou dá mostras de prestigiar o segundo, sem que de fato por ele modifique sua conduta, i.e., o personalize. Quando essa relação se mantém em tal nível de superficialidade, a "significação metafísica do conceito de cultura — a síntese do sujeito com o objeto — transforma-se em paradoxo, sim, em uma tragédia" (ibid., 211).

Em formulação mais cotidiana, a tragédia da cultura consiste em que, com frequência, ela é reverenciada por uma maioria de indivíduos que estabelece seu fluxo de vida fora do que estipularia o valor cultural que dizem estimar. Em lugar da fusão entre sujeito e objeto, estabelece-se uma fenda. Daí a formulação magnífica de Simmel, que, sem abandonar seu nível de agudeza, o prolonga em um horizonte preciso de expressão:

> É por certo justo dizer que, habitualmente, *a fala escreve e pensa por nós* (*die Sprache für uns dichtet und denkt*), ou seja, que ela recebe os impulsos fragmentários ou articulados de nosso próprio ser e os leva a uma perfeição a que aqueles impulsos, por nós mesmos, jamais teriam alcançado (ibid.., 212).

Em síntese, como Simmel a compreendia no início do século XX, antes mesmo da cova cavada pela Primeira Grande Guerra, a crise da cultura consistia em que, supondo-a ainda em conformidade com o ideal da *Bildung*, a superação da divisória, estabelecida desde Descartes, entre sujeito e objeto, só em casos raros é almejada. E assim sucedia porque aquela caracterização "metafísica" da cultura supunha que o sujeito não só se movesse e agisse entre valores culturais, a eles se ajustando em certos momentos, se não por eles se moldasse e transformasse. Por isso a mantida caracterização agrícola da cultura como cultivo — a terra se transformando em seiva e barro pelo que nele passava a florescer — se converte em um legado trágico: o sujeito deixa de se comparar com a terra semeada, para que, da síntese pretendida, apenas restasse a fala que escreve e pensa.

A tragédia da cultura, como então pensada, caracterizava-se pela incapacidade do sujeito humano em se autotransformar ao contato com o que, criado por ele próprio, o levaria além de seu estado natural, e assim o estimularia a ultrapassar sua conduta mecanizada. Naquele começo de século, a crítica do estado da cultura especificava-se pela incapacidade, para não dizer pelo desinteresse, do agente em assumir, no curso da vida, o que, recolhido de si, afunda e se deposita pelos fragmentos esparsos da fala que pensa. (Simmel não duvidaria da extrema raridade dessa espécie de fala.)

Em comparação com o exame empreendido por Simmel, o que realizará Husserl desde logo se diferencia pela ordem distinta de sua indagação: por definição, era esperável que um questionamento filosófico tivesse um raio de extensão sensivelmente mais amplo. Por isso, embora Simmel definisse a tragédia da cultura como resultante de ser afetado seu "significado metafísico" (*metaphysische Bedeutung*), Husserl vai além não só por estender a crise muito além da cultura, como por considerar que é a própria metafísica que entrara no debate. Por isso mesmo o título de seu livro ainda fica aquém da verticalidade com que a questão era posta: denuncia a crise como sendo das ciências, quando, na verdade, ela concernia ao próprio pensamento. Conquanto tal verticalidade não se restringisse à *Krisis*, que apenas dava um fecho ao exame empreendido pelo autor desde que começara a postular uma indagação fenomenológica, perguntemo-nos pelo motivo que justificava a extensão que Husserl dava à crise; como ela implicava uma reviravolta da tradição filosófica; e, a seguir, quais os limites que nela encontramos.

2. O agravamento das condições sociopolíticas

A crise que Simmel tematizava em 1911 já era motivada por fatores sociais que se agravam vezes sem conta nos 24 anos que intermedeiam o início da composição da *Krisis*. Desse gigantesco aumento derivam as diversas camadas que se acumulam na derradeira obra de Husserl. Sem que pretenda ser exaustivo, enumero apenas algumas das razões da insistência no termo "crise".

Não se diz sequer que elas principiem com o século. As duas primeiras a assinalar são anteriores. A terceira concerne ao ambiente que cerca o manuscrito husserliano, ao passo que a quarta se confunde com a própria resposta oferecida pelo mestre da Universität Freiburg, que, através das retificações constantes por ele oferecidas, desde *Ideen* (1913), para a vertente fenomenológica, terminava com uma reflexão que se reconhecia apenas introdutória de um caminho que julgava inédito na história da filosofia.

Antes de abordarmos as razões elencadas, vale introduzir uma anotação relativa à posição da fenomenologia quanto à tradição filosófica dela mais próxima. Do estrito ponto de vista desta, é de se acentuar que, embora o embate de Davos, entre Cassirer e Heidegger, em 1929, costume ser considerado o final do neokantismo, a corrente neokantista não se confundia, como é usual dizer-se, com a defesa do cientificismo. E isso porque, antes mesmo de estabelecida a dissidência entre Husserl e Heidegger, a áspera discussão de Heidegger com um destacado neokantista, Cassirer, não significava que, nas primeiras décadas do século, o impacto do pensamento fenomenológico, decorresse de sua oposição à ênfase da Primeira Crítica kantiana do papel da ciência.

A importância da ressalva parece clara: a partir do título da obra de Husserl de que trataremos, seria plausível concluir que ali se efetuaria um ataque frontal ao inequívoco domínio das ciências. Apenas plausível, a ressalva seria incorreta. Mesmo que seu pensamento se retifique e se complexifique, Husserl não abandonará a pretensão formulada no título de sua obra de 1911, *Philosophie als strenge Wissenschaft* [*A Filosofia como ciência rigorosa*] e não terá menos Kant como um de seus pontos principais de referência.

Fechado o parêntese, venhamos às causas que, precedendo o século XX, provocavam a sensação e a experiência de crise.

Não é acidental que Simmel chamasse de "metafísica" a significação da cultura como fusão do sujeito com o objeto, e repetisse o qualificativo no subtítulo de sua *Lebenschauungen: vier metaphysische Kapitel*, assim como a caracterização por Roberto Calasso da obra poética de Baudelaire:

> Quando Baudelaire entrou na paisagem da poesia francesa, os pontos cardeais se chamavam Hugo, Lamartine, Musset, Vigny. Todas as posições podiam ser definidas por relação a eles. Como observou Sainte-Beuve, mas apenas na horizontal. Baudelaire escolheu a verticalidade. Era preciso, por onde quer que se olhasse o espaço já estava ocupado. Era preciso fazer penetrar na língua uma gota de metafísica, que até agora faltava (Calasso, R.: 2008, 30).

Não discutiremos se, em ambos os casos, o qualificativo era o mais adequado. Importa considerar o que ele sugere. No caso de Simmel, será suficiente reiterar: a caracterização do ideal da cultura como síntese se contrapunha ao entendimento banalizado, a partir do momento em que, ainda no início dos tempos modernos, a repercussão de Descartes se firmou: para que haja um conhecimento legítimo é necessário que o sujeito não se confunda com o objeto de indagação; que sujeito e objeto ocupem as posições polares, constituindo os limites de um espaço em que o conhecimento será processado.

Quanto a Baudelaire, é certo que a expressão *"una stilla de metafísica"* é uma metáfora de menos força, que apenas completava a ideia da ponta vertical que o poeta introduzia contra a horizontalidade dominante na poesia francesa de então.

Minha ressalva perde sua veemência ante a caracterização mais aguda de Walter Benjamin. No hoje bastante conhecido "Über einige Motive bei Baudelaire", o infortunado ensaísta acentuava a singularidade da posição assumida pelo poeta ao se confrontar com a experiência da metrópole, no momento de arranque da industrialização. Já a primeira observação a destacar faz entender por que Baudelaire não podia situar-se no quadrado horizontal legitimado:

> Se as condições se tornaram desfavoráveis para a recepção da poesia lírica é plausível imaginar que apenas excepcionalmente a poesia lírica se mantinha em conta com a experiência do leitor (Benjamin, W.: 1939, I-2, 608).

O próprio Benjamin reconhecia a ousadia de sua hipótese. (Para que fosse mais do que uma intuição vertiginosa, seria preciso que se apoiasse em levantamentos estatísticos sobre testemunhos dos leitores ou, pelo menos, no levantamento da crítica contemporânea sobre os mesmos. Mas a pesquisa de W.T. Bandy (cf. Bandy, W.T.: 1933), que não devia circular na França e terá sido desconhecida por Benjamin, e a mais ampla de A.E. Carter (cf. Carter, A.E.: 1963), de qualquer modo comprovam o acerto de seu juízo.)

Em vez de acompanhá-lo em sua argumentação, vejamos seu resultado:

> A pergunta consiste em indagar como a poesia lírica poderia se fundar em uma experiência cuja norma se tornara uma vivência de choque (*Chockerlebnis*). De tal poesia dever-se-ia esperar um alto grau de consciência; ela despertaria a representação de um plano, atualizado por sua elaboração (Benjamin, W.: op. cit., 614).

O que vale dizer, em vez de elaborar as sensações cotidianamente recebidas, trazendo-as para um estado de espírito de antemão reconhecido como poético, o poeta tem como interlocutor a "experiência de choque":

> Talvez daí se possa ver que a realização própria de defesa do choque consiste em assegurar ao acontecimento, às custas da integridade de seu conteúdo, uma

posição temporal exata na consciência. A produção máxima da reflexão consistiria em converter o acontecimento em vivência (ibid., 615).

Percebe-se ser uma afirmação preciosa. Convertendo-se a experiência do leitor em algo semelhante a uma descarga elétrica — forma mecânica do *Chockerlebnis* —, hipoteticamente, apresentar-se-ia ao poeta a alternativa de, por sua expressão, ou evitá-la, assim dourando a pílula de um amargo cotidiano, ou de enfrentar o choque, de aproveitá--lo, ao lograr uma defesa contra ele (*Chockabwehr*). No caso positivo, a "defesa do choque" se converteria na condição de uma experiência estética específica; em termos kantianos, não fundada no reconhecimento da beleza, como sucedia no quadrado horizontal de Calasso, mas sim na penetração do sublime.

A opção baudelairiana e da linhagem que se estabeleceria a partir dele, a "tradição negativa" definida por Hugo Friedrich, consistia em converter a leitura da peça vertical no substituto da vivência que não mais se processava pelo poema; melhor dito em fazer o poema ocupar o lugar da vivência habitual, automatizada. A consequência é evidente: cumpre-se a reflexão como uma ponta que fere.

Embora Benjamin não o expresse, um poema que assim exigia um máximo de consciência e reflexão já não poderia encontrar a massa de leitores embalada por Hugo, Lamartine, Musset, Vigny. Ela ao contrário se torna uma arte de pequena recepção — restrição que desde então acompanhará o poema.

Voltemos às fronteiras de Benjamin e dela não mais nos afastemos. Assim se torna necessário porque o "Alguns motivos em Baudelaire" agora parte do exame textual das *Fleurs du mal* para a posição da poesia na modernidade. Depois de referir-se aos poemas em prosa de *Les Spleens de Paris* e destacar os incontáveis encontros — encontros ou esbarrões? — que se processam nas grandes metrópoles, Benjamin escreve que "a passagem sugere uma dupla constatação. Informa sobre a conexão interna em Baudelaire entre a figura do choque e o contato com as massas das grandes cidades e, ademais, sobre o que se há de pensar propriamente sobre estas massas" (ibid., 618). O segundo aspecto tem um efeito antes esterilizante, a exemplo da frustração da fantasia amorosa despertada em "À une passante". Ao contrário da expansão que terá o primeiro, seja porque a poesia na modernidade é concebida no interior dos grandes formigueiros urbanos, seja, em consequência, porque o *Chockerlebnis* deixa de ser específico de Baudelaire. Incentivadora da reflexão, da consciência aguda acerca da existência, que converte a leitura do poema no choque elétrico oposto ao contato com o embalo familiar, a poesia da modernidade enfatiza o sentimento de solidão do *flaneur*. Na multidão com que nos esbarramos nas ruas, apenas se distinguem os passantes, que, apressados, se entregam a suas tarefas e negócios, do *flaneur*, o "homem privado", "o que sai da corrente" ("*aus dem Rahmen fällt*") (ibid., 627), o desenquadrado. Pensando no que havia escrito Simmel há cerca de cinquenta anos, na modernidade, a cultura é tudo menos síntese.

Tudo isso, note-se bem, é percebido ainda antes das décadas finais do século XIX. O que vale dizer, a verticalidade baudelairiana acentua o abismo entre o funcionamento maquínico da sociedade industrial e o sujeito individual, seja o ajustado a ela, o homem-em-função, atento ao cumprimento de seu papel, seja o *flaneur*, contorno ainda leve do *outsider*. Ainda que opostas, as condutas de ambos, como declara a passagem que em Baudelaire remete a seu admirado Edgar Allan Poe, são igualmente "uma reação ao choque" (*Reaktion auf Chocks*) (cf. ibid., 632).

A orientação do ensaio que escrevemos nos obriga a evitar outros comentários. Será bastante reiterar que a situação de desconforto e mal-estar se manifesta em décadas antes de explodir o evento que separará a modernidade a que ainda chegavam os clarões otimistas da *Aufklärung* do período sombrio que se inicia com a Primeira Grande Guerra. De todo modo, a importância do evento-desgarre é tamanha que não devemos nos limitar a assinalá-lo. Só que, em vez de recorrer-se a seu contorno conhecido, encaremos por um momento o testemunho carnal de alguém que dele participou como combatente.

Em livro publicado quando o autor já estivera na Segunda Grande Guerra, Ernst Jünger recorda aspectos de sua experiência bélica anterior. As passagens escolhidas evitam tratar de momentos excepcionais. Procuraremos passagens referentes a situações constantes, que, não fosse a mão que as registra, teriam sido anonimamente experimentadas; que, em suma, exprimem algo da ambiência contemporânea a Husserl. As passagens escolhidas pertencem apenas aos capítulos "Horror" e "Eros".

Enquanto "para o homem primitivo, (o horror) era a constante e invisível companhia de seus trajetos pelas imensas estepes vazias", "é raro que o homem moderno escute suas asas negras em torno de sua frente erguida. [...] O animal pode por certo provar do pavor se um perigo o assalta de improviso [...] mas o horror lhe é estranho. É ele o primeiro clarão no céu da razão. O horror é parente próximo da volúpia, da embriaguez do sangue e do prazer do jogo" (Jünger, E.: 1980, 537-8).

Em nossa imaginação, o horror está em indissolúvel entrelaçamento com a morte. Não conseguimos dissociá-los, do mesmo modo que o primitivo não podia separá-lo do relâmpago que, junto a ele, feria a terra com sua chama (ibid., 539).

Ainda haveria muito a contar: estes homens que não cessavam de desatar risos estridentes quando um projétil atingia seu crânio; aquele outro que, em plena batalha no inverno, se despia do uniforme e, zombando, corria pelos campos de neve ensanguentada; o humor satânico dos grandes postos de socorro. "[...] Nós, filhos deste tempo, tragamos fatos brutos" (ibid., 543).

> A podridão. Mais de um se desfazia anônimo e sem honras, na chuva, ao sol, no vento. Em bandos, as moscas zumbiam em torno de sua solidão, um halo de vapor pesado o cercava. Reconhecia-se, entre todos, o cheiro do homem em putrefação, difícil de suportar, adocicado, ignobilmente tenaz como uma papa que pega. Depois das grandes batalhas, a podridão se adensava como uma coberta de chumbo sobre o chão, a ponto de os mais famintos perderem a fome (ibid., 540).

Pertence à natureza das coisas que a redescoberta da violência, o culto viril exacerbado, provoque uma grande mudança na relação entre os sexos. Agarrava-se a ela uma vontade mais áspera de segurar a vida pela cintura, uma fruição mais ardente do ser, em uma dança efêmera sobre a goela abissal da eternidade (ibid., 554).

Por mais rudes que sejam as passagens, elas não bastariam para singularizar a guerra de 1914-1918 sem a força expressiva de quem a experimentara. Mas isso não diminui a função que elas aqui desempenham. Se a crueza é própria da guerra, quaisquer que sejam os instrumentos de combate, essa agora assume seu perfil próprio porque a Europa de então supunha que alcançara tamanha estabilidade política que o horror dos combates estava reservado às terras que seus países mais avançados colonizavam. Não passava pela cabeça de seus líderes que a expansão colonial beneficiara a uns poucos e que a Alemanha emergente não se contentaria com sua estreita fronteira.

3. O Pensamento repensa seu trajeto

É viável considerar que a conjunção dos fatores elencados constitui o pano de fundo em que fermenta o pensamento husserliano. Daí fazer mais sentido a afirmação de Blumenberg:

> A função histórica de fenomenologia (consistiu no) processo de anulação definitiva da cientificidade filosófica das ciências positivas e de seu positivismo (Blumenberg, H.: 2006, 31).

Da postulação de Blumenberg não deriva que a recepção de Husserl tenha sido igual.[1] Embora não conheça seu processo, posso aleatoriamente acentuar sua acolhida diferencial na Itália, na década de 1960.

Em obra de Enzo Paci, fenomenólogo que traduziu a *Krisis*, autor, entre outras obras, do extenso comentário sobre a *Krisis, Funzione delle scienze e significato dell'uomo*, e responsável pela formação de um grupo de então jovens filósofos italianos que editavam a revista *Aut Aut*, depois de ser reiterado que "a crise de que fala Husserl não concerne às ciências como tais, mas ao que significou e pode significar para a existência humana" (Paci, E.: 1963, 19), propunha-se a aproximação da fenomenologia com o marxismo, a ser desenvolvida ao longo de 460 páginas. Seu entusiasmo, de que não seria possível encontrar correspondência nos anos 1930, já se manifestava em suas primeiras páginas: "Objetividade e factualidade são máscaras sob as quais o homem se esconde de si mesmo e se fetichiza a si próprio" (ibid., 23).

A breve citação se baseia no combate de Husserl, que já vinha sendo travado desde antes da *Crise*, contra o naturalismo e o psicologismo (este presente apenas pela alusão às "maschere"), dominantes junto

---

[1] A referência ao fator 1, o avanço da industrialização, não tematizado senão pelo desenvolvimento do fator 2 — a constituição, a partir de Baudelaire, de uma poética da negatividade —, pode evidentemente criar a suposição que são eles apresentados sob a crença de que o teor do pensamento husserliano se explica como uma das consequências dessa ambiência. Devo por isso advertir que, sem negar a relevância do contexto histórico, não pretendo que ele *explique* o cunho que assumirá o pensamento de Husserl em face do legado do pensamento filosófico. O que vale dizer, se nele importa a reação espiritual provocada pela radicalização política que conduzirá à Primeira Grande Guerra, considerá-la como *a causa* provocadora da disposição de um pensamento aqui examinado apenas em sua última manifestação equivaleria a postular uma concepção determinista da história. (A história seria formada por elementos mobilizadores que provocariam um elenco de efeitos.) Fazê-lo aqui equivaleria a dizer que o efeito-Baudelaire, em poesia, se equipararia ao efeito-Husserl, na filosofia. Assim não consideramos mesmo porque a hipótese determinista é ridiculamente absurda. Apenas sucede que introduzir esta ressalva no momento em que se abre esta nota criaria um tumulto argumentativo desastroso. Preferimos, portanto, por enquanto apenas advertir contra uma suposição possível de ser criada pelo hábito de compreendermos deterministicamente a função da contextualização histórica.

com o cientificismo, luta que se reúne à conhecida tese de Marx sobre o fetichismo da mercadoria.

Por ter perdido o contato com o grupo dos italianos, não sei em que resultou a versão otimista que o pensamento husserliano então promovia. Presumo apenas que nada parece haver sobrevivido do simpático esforço. Muito menos discuto que a aproximação hoje nos parece um tanto fantasiosa. É o que se nota pelo que o autor dizia a propósito da *epoché*:

> [...] A *epoché*, e o retorno à presença concreta, às próprias coisas e às contradições das coisas, ou seja, à alienação sofrida e ao reconhecimento da objetivação das ciências que perderam sua função (ibid., 427).

A ligação então estabelecida entre a *"oggetivazione delle scienze"* e a alienação, no específico sentido marxista, faz sentido apenas literalmente. Além do que, tal relacionamento era feito a partir do conceito de *epoché*, talvez o conceito mais duradouro no interior de um pensamento que sofreu sucessivas mudanças. Notemos apenas como a explica um filósofo da qualidade de Eugen Fink, iniciado pelas mãos de Husserl, em texto originalmente publicado em novembro de 1929. Referindo-se aos capítulos 1, 3 e 4 da segunda seção das *Ideen* (1913), escrevia:

> A redução fenomenológica, enquanto esta tomada de consciência fundamental pela qual a subjetividade transcendental abre o campo das origens absolutas de todo Ser, que, correlativamente, torna possível a atitude fenomenológica e por onde o "fenomenólogo" se engendra a si mesmo, graças a uma decisão voluntária, universal e segura, a redução se dá, desde logo, como uma edificação radical do que se chama "atitude natural" (Fink, E.: 1966, 11).

A leitura da passagem seria suficiente para se verificar o fosso entre os pensamentos que Paci procurava aproximar. Fazê-lo, contudo, seria perder a primeira oportunidade que nos damos de penetrar no cerne husserliano. Note-se, em primeiro lugar, que o relacionamento da *epoché* (redução) com a subjetividade transcendental obstaculiza toda aproximação antropológica, sem a qual a leitura de Marx nem sequer poderia se iniciar. E, a partir daí, que a subjetividade transcendental se instala a partir de dentro da subjetividade empírica do eu, sem qualquer empecilho, como se, entre o plano transcendental e o "mundano", houvesse uma pura transparência. Ademais, entendendo-se que, conforme logo afirma Fink, a "atitude natural" sobrepaira às particularidades estabelecidas pelas culturas, pelas visões de mundo etc. — "todas as diferenças entre concepções do mundo, atitudes primitivas ou culturais, normais ou anormais, permanecem fundamentalmente no interior do que Husserl chamou "*natürliche Einstellung*" (ibid.) — que ela "é a atitude essencial, pertencente à natureza do homem", o que vale dizer, a redução parte da existência de uma forma estabilizadora (*eidos*) da essência do homem, daí derivando para a determinação do transcendental.

Ainda que essa entrada maciça na ideação husserliana, realizada pelas citações de alguém qualificado pelo próprio Husserl — "ele está assim familiarizado com minhas intenções filosóficas e também com o conteúdo maior de minhas pesquisas concretas e não publicadas" (Husserl, E.: 1933, 14) —, possa parecer demasiado ríspida, ela não foi menos indispensável para deixar claro que a boa intenção de Paci não tinha, de fato, fundamento. Por isso, qualquer que tenha sido o resultado imediato do esforço do fenomenólogo italiano, a deriva que a fenomenologia recebeu foi efetivamente bastante outra. Assim, embora a presença de Husserl se acuse em Merleau-Ponty e Sartre, o fato é que já neles sua influência era dividida com a de Heidegger, o dissidente convertido em adversário, e que, na geração francesa seguinte, não por acaso conhecida como desconstrucionista, com o realce de Foucault e Derrida, a presença do dissidente sufocaria a de Husserl e a *Destruktion* heideggeriana ganharia o mundo.

A releitura que contemporaneamente Blumenberg faria na Alemanha e que se difundiria de maneira bastante lenta, a ponto de só crescer depois de sua morte, em 1996, seria capaz de dar outro rumo ao legado do mestre das universidades de Göttingen e Freiburg?

A questão é aqui posta mesmo porque nos propusemos iniciar a aproximação de Hans Blumenberg por sua análise do pensamento husserliano. Para que se evitem equívocos, reitere-se que nossa pretensão é fazer desta primeira parte preparação para o que será tematizado na segunda parte: a concepção metaforológica de Blumenberg e suas consequências sobre os dois eixos da linguagem. Será do êxito da articulação entre a primeira parte, de caráter mais geral, e a exposição do eixo não conceitual que dependerá o propósito principal: trazer a questão da linguagem não conceitual à tentativa em que temos nos empenhado de contribuir para uma teoria da literatura — mais precisamente, do discurso ficcional constituído em forma literária.

4. O sentido buscado pela *Krisis*

Já dissemos que, sobretudo depois do desastre da Primeira Grande Guerra, o termo "crise" tornou-se bastante corriqueiro. Também já se disse que a associação que Husserl faz entre crise e ciências não dizia respeito ou a seu método ou à sua eficácia, mas sim ao enlace das ciências com a filosofia; em consequência, de seu sentido para a existência. Na formulação do pensador: "Meras ciências de fato formam uma mera humanidade de fato" (Husserl, E.: 1954, & 2, 4, 10).

Basicamente, procurarei fazer o exame histórico de que Husserl derivava a razão de ser da fenomenologia que concebia.

O apanhado histórico da questão, desenvolvido a partir da versão originalmente publicada em Belgrado, em 1936 (&& 1-27), e, com base nela, na transcrição datilografada por Eugen Fink (&& 28-71), do manuscrito estenografado, que figura nos *Archives Husserl*, em Louvain, ressalta o paradoxo que será fundamental a todo o texto: "[...] Nem sempre as questões especificamente humanas estiveram banidas do império da ciência" (ibid., & 3, 5/11). Assim não sucedera na Antiguidade, quando, entendida como mera *téchne*, as ralas atividades científicas eram vistas como ramo da unificante indagação filosófica. A contradição entre ciência e filosofia decorrera de "alteração essencial da ideia de ciência em estritamente positivista" (ibid.), cumprida na abertura dos tempos modernos, quando a ciência encontrou, a partir do cartesianismo, o impulso indispensável para sua autonomização. O que vale dizer, se o homem antigo "entregava livremente toda sua vida à forma 'filosófica' de existência, ajustando-a a uma regra advinda da pura razão, da filosofia" (& 3, 5/12), a libertação ante o teológico que se efetiva com os tempos modernos provocará que as ciências particulares adquiram uma dignidade própria, cuja propriedade lógico-objetiva as afastará da fonte que lhes dava sentido. Mas o corte não se dera abruptamente:

> [...] Nos primeiros séculos dos tempos modernos (*Neuzeit*), mantinha-se o sentido de uma *ciência englobante* (*einer allbefassenden Wissenschaft*), da ciência da totalidade dos entes (&3, 6/13).

O "progresso da pesquisa era racionalmente ordenado" (ibid.). Contudo, como assinalará Blumenberg, a releitura do próprio Descartes, com a admissão de uma "moral provisória" a vigorar enquanto as ciências ainda não houvessem alcançado sua forma definitiva, faz-nos compreender que a teoria, com o advento de uma moral definitiva, tendia a tornar-se ociosa. O que vale dizer, as restrições de Husserl a Descartes não iam além da ligação que o filósofo francês estabelecera da cogitação pelo eu particularizado (*cogito ergo sum*). Mas esta ainda é ressalva de pouca monta. A formulação decisiva já está literalmente em Husserl: "O positivismo, por assim dizer, decapita (*enthauptet*) a filosofia" (& 3, 7/14). É, portanto, o próprio êxito das ciências empíricas que provoca a ruptura com o tronco da filosofia; nos termos de Husserl, seu fracasso:

> Se ainda no século XVIII era possível estar convencido de que se chegaria à unificação, a uma construção que se ampliaria teoricamente de geração em geração, não transtornada por nenhuma crítica [...], a longo prazo, essa convicção não pôde se manter (& 4, 8/15).

A ruptura torna-se definitiva com "os constantes fracassos da metafísica e o aumento ininterrupto e sempre poderoso dos êxitos teórico e prático das ciências positivas [...]" (& 4, 8-9/16). Daí "o combate apaixonado que se estende desde Hume e Kant até nossos dias em compreender a razão verdadeira desse fracasso" (& 4, 9/16).

Embora se possa discutir se as discussões suscitadas a partir do pessimismo de Hume sobre a capacidade do conhecimento humano e da busca kantiana de verificar os circuitos diferenciados da razão devem ser entendidas como a constante de compreender a ruptura efetuada entre o tronco filosófico e seus ramos, agora autonomizados, aceitemos que Husserl assim o fez porque, para ele, o divórcio indiscutível implicava "a separação entre a razão e o ente", que provocava a pergunta: como "a razão cognoscente determina (pode determinar) o que é o ente?" (& 5, 9/17).

Para que nos déssemos condições válidas de juízo, precisaríamos nos manter descritivamente fiéis à argumentação husserliana. Embora não a tenhamos seguido à risca, não deixamos de notar que, para Husserl, a incontestabilidade da razão, enquanto absoluta, estava reservada à filosofia. Tal pressuposto impedia que Husserl aceitasse como posição a aporética. Daí resultava que, embora admitisse a filosofia modificar--se historicamente, para ele, era *indiscutível* que a filosofia se mantinha superponível à razão universal e inata à humanidade. Por conseguinte, já como maneira de responder à questão antes posta — qual a diferença entre a experiência da negatividade inaugurada por Baudelaire na poesia da modernidade, e a radicalidade da tradição filosófica assumida pela fenomenologia — seria de admitir que o contexto histórico não conseguiria afetar o núcleo duro da filosofia: a sua exclusividade da razão universal. Ora, ainda que assim escapemos da linha apenas descritiva, torna-se forçosa a pergunta: que justifica a aporia de que Husserl não se desliga?

Com a questão não se declara que toda proposição aporética — caracterizada por partir de um absoluto ponto zero — seja necessariamente arbitrária. Que fundamenta a equivalência husserliana entre razão absoluta e filosofia? A equivalência não cria um embaraço para a justificativa de sua posição? Ou sucederá que o ponto de partida do empreendimento fenomenológico pode ser visto de outro modo? Como isso é sugerido pela argumentação introduzida por Nicolas de Warren, acompanhemos, mesmo sem detalhá-lo, seu modo de proceder.

Comecemos por verificar como o analista se articularia com os parágrafos iniciais da *Krisis*. O nexo é estabelecido na formulação:

> Perguntando-se se o mundo pode se tornar o tema de uma questão fundamental, põe-se com efeito a questão de saber como a filosofia é possível (De Warren, N.: 2008, 26).

Se o ponto de partida equivale ao de Husserl, logo, entretanto, ele assume outra deriva. Esta resulta da diferença considerada quantos aos outros modos de aproximar-se do mundo. Já nas lições proferidas em 1922/3, publicadas na *Einleitung in die Philosophie* [*Introdução à filosofia*], o filósofo chamava a atenção para a dificuldade peculiar à filosofia: enquanto todos os outros modos, precursores, acrescentemos, das ciências positivas, veem o mundo segundo certa meta ou questão, "a filosofia se orienta para a totalidade do mundo em sua universalidade concreta e para a totalidade dos entes". Do que se segue, acrescenta De Warren, que não há a evidência de *uma questão* que especifique a filosofia (ibid., 26). Ora, essa peculiaridade da atitude filosófica se radicaliza nas primeiras décadas do século XX, porque, se é verdade que "o mundo sempre foi vivido como uma espécie de questão", há então "um elo inseparável entre a consciência de um universo ordenado e a consciência da própria existência". Do que deriva "que a consciência do mundo é um problema teórico, antes mesmo de se pôr como problema prático" (ibid., 25).

Tal inferência se mantinha implícita em Husserl, mas já assumia feição distinta da constituída por suas palavras. Entretanto, por que dizemos que a questão do mundo se radicaliza contemporaneamente a Husserl? Há um elemento histórico já considerado, o agravamento das condições existenciais com o advento da Primeira Grande Guerra. Mas já sabemos que, do ponto de vista de Husserl, uma questão histórica é de ordem menor. Maior realce é conferido ao que sucede a partir de Galileu. Desde os primeiros parágrafos da *Krisis*, a realização histórica de Galileu é definida "[...] negativamente por um esquecimento necessário da *Lebenswelt* como fundamento de sentido que é posto de lado. [...] O 'esquecimento' da *Lebenswelt* deve ser mais precisamente qualificado de um 'espaço negativo' ou de uma 'dimensão' na realização da razão. De um lado, a construção por Galileu de uma natureza infinita e idealizada 'salta sobre' e, portanto, obscurece a *Lebenswelt*, em virtude de que negligencia de se interrogar sobre o fundamento de sua realização. Mas, de outro lado, o obscurecimento da *Lebenswelt* [...] produz a *Lebenswelt* sob a forma de problema a vir" (ibid., 42).

Noutras palavras, a abertura para a compreensão das leis que regem o cosmo esquecia "o mundo da vida" porque não se interessava senão pelas equações matemáticas a que o mundo mecânico está submetido. Por isso víamos De Gandt ressaltar na *Lebenswelt* o cotidiano e oposto ao mundo do sábio. Porém De Warren toma esse traço como apenas um ponto de partida. O "espaço negativo" do esquecimento da *Lebenswelt* torna-a "uma questão sem precedente". Ou seja, que não poderia ser vislumbrada senão a partir da "reivindicação do mundo pela ciência moderna". A pergunta sobre a precisa localização temporal do "mundo da vida" encontra sua resposta: a interrupção do sentido de evolução e progresso pela catástrofe da Grande Guerra motiva o pensamento para se indagar sobre o que fora negligenciado: "A reivindicação da razão moderna feita em nome do mundo problematiza a opacidade do 'evidente'" (ibid., 43).

O que se tivera por *evidente* decorria da conjunção de dois fatores: (a) a indagação não filosófica do mundo sempre se concentrava em um certo aspecto seu (se a vida, a biologia, se a psique, a psicologia, se as relações econômicas etc. etc.). Passava então a haver duas espécies de evidência: a positiva, aquela que resultasse de certo resultado obtido no campo escolhido, e a negativa, aquela que, "estando na cara", não interessava ao objeto privilegiado; (b) em geral, o que se punha diante do sujeito, independentemente de sua indagação, em suma, nada menos que o mundo tal como presente pelo fato de haver um sujeito capaz de agir sobre ele. Em poucas palavras, o concentrar-se na *Lebenswelt* equivalia a tematizar o mundo como mundo. Portanto inaugurar um outro modo de filosofar. Como este não seria possível sem o advento da ciência moderna, explica-se melhor por que a "crise" não se refere à sua existência senão ao fato de que, para existir, ela teve de deixar de lado a questão de seu sentido para a existência humana, que seu acoplamento com a filosofia cumpriria. Mais ainda, sem a ciência moderna e a crise que ela provoca o próprio sentido da indagação fenomenológica perdia seu sentido, pois que significa tratar do "mundo da vida" senão aceitar que o mundo, não se confundindo com a visão idealizada pela ciência exata, *está* no fenômeno? A fenomenologia, por conseguinte, era vista por aquele que a vislumbrava e sabia que apenas dava os primeiros passos na configuração que ela deveria assumir como o passo culminante para a constituição de uma ciência integral, que, portanto, abarcasse, as ciências particulares e o tronco filosófico agora renovado.

Uma citação mais larga da *Lebenswelt* é então obrigatória:

> Se a *Lebenswelt* é o que é melhor conhecido, trata-se igualmente do que é sempre manifestado para nós; é a dimensão da significação e da atividade humana "em que nós nos movemos". Mas como se trata igualmente para nós do que é oculto, porque ainda não o reconhecemos nem questionamos, a *Lebenswelt* é também o que está mais distante de nós. A descoberta desse sentido novo do questionamento do mundo em seu "dado" tornou-se possível graças ao esclarecimento de uma forma exemplar da falta de saber, a ingenuidade do que Husserl chama "objetivismo" e a forma de conhecimento que a ciência moderna e o naturalismo encarnam (ibid., 32).

Entende-se bem por que o conceito de "mundo da vida" assume uma posição ímpar na *Crise*. Contudo, por mais que queira considerar o adendo introduzido por De Warren como capaz de sanar a dificuldade que víamos na própria expressão husserliana, seria inconsequente dar por encerrada a discussão.

No início deste adendo tínhamos chamado a atenção para a radicalização que, a partir da fecundação da ciência moderna, assumia a afirmação de o mundo ser vivido como uma espécie de questão. Retomemos a afirmação, enlaçando-a com o que Eugen Fink já dissera no seu texto de 1927: a radicalização provocada pela fenomenologia chega ao ponto de o mundo existente ser submetido à *epoché* e, com ele, o próprio homem. É o que o leva a dizer que "o sentido primário e o desígnio mais profundo da redução fenomenológica devem ser determinados como 'desumanização'" (Fink, E.: 1966, 13).

Mesmo porque Fink não considerava que o espaço de que dispunha fosse adequado para explicar sua conclusão, adiantemos que o termo "desumanização" (*Entmenschung*) há de ser entendido com cautela. Ele vinha à tona pela submissão da cogitação cartesiana condutora ao *cogito* ao eu individualizado. Noutras palavras, assim como, para Husserl o mundo é tematizado como mundo, a tematização adequada do ente exige que ele o seja enquanto transcendental. Mas como isso seria possível? Uma curta frase de Fink é esclarecedora: *"A recaída do enunciado transcendental na conceitualidade mundano-ôntica é a tentação (Verführung) da fenomenologia* [...]" (ibid.). Ou seja, Husserl se afasta do Descartes que recaíra nesta tentação. Correlatamente, para escapar da mesma "tentação", o pensamento husserliano tomava o rumo do transcendental, afastando-se do particular. Daí a ojeriza de Husserl quanto a todo antropologismo, assim como a divergência de Blumenberg que o levará a reconduzir a indagação fenomenológica para uma filosofia de cunho antropológico.

Em suma, o espaço concedido à indagação de De Warren evidencia a ambiguidade em que se movia o pensamento husserliano. Por um lado, seus motivos para reivindicar o recomeço do ato de filosofar eram novos; por outro, sua fixação em dispositivos de estabilidade como *eidos* e *ousia*, forma permanente (ou substância) e essência, supunha uma profunda desarmonia interna, que sairá de seu controle pela dissidência de Max Scheler e Heidegger. Acrescente-se quanto ao segundo: ao passo que a transformação da filosofia intentada por Husserl tinha um propósito positivo, ainda que provavelmente irrealizável — a reunificação de dois discursos díspares como o filosófico e o científico, com a parte régia reservada à fundamentação filosófica —, a dissidência heideggeriana enfatizará a impossibilidade de realização do Ser, cuja duração constante se dá no ocultamento, com intervalos de presença que provocam o transtorno do existente. Daí ainda o prosseguimento do *Sein und Zeit* cumprir-se pela *Destruktion* da tradição filosófica ocidental. Teria sido ocasional que a via heideggeriana tenha se propagado em detrimento da de seu antigo mestre? Se este optava por uma possível trilha nova com dispositivos do pensamento estabelecido, o discípulo vencedor aliava à maior capacidade expressiva o transtorno do que havia séculos estava estabelecido. Seu vigor destrutivo conjugava-se melhor com o clima de catástrofes e novidades das décadas seguintes ao fim da Segunda Grande Guerra.

Em suma, a interrupção feita na exposição da *Krisis* nos fez ressaltar que uma via outra se insinuava pelo realce da *Lebenswelt* — a tematização do mundo enquanto mundo e não de alguma parcela sua; que ela, entretanto, encaminhava ao primado concedido ao transcendental, com que eram reatualizados fatores estabilizadores (*eidos* e *ousia*) com que, desde os gregos, havia operado a concepção de *logos* (razão). Desse modo a potencialidade inovadora da fenomenologia se desviava e se deixava conduzir pelos condutores tradicionais. A via explorada por De Warren mostrava então que, conforme se tem destacado desde o capítulo I, a fenomenologia husserliana mantinha um travo platônico, que justificava o caminho alternativo pelo qual optávamos, a partir da lição de Blumenberg. É congruente pois retomarmos o argumento que se desenvolvia.

A permanência da identificação da filosofia com o exercício de uma razão universal era, ademais, acompanhada da oposição de Husserl a "um tipo antropológico puramente empírico, como a 'China' ou 'as Índias'", que não poderia encarnar "uma ideia absoluta", que ele provavelmente considerava sinônimo da "humanidade europeia" (&6, 14/21).

A manutenção desses pressupostos — a afirmação da verdade universal como tarefa da filosofia, o caráter inato da razão universal, a identificação, ao menos aventada, da humanidade europeia com a ideia absoluta — tornariam os filósofos "funcionários da humanidade" (&7, 15/23), no sentido, como declara a continuação da frase, de responsáveis pelo "verdadeiro ser da humanidade". Todos esses dados condensam o legado grego-cristão, centrado na Europa, que se acham entranhados na concepção da *Krisis*. Por isso, mesmo que nos esforcemos em manter a relativa neutralidade que procurávamos pela descrição inicial da obra, não conseguimos nos furtar de compreender que o veio tradicionalista assume um viés teleológico e privilegiador da centralidade europeia.

Comprova-o a exemplificação que oferece da história da medida. A partir de formatos particulares e concretos, a medida progressivamente aprimorada passa da matéria empírica dos corpos para um âmbito teórico, idealizado, geométrico. À semelhança do que sucede com a medida, a teleologia supõe a escalada desde a grosseira concreção empírica até seu aperfeiçoamento da forma pura e geométrica da Ideia platônica. Platão é revivido na conversão da Ideia geométrica pela matemática moderna. "A arte da medida torna-se assim a via para a geometria absolutamente universal e de seu 'mundo' de puras formas-limites (*Limesgestalten*)" (&9a, 25/33).

Não deixa de parecer curioso que a crise das "ciências europeias" fosse denunciada, ao mesmo tempo que se mantinha um claro viés eurocêntrico e em nome *"der schließlich universellen Geometrie"*; que então o magnânimo "funcionário da humanidade" fosse atraiçoado pela própria ascendência teleológica que o justificava. Ressalta-se a bizarra combinação porque expõe a tensão — para não dizer mais frontalmente, a contradição — em que Husserl se move. Se em algum momento problematizasse a teleologia que professava, teria ele de pensar que a ruptura operada pela ciência moderna consistia em um desvio da linha reta, dirigida para o universal abstrato; desvio que a fenomenologia pretendia restaurar. Em decorrência da contradição, a evolução da física galileana, ponto de partida da ruptura entre o tronco da filosofia e os ramos das ciências, mostra-se em um nível acima do estado da vida pré-científica, que, por si, não permitiria que a matemática assumisse a posição de "doutrina mestra" (*Lehrmeisterin*).

Encontramo-nos diante de um momento capital na argumentação da *Krisis*. Não nos perguntamos se em tal teleologia não repercute a "lógica genética" proposta por Husserl e logo por ele abandonada, tal como o refere a *Descrição do homem*. Concentremo-nos sim na estrita afirmação do avanço científico:

> Conhecer o mundo de um modo cientificamente sério, "filosoficamente", só pode ter sentido e ser possível se se descobre um método de *construir* sistematicamente, de certo modo de antemão, o mundo, a infinidade de suas causalidades, a partir da magra provisão do que pode ser estabelecido apenas relativamente pela experiência direta e, apesar da infinidade, em forçosamente *verificar* essa construção. Como isso é pensável? (&9b, 29-30/37).

A complicada (mas sensata) exigência concluía com a pergunta *"Wie ist das denkbar?"* [Como isso é pensável?] A resposta não deixava de ser imediata: tomando-se a matemática como mestra. Ela o alcança pela "idealização do mundo dos corpos, do ponto de vista de sua configuração espaço-temporal no mundo [...]" (&9b, 30/37). Portanto, a ciência moderna, a partir de Galileu, determinadamente lógico-objetiva, tem êxito, nas palavras de Husserl, por identificar sua seriedade com o embasamento filosófico.

As aspas em torno do *"philosophisch"* soam estranhas. Se, de acordo com o pressuposto repisado de as ciências serem ramos oriundos do tronco da filosofia, nos depararíamos com o fato paradoxal de os ramos, na comprovação de sua "seriedade", terem se antecipado ao tronco, então a antecipação não prejudicou a antiga "seriedade"? Deixamos de lado o deslize? Consideramos que passou desapercebido ao autor ou que ele é ocioso? Não é cômodo ignorá-lo. Seja como for, a Husserl não importava que falha acompanhava o grandioso evento que subjaz à empresa científica: "Por sua idealização, o mundo dos corpos, espaço-temporalmente situados, alcançavam objetividades ideais" (ibid.).

Isso porquanto, por um lado, a via assumida era forçosa e obrigatória. Como o horizonte lógico-objetivo do todo do mundo, atravessado por tantas mínimas ou complexas causalidades, podia ser atingido senão por um modo abstrativo? Mas, por outro lado, a idealização imprescindível viria a marcar o campo onde ela se exerce, pois *a ciência apresenta a experiência idealizada do mundo*. De acordo, portanto, com as premissas de que Husserl não se afasta, a consequência imediata à afirmada verdade em si da filosofia era ser ela praticamente relegada a segundo plano.

A ciência acentuava seu próprio desvio por seu próprio êxito. Seu êxito só se tornara efetivo à medida que ela se afastava de seu entrosamento inicial. Ora, não era esse composto o que caracterizava o mundo pré-científico? O desvio da ciência galileana não era, por conseguinte, a prova irretorquível que sua prévia subordinação à filosofia era decorrente de sua identificação de antes com a *téchne*, atividade que a Antiguidade e o mundo pré-moderno consideravam inferior?

O demônio da discórdia nos levaria a descartar o que, para Husserl, era o pressuposto decisivo: o significado da experiência idealizada das ciências. Mas não: devemos aí nos fixar porque aí se encontra o centro de gravidade do pensamento considerado.

Já falar em idealização da experiência indica que a certeza matematizável não abrange a evidência do mundo. O cientista estrito — que só poderia admitir os limites operacionais da razão — responderá que à declarada evidência do mundo se imiscui um campo de subjetividade em que não haveria lugar para o lógico-objetivo. É precisamente nesse limite que se põe o ponto crucial com que o fenomenólogo há de lidar:

A *dificuldade* aqui está no fato de que as plenitudes materiais — as qualidades sensíveis específicas — que, concretamente, preenchem os aspectos formais espaçotemporais do mundo dos corpos — não podem ser *diretamente tratadas*, em suas graduações próprias, como são as próprias formas. De todo modo, também essas qualidades e tudo que constitui a concreção do mundo sensivelmente intuído devem valer como manifestação de um mundo "objetivo" (&9b, 31-2/39).

Atentemos nos termos precisos de Husserl: *"materiellen Füllen"* (plenitudes materiais), *"raumzeitliche Gestaltmomente"* (aspectos formais espaçotemporais) etc. etc. Ao lado das expressões assinaladas e/ou semelhantes, além do termo de origem latina, *"Gradualität"*, chama a atenção o uso de "Gestalt", em *"die raumzeitlichen Gestaltalmomente"*.

Lexicalmente entendido como equivalente a "Form", "Gestalt" é preferível quando se assinala um aspecto mais plástico. Mas, embora na tradução que oferecemos, a melhor correspondência não pudesse ser a habitual, i.e., "configuração", guardo a impressão de que Husserl, em *"Gestaltmomente"*, destaca a propriedade concreta, sensível, englobante do "mundo dos corpos", que, portanto, escapa, de sua formalização matemática. Dentro dessa suposição, creio que se determinam dois momentos diferenciados de objetivação do mundo: não só a científica mas a do "mundo da vida", sensível, particularizado. A segunda se apresenta na formulação aspeada "de um mundo 'objetivo'". Tais qualidades, e o que identifica a concretude do mundo sensivelmente intuído, valem como manifestação do mundo das coisas, não contida na experiência que, para ser certeira, precisa ser idealizada.

Antes de avançarmos, recordemos que faz parte dos conceitos básicos de Husserl os termos *"Anschauung"* (intuição), o ato de consciência constitutivo da intenção, a *Intentionalität*, que supõe o lançar-se para fora da intuição, a pretensão de retorno ao objeto da experiência, em consequência, o ato descritivo. Por enquanto, baste-nos assinalá-lo. Dependerá da continuação do exame verificar até que ponto a reação de Husserl contra a autonomização das ciências, cuja validez metodológica e de resultado são-lhe incontestáveis, é passível de se relacionar com o diverso "mundo da vida". De qualquer maneira, note-se a acentuada tensão interna que marca a *Krisis*: a tentativa de valorizar o que tinha estado ausente do interesse filosófico, a própria *Lebenswelt*, em conjunto com a permanência dos pressupostos mais estabilizadores do pensamento filosófico. A capacidade inovadora de

Husserl não parece comprometida por sua incapacidade de desligar-se do arsenal dos instrumentos que havia acumulado?

4.1. O Questionamento de Descartes e a *epoché* radical

Com menor afinco em descrever, sem grandes interferências, a apresentação sumária da *Krisis*, continuamos neste ritmo.

Embora pouco tenhamos nos referido às *Meditações cartesianas*, é conhecido que Husserl se considerava fundamentalmente um cartesiano, pois o que o separava era a conjunção do *cogito ergo sum*, que, para ele, implicava a diminuição da ênfase no *cogitandum*, em prol da empiricidade antropológica.

Sem a mesma insistência, conquanto com consequências de igual gravidade, Husserl ainda discordava quanto ao papel reservado por Descartes para a teoria na ciência: ela seria decisiva como abertura de caminho, atuante enquanto a moral e a ciência particularizada não atingissem seu nível definitivo. Husserl, ao contrário, só acreditava em uma tarefa infinita da ciência: "A essência peculiar da ciência da natureza é *a priori* seu modo de ser, ser hipoteticamente infinita e infinitamente verificada (*ins Unendliche Hypothese und ins Unendliche Bewährung zu sein*)" (& 9e, 40/48-9).

O hipotético caráter infinito da ciência era correlacionado ao conceito tradicional de *Wesen* (essência), que, em Husserl, nunca pode ser compreendida como equivalente a termos corriqueiros e não necessariamente comprometidos com uma concepção substancialista, a exemplo de base, fundamento etc.

A afirmação destacada a seguir é uma decorrência do permanente lado tradicional. A correlação se efetiva a seguir: na vida concretamente real, espera-se, com segurança empírica, no intuitivamente dado. Nesta, "é de esperar a matemática apenas como uma práxis especial. A operação decisiva para vida é assim a matematização com suas fórmulas realizadas" (& 9f, 43/50/1).

A sintética passagem tem, para o presente ensaio, uma relevância singular. Não há novidade em se declarar a diferença que separa "a certeza empírica no mundo intuitivo da vida concretamente real" e a práxis matemática. Se naquela, a certeza — ou o que se presume sê-lo — é presidida pela intuição, isso significa que tematizar a fenomenologia, o mundo rejeitado pela filosofia, o mundo pré-científico, implica o privilégio da intuição, pois por ele não só se cumpre o voto de retorno às coisas, como é questionado o desprezo pelas *doxai* (opiniões).

Arrisco-me a pensar de outro modo a questão da intuição: a intuição e não o cálculo nos torna próximos das coisas não porque *a priori* nossa natureza nos ponha próximo do que é concreto, mas simplesmente pelo hábito que automatiza o que então nos soa como "intuição". Porém o decisivo da passagem está na afirmação final: declarar que a matemática, acompanhada das fórmulas pelas quais se realiza, é a "'*entscheidende Leistung*' (a produção decisiva) para a vida", quer dizer que, do ponto de vista científico, *a operação de linguagem capital é cumprida pelo conceito* (por excelência de cunho matemático) *e apenas por ele*.

Que novidade pode haver na frase grifada? Não é o que usualmente se afirma? É certo. Sua novidade, contudo, está não em si, mas em sua consequência. Mesmo muito antes do advento da ciência moderna, o conceito já era tomado como a afirmação culminante de toda manifestação discursiva. Se, desde os romanos, a retórica — depois de reduzido o duplo escopo aristotélico de não só persuadir mas, de acordo com a situação, a exemplo do teatro, despertar a emoção — se confundiu com a arte (*téchne*) da persuasão, os meios expressivos que ela codifica, os procedimentos da chamada linguagem figurativa, condensados na formulação metafórica, ou serviam para o convencimento dos juízes nos tribunais ou para a massa reunida nas assembleias populares ou, ornamentalmente, para embelezar o sermão, a peça teatral, o poema. A exaltação do conceito, em troca, se confundia com a expressão revestida de gravidade. Seria por isso ocioso reduzir aos últimos seis séculos o primado científico. Mas recordá-lo ajuda a explicar o elo realizado por Blumenberg entre a atenção que dedicou a Husserl e a reflexão efetuada sobre a metaforologia; elo que, pelo teor da obra husserliana, não seria explicável como o legado direto de seu detalhado exame. Se Husserl era motivado a subintitular seus livros de introdução à fenomenologia, assim sucedia pela conjugação de fatores já apontados: por sua percepção de que seu esforço de refazer o caminho filosófico não poderia se realizar pelo empenho de um só pesquisador ou até de uma única geração; pela tensão, que podemos supor sentida por ele próprio, entre a adoção de instrumentos básicos à tradição questionada e a afirmação, afinal alcançada na *Krisis*, do conceito de *Lebenswelt*, que trazia ao primeiro plano o campo antes desprezado das opiniões (*doxai*). Aderido a esse dilema, a permanência de sua convicção de que a matematização do conhecimento era a forma adequada de assegurá-lo, junto, entretanto, à compreensão que o avanço incessante das ciências cada vez mais a afastava de contribuir para o sentido da existência. Ou na soma ou nos interstícios dessas heterogêneas razões não se encontra o mínimo sinal de que Husserl tivesse sua atenção despertada para algum problema associado ao metafórico.

Por estranho e contraditório que todo o acervo possa parecer, ele se mostrou passível de suscitar a indagação que estará em Blumenberg, enquanto se empenhava na leitura dos textos filosóficos, teológicos, de história das ideias e de história da ciência. Propósito da referência: o problema do metaforológico não se origina em Blumenberg porque se desvie do continente palmilhado por Husserl, i.e., não por se entusiasmar especialmente pelos discursos da arte, da ficção romanesca, do poema senão por perceber que a não conceitualidade se deposita nos textos que pareciam dispensá-la.

Talvez a tensão que temos notado nas formulações de Husserl, a contradição entre querer dar dignidade ao que a filosofia desprezara e a manutenção das valorizações mais seculares, a busca, em suma, de criar uma filosofia dinâmica, próxima à vida de que ele sentia a ciência afastar-se, e o apoio nas fórmulas contemplativas perpetuadas pelo pensamento grego nos ajudem a entender a descoberta paulatina da questão metaforológica por Blumenberg. Talvez tenha sido ele ajudado mesmo por não ser um amante particular da experiência estética e da *arte* que a concretiza, senão em haver pensado, de início, a metaforologia como um auxiliar para a história dos conceitos.

Em suma, ao passo que toda a tradição nobre do pensar, incluindo seu questionamento fenomenológico, concentrava-se no eixo da conceitualidade, Blumenberg, em vez de cortar esse diálogo, já por si bastante amplo, irá complexificá-lo, introduzindo um segundo eixo.

Toda a passagem que desenvolvemos desde a abertura deste item 4.1. teve a finalidade de, voltando à linha expositiva da *Krisis*, mostrar como ela abandona o tom descritivo inicial; que isso não é feito porque tenha se partido do suposto que o leitor já estaria mais preparado para interessar-se pelo que se escreve, senão para aproximar a própria exposição da *Krisis* com o que será feito na segunda parte deste ensaio.

O excurso recém-terminado se justifica por nos encontrarmos em um momento decisivo da indagação. Mostra-o com nitidez mesmo o título do & 9, ponto g: "O esvaziamento de sentido da ciência natural matemática pela 'tecnização'". A afirmação é explicitada pela conexão entre duas passagens:

> O pensamento *original* que dá propriamente sentido a este procedimento técnico e verdade aos resultados corretos (seja mesmo a verdade formal própria da *mathesis universal* formal) é aqui descartada [...].
> À essência de todos os métodos pertence a tendência de se fundir (*"sich in ein zu veräußerlichen"*) com a tecnização. Assim a ciência natural sofre uma múltipla mutação de sentido e o ocultamento do sentido (*"Sinnüberdeckung"*) (& 9g, 46 4 48/54 e 56).

Constata-se, o que é comum na obra, a entrada de um outro argumento quanto ao tema da crise: ela já não concerne à sua perda de articulação com o sentido da existência, senão se mostra de maneira mais direta e palpável. (Com o curso das décadas, a superficialidade dos métodos em favor do resultado tecnificante irá muito além das ciências naturais e se confundirá com o modo de operacionalização do próprio global.)[2]

Se no afastamento antes alegado das ciências quanto à filosofia parecia soar uma queixa acadêmica, o argumento é agora atacado tanto em termos estritamente profissionais quanto em termos da seriedade da tarefa intelectual. A *Technisierung* da ciência significa que sua conexão por técnicas múltiplas não só faz desaparecer outros métodos que se revelem menos rapidamente lucrativos, como torna ocioso seu *ursprüngliche Denken*. Pela frase imediatamente seguinte, verifica-se que Husserl não atinava com a extensão que, em menos de um século, a metamorfose intuída iria muito além da física experimental e da física matemática:

> A grande inter-relação entre a física experimental e a física matemática e o incrível trabalho intelectual constantemente aqui realizado transcorre em um horizonte de sentido transformado (ibid.).

---

[2] Chame-se a atenção para a frase entre parênteses: ela só mostrará todo seu sentido quando, na segunda parte deste ensaio, verificar-se a discordância de Blumenberg quanto ao problema da tecnização. Se, para Husserl, a crise das ciências decorria de que os métodos de operacionalização ofuscam a teoria que os possibilitou, veremos Blumenberg discordar veementemente por declarar que a tendência normal dos métodos é desligar-se das elocubrações teóricas. Ainda que Blumenberg acerte quanto aos termos em questão, creio que deixe de ver a entrada em cena do papel das sociedades complexas ou, para falar mais concretamente, da única sociedade complexa hoje existente: a capitalista. Com esta, a inclinação do método de se desvencilhar do cálculo teórico é fortemente incrementada pelo fator "mais-valia". Se os lucros de uma grande empresa são melhor assegurados pelo investimento nas pesquisas operacionais, por que desperdiçar talento e dinheiro em refinamentos teóricos?

Que poderia querer dizer tirar do jogo o "pensamento original" senão considerar ociosa a teorização que provocou toda a cadeia de métodos e técnicas? E, estando toda ela subtraída pela tecnização, que significa senão que toda a atividade intelectual — e não só a que se cumpria entre ramos da física e da matemática — se integra em uma rede comercial? A leitura da *Crise* oferece então ao leitor a oportunidade de verificar o que se passa mesmo nas universidades, onde até a matemática e a física teóricas perdem espaço para seus usos práticos.

Não era preciso que Husserl não tivesse vocação de vidente para, apesar de sua admiração pelo feito de Galileu, defini-lo "ao mesmo tempo, um gênio descobridor e encobridor" — "*Galilei, der Entdecker* [...] *ist zugleich entdeckender und verdeckender Genius*" (9 g, 53/61).

Pelo progresso da tecnização, o afastamento da ciência quanto ao sentido da existência, torna-se mais explícita a tentativa antes aludida de Enzo Paci; mais explicável, ao mesmo tempo que mais remota a possibilidade de aliança da proposta fenomenológica com uma dimensão política. Por isso parece-me tanto menos crível que Husserl percebesse o alcance de suas palavras — a fala antes diria o que ele mesmo não tencionava dizer:

> A veste de ideias, "matemática e ciência matemática" da natureza ou ainda a *veste de símbolos*, das teorias simbólico-matemáticas abrange tudo que, para os cientistas e para os homens cultivados, *representa* o mundo da vida, o *transveste* como a natureza "objetivamente real e verdadeira" (& 9h, 52/60).

Na sequência dessa "vidência" de um não vidente, Husserl notará que o êxito de Galileu e seus sucessores teve como consequência prática que "o mundo matemático das idealidades" fosse confundido com o "único mundo real", ou seja, identificado com o "mundo da vida" cotidiano (9h, 49/58).

Antes de entrarmos mais a fundo na *Krisis*, recordem-se alguns pontos assinalados. Sem considerar a queixa de seus leitores e intérpretes com o desleixo ou a pressa de sua escrita, a exposição de Husserl expõe uma combinação de camadas heterogêneas. Por um lado, conserva uma concepção de filosofia e de sua ligação com as ciências que antes tenderia a afastar sua recepção. Sua crença na filosofia como revelação da verdade em si, como a propugnadora da razão absoluta, parece estranha a alguém que não só sabia de Kant, como o considerava uma de suas linhas diretoras. Esse lado tradicional não só torna parcialmente ineficaz seu questionamento da ciência natural, enquanto promotora de uma matriz lógico-objetiva, como apresenta um efeito mais prolongado pelo investimento em uma concepção essencialista de mundo, que terá em seus ombros a missão de propagar uma fenomenologia transcendental, tanto quanto o seu já rival, Martin Heidegger, enfatizava a dimensão temporal do *Dasein*. A dimensão ontológica, em que convertera o afastamento do *sum* cartesiano, não só compromete a filosofia da história que tentou desenvolver, no fim da vida, como prejudicará a leitura inédita do mundo enquanto mundo, e não mais dentro de certo prisma (vida, economia, política, saúde etc.), que embaralhava a antiquíssima distinção entre aparência/acidente x essência, *phaenomenon* x *noumenon*, ôntico x ontológico, que vimos desenvolvida por Nicolas de Warren.

Por outro lado, há um Husserl transtornador do tradicional: aquele que, sob o argumento, afinal ineficaz, de que o êxito da ciência se fez em detrimento do sentido da existência ou mesmo em favor da tecnização, assinalava que, de seu lugar reduzido, ante a ciência que levara à tecnização, a filosofia chamava a atenção para a camada de mundo desprezada pelo causalismo e pelas fórmulas matemáticas, inframundo constitutivo da *Lebenswelt*, para a qual deveria estar atento o olhar do fenomenólogo.[3]

É do meio dessas camadas desarmônicas que Husserl se propunha uma tarefa incomum:

> O que devemos fazer agora é algo que nunca sucedeu séria, radical e consequentemente de nenhum dos dois lados: devemos retornar dos conceitos científicos fundamentais para os conteúdos da "pura experiência"; devemos radicalmente afastar todas as presunções da ciência exata, todas suas superestruturas conceituais e assim observar o mundo como se estas ciências ainda não existissem, o mundo mesmo como mundo da vida, do modo como ele mantém sua existência coerente na vida, através de toda sua relatividade, como ele constantemente se esboça na vida, em termos de validade (& 62, 219-20/244).[4]

---

[3] Se o inframundo da *Lebenswelt* não se coadunava com o transcendentalismo e toda a tendência ontologizante, não será ocasional que um leitor com a paciência e a sagacidade de Blumenberg abrirá o desvio que temos esboçado desde o capítulo anterior, em prol de uma antropologia filosófica. Ou, para não só falar do autor de que continuaremos a tratar, chame-se a atenção para um discípulo direto de Husserl, muito menos divulgado que deveria ser: Alfred Schütz.

[4] O leitor deve observar que antes analisamos apenas alguns dos parágrafos iniciais, que tinham feito parte da publicação em vida de Husserl. Como para o projeto do capítulo, não seria necessário — para não dizer que seria impossível — a leitura dos parágrafos datilografados depois do fim da Guerra por Eugen Fink, preferimos o salto mortal em que o filósofo escreve um sonho semelhante ao de Gandhi, na luta pela independência de sua Índia. Comparativamente ao sonho de Gandhi de quebrar os teares e voltar ao ponto zero, o de Husserl só seria possível por uma catástrofe mundial.

O *scholar* que seja inventor diverge de suas fontes principais menos por delas discordar do que por radicalizá-las. É o que sucede com Husserl em relação a Descartes. O conceito mais amplamente utilizado por aquele, a *epoché*, encontrara sua origem declarada nas *Meditationes de prima philosophia* (1641). Em sua acepção mais branda e divulgada, a *epoché* era entendida como "uma retirada (*Enthaltung*) das validações naturais e ingênuas e, em geral, das que já se encontravam em vigor" (& 35, 138/154). A operação reducionista atinge um grau mais forte quando, a seguir, o autor acrescenta que é ela "o primeiro passo metodológico [...] exigido de todas as ciências objetivas" (ibid.). A combinação dos dois requisitos se assemelhava a uma glosa da exigência cartesiana de o conhecimento filosófico "ser absolutamente fundado", começando pois "por uma espécie de *epoché* crítica radical" (& 17, 77/88). Mas o tom absoluto então afirmado logo recebe, em Descartes, um limite: da redução se abstrai o *ego*, porque ele contém "o solo apodítico procurado" (17, 79/89).

A propósito de seu recuo — note-se que Blumenberg, em ensaio, cuja tradução é aqui incluída em apêndice, "Selbsterhaltung und Beharrung. Zur Konstitution der neuzeitlichen Rationalität", se contrapunha à afirmação generalizada de que Descartes tivesse sido o originador do realce do *sum* como base do conhecimento certo, ao mostrar que o autor das *Meditationes* fazia parte da própria reflexão medieval, em que a cogitação individual era vista como parte integrante da concepção do mundo como *creatio continua* (cf. Blumenberg, H.: 1976, 144-207) —, Descartes, exibindo sua inserção na tradição escolástica, defendia-se do ataque do *status quo* e, por certo, diminuía sua radicalidade. De sua parte, Husserl recusava o recuo. Que é este *ego* que excluía a apoditicidade absoluta para se converter na fonte primeira de toda a certeza do conhecimento? Kant já o criticara por reconhecê-lo figura implantada em plena empiricidade, não podendo, portanto, ser, ao mesmo tempo, a garantia de um conhecimento que ultrapassava os limites do empírico. Ao fazê-lo, Kant associava sua crítica da razão sem limites à abrangência transcendental da teoria do conhecimento que propunha. Para Husserl, entretanto, o transcendentalismo kantiano ainda era tímido, porque contido pelos limites do mundo empírico. O que vale dizer, ultrapassar os limites de Descartes era conduzir a filosofia para a certeza absoluta, embora sempre passível de ser levada adiante. A crítica do *sum* cartesiano fazia então parte do transcendentalismo husserliano, em sua luta de prosseguir numa corrida de tempo contra a morte próxima.

Como Husserl concebia o passo atrás de Descartes? Por aventar o *ego* como um corpo de que "exclui a carne" ("*schaltet er den Leib aus*"). Para Descartes, o *ego* se determina como *mens sive animus sive intellectus* [O homem ou a alma ou intelecto] (&18, 81/92). Eis que assim se expunha "o equívoco oculto do pensamento cartesiano" (&18, 80/91), porquanto, fora da ambiência saturada de valores e poder religiosos, "uma alma pura não tem nenhum sentido na *epoché*" (& 18, 82/93).

Fosse porque estivesse convicto dos teologemas da educação de seu autor, fosse por estratégia defensiva, fosse porque estivesse "dominado pela certeza galileana de um mundo universal de corpos absolutamente puros" (& 18, 81/92), a *epoché* cartesiana tinha seu alcance diminuído pela pressão exercida por "todos os pré-dados, todas as validades do mundano" (& 18, 81/92).

Para que a *epoché* superasse o tropeço teria que restituir a carne (*Leib*) ao corpo. Ampliando um argumento que se mantém fiel ao pensamento de Husserl, entre *Körper* e *Leib* há a absoluta diferença de áreas. Enquanto *Körper*, o corpo é materialidade, passível, portanto, de converter-se em objeto de uma experiência idealizada, como Husserl a definia. O êxito inconteste das ciências provocara uma mudança no mundo, ainda que imperceptível a olho nu: "O mundo deve ser em si um mundo racional, no novo sentido da racionalidade, tomado da matemática ou da natureza matemática" (& 10, 62/ 71). Em consequência, passamos a ter "um mundo cindido, cindido em uma natureza em si e em um modo de ser dela diverso" (&* 11, 62/71). Portanto o decisivo não é explicar a limitação da *epoché* cartesiana, mas penetrar em suas consequências. Diante do avanço do padrão galileico de operar, diante da subtração efetuada por Descartes, o caminho retificativo supunha que a carne fosse reconduzida à integridade do sujeito, pelo "retorno (*Rückgang*) do *ego* cognoscente à sua imanência" (& 24, 91/103). Daí a pretensão de Husserl de enfatizar a subjetividade, sem a confundir com seu portador individualizado. Pois não era precisamente a subjetividade o componente desprezado pelo matematizável? Daí, na continuação da exposição histórica da parte histórica, Husserl vir aos ingleses e afirmar que o papel de Hume quanto a Kant fora estabelecer "um subjetivismo transcendental de um novo tipo" (& 25, 93/105). A afirmação traz implicitamente consigo duas outras. Bastará pois enunciá-las: o despertar do sono dogmático, como reconhecia Kant ter sido o efeito da leitura de Hume sobre si, implicara o início de um transcendentalismo que, conforme Husserl, ainda precisava ser levado adiante. A segunda consequência se confunde com o que Husserl pretendera fazer do legado recebido. A passagem é relativamente longa e tem um duplo alvo: ressaltar o ultrapasse da restrição egoica de Descartes e expor a justificação pós-galileana das ciências:

> [...] Os grandes sistemas do idealismo alemão têm em comum que as ciências objetivas (não importa o quanto elas possam se considerar a si mesmas e, particularmente, as ciências exatas, em virtude de suas evidentes realizações teóricas e práticas, estar de posse do único método verdadeiro e ser o repositório das últimas verdades) não são, contudo, seriamente ciências, não são conhecimentos finalmente fundados (*aus letzter Begründung*), i.e., responsáveis por si próprias, e, portanto, não são conhecimentos do que é a verdade definitiva (& 27, 102-3/115).

Desse modo, era reiterado o pressuposto primeiro da filosofia como o território da verdade final, ao mesmo tempo que Husserl registra a posição de ponta que reservava para a sua fenomenologia.

Diante da passagem — não há como dizer que não há evidências —, é evidente que Husserl faz um uso aporético da antiquíssima premissa sobre a verdade final reservada à filosofia; que, empregando-a quanto ao idealismo alemão, não levanta a exceção que seria necessária quanto a Kant, desse modo não só reiterando a crise da matematização galileana, como, o que pareceria mais delicado, afirmando que a sua fenomenologia seria a resposta para a saída da crise.

Antes de estarmos de posse do panorama agora já desenrolado, mostrávamos desconforto ante esse aspecto casmurro do pensador. Não vemos razão em desdizer o que então dizíamos. Argumentávamos que Husserl opera de maneira semelhante como se recorresse ao sistema ptolomaico para atacar a concepção copernicana. Não é a filosofia, enquanto tal, que se ptolomizara, senão sua indistinção com a verdade absoluta e, em consequência, com o transcendentalismo essencialista. Mas a reiteração seria imprópria se não fosse agora possível dar um passo além. Não se duvida que Husserl mantém-se aferrado à velha aporia, simultaneamente à promessa de uma nova volta: o estabelecimento de um subjetivismo transcendental, que deixaria para trás o aceitável para Kant. A promessa, como temos desenvolvido neste item,

tem consistido em, depois de desviar-se de Descartes, que deslocara a ênfase no *cogitatum* para concentrar-se em seu agente, corrigindo a própria subtração que este fizera do sujeito, mediante a reintrodução da carne (*Leib*) na unidade corporal, depararmo-nos com as premissas da etapa decisiva na formulação da *Krisis*. (Note-se que as passagens logo a seguir referidas seguem-se imediatamente à camada primeira (&& 1-27) de sua redação.) Mesmo sob o risco de redundância, procura-se desfazer o nó que retrai a elasticidade do pensamento de Husserl. Para efetivar a tentativa importa recordar duas passagens referentes à relação diferencial entre corpo e carne:

> [...] Do puro ponto de vista da percepção, o corpo e a carne ("*Körper und Leib*") são essencialmente distintos; a carne aqui entendida como única carne verdadeira do ponto de vista da percepção (é) minha carne. São questões que é preciso pôr como se origina uma consciência em que, todavia, minha carne adquire a validez de ser um corpo entre outros, como, de outra parte, certos corpos de meu campo de percepção vêm a valer como carnes de sujeitos "estranhos" ("*fremder*" *Ich-Subjekte*) (& 28, 109/ 122).

É manifesto que "carnalmente" ("*leiblich*") não é sinônimo de "corporalmente (*körperlich*), senão que o termo remete ao cinestésico, ao que funciona como *ego* em sua maneira peculiar, ou seja, através do ver, do escutar etc., funções que evidentemente concernem ainda a outras maneiras do *ego* (por exemplo, levantar, carregar, empurrar, realizar metas etc.)" (& 28, 110/123).

O que, nas passagens, é tão inquestionável que chego a me perguntar se elas são de fato necessárias. Por certo, são menos indispensáveis que outras já incluídas. Mas, se parecerem redundantes, o prejuízo será mínimo. Em troca, se não contarmos com elas, a crítica de Blumenberg apresentada no capítulo anterior, com nosso endosso, perderia seu referencial. Para verificar sua importância para a própria proposta husserliana, recorde-se seu teor, sem recorrer às suas exatas palavras: o subjetivismo transcendental, em que Husserl se empenhava, tem por respaldo a afirmação de que a oposição *Leib* e *Körper* é tão geral à espécie humana, assim como, em decorrência, o que se passa no interior de minha carne processa-se igual no interior das outras. Ou seja, que a subjetividade da carne própria tem a mesma extensão que a conhecida na "experiência estrangeira": o próprio a mim é próprio a todos os outros.

Não se discute a distinção entre "corpo" e "carne", muito menos a composição biológica das entranhas da carne da espécie que, permitindo a homogeneidade de sua constituição, torna possível a intervenção médica. É nesse arrazoado absolutamente banal que se funda o tratamento físico de nossas entranhas. Mas, contra tal generalização, lembre-se que a carne é habitada pelos fantasmas, ilusões, esperanças e quimeras que formam os fantasmas psíquicos, e estes sim são meus, os teus ou dele/a. Se, com Freud, passamos a saber que não é confiável sequer o que cogitamos sobre nós mesmos, torna-se conversa de botequim que o costume da autoindagação é a maneira mais eficaz do autoengano.

É até mesmo com certo espanto que me pergunto de onde Husserl pôde extrair a convicção da equivalência da experiência de si e a experiência estrangeira. Como ela daria conta da disparidade de efeitos psíquicos do mesmo evento entre carnes diversas? São perguntas tão ociosas que só podemos pensar que, temendo a proximidade psicológica, Husserl contaminou o que seria uma via nova pela unificação banalizada do que Descartes havia separado.

Em vez de tirarmos conclusões grosseiras é preferível esperar pelo relacionamento das experiências de si e do outro por uma outra entrada na questão da *Lebenswelt*. Escutemos antes um enunciado próximo:

> Qualquer que seja o modo como o mundo é dado à consciência como horizonte universal, como universo unitário de objetos existentes, nós, cada homem e uns com os outros, pertencemos em conjunto ao mundo em vivemos, em que este "viver em conjunto" dele faz nosso mundo, o mundo que é enquanto vale (*"seiend-geltende Welt"*) para a consciência (& 28, 110/123).

Não se destacaria a passagem se ela não acentuasse um dos conceitos básicos da fenomenologia: a intencionalidade, a ação pela qual o sujeito se lança para fora de si. Ou seja, é a carne, sua equivalência entre a minha e a do outro, que oferece a base para a filosofia que Husserl procura. Em suma, há a passagem imediata da separação efetuada por Descartes para a afirmação do *"Miteinander-leben"* (viver com o outro). Caberá então à indagação da *Lebenswelt* verificar como seu caráter afirmativo da vida concreta, e não científica, servirá de chão para o intentado recomeço.

A *epoché*, de que já tratamos, também conhecida como primeira *epoché*, visava à consecução das ciências lógico-objetivas. Como já sabemos, para Husserl, à medida que a autonomia das ciências matematizáveis rompe sua união com a filosofia, as ciências deixam de contribuir para o sentido da existência. Por conseguinte, a primeira *epoché* não se interessava e não tinha o que dizer à vida pré-científica. O "mundo da vida" procura preencher esse hiato e "assim possibilita a plenificação da fenomenologia como filosofia transcendental, universal, de fundamentação final (*letzbegründend*)" (Janssen, P.: 1980, 5, 152).

Se a preocupação com o *mundo* atravessa a construção fenomenológica husserliana, agora que a *Lebenswelt* está convertida em conceito cabe a ela operar nada menos que uma redução transcendental. A compreensão de sua extrema gravidade por Husserl se realiza sobremaneira nos parágrafos que Eugen Fink possibilitou que fossem anexados aos manuscritos realizados pelo próprio autor. Assim o final do & 35 compara-a a "uma conversão religiosa", que, ademais, "encerrava em si a significação da maior transformação existencial, confiada à humanidade como humanidade" (& 35, 140/156). E logo a seguir reitera: (O mundo da vida) "é o mundo espaçotemporal das coisas como as experimentamos e nossa vida pré- e extracientífica e, além desta experiência, tal como as sabemos experimentáveis fora dela" (& 36, 141/157).

Tal extrema seriedade não podia ser gratuita por quem dedicara toda sua vida profissional à atividade que agora chegava ao fim. Ante a proximidade da morte, Husserl como que faz o balanço de uma pesquisa que, principiando com a filosofia da aritmética e com a preocupação com a lógica, se concentrara na questão da operação científica e a desdobrara em sua articulação com o todo da experiência do homem no mundo. As duas últimas referências estão contidas na passagem:

> Os corpos que nos são familiares no mundo da vida são corpos reais, mas não corpos no sentido da física. [...] O categorial do mundo da vida tem os mesmos nomes, mas, por assim dizer, não se preocupa com as idealizações e as fundamentações hipotéticas do geômetra e do físico (& 36, 143/159).

A distinção pareceria ociosa não fosse a consequência: O "*a priori* do mundo da vida é um universal pré-lógico" (&36, 144/161).

Outra vez, nos lembramos da "lógica genética" que Husserl havia admitido por algum tempo. Não é um sinal dela que retorna na afirmação de um universal pré-lógico, anterior ao lógico-objetivo das ciências? E, se essa precedência não era entendida como sinônimo de uma mentalidade grosseira, que Lévy-Bruhl dizia própria dos povos primitivos, em que ela poderia se fundar senão em um essencialismo não estático mas progressivo? Daí o & terminar com a aspiração de "poder cumprir uma reflexão radical sobre a grande tarefa de uma pura teoria da essência do mundo da vida (*die große Aufgabe einer reinen Wesenlehre von der Lebenswelt)*" (&36, 144/161). Durante séculos, o homem fora definido como *animal rationale*. Que isso significava senão nomeá-lo segundo sua essência? A concepção foi mantida pelo cristianismo e desconheço alguma passagem de Descartes que se lhe opusesse. Sob o império da ciência, a caracterização era esquecida, em vez de contestada. Desde que a matematicidade dos sábios funcionasse, era aceitável que as academias assim continuassem a defini-lo. Pelo que sei, apenas com Kant é questionada a unanimidade de uma razão sempre operante e com um modo de atuação idêntico, e só a partir de Freud aprendemos a reconhecer que a razão também pode ser perversa. Embora não entrasse por esses circuitos, não interessaria ao Husserl do "mundo da vida" reafirmar o *topos clássico*. Mas como situar seu universal pré-lógico, se seu esforço consistia em, afastando-se do *sum*, retirar-se do empírico, hostilizar a psicologia e a antropologia, como "ciências" do particular, e favorecer o subjetivismo transcendental?

Sem esconder o propósito irônico da pergunta, não se poderia pensar que favorecia um essencialismo dinâmico, ou seja, não só eurocêntrico mas permeável à evolução dos mecanismos lógicos? Em sua obra analisada no capítulo anterior, Blumenberg tanto reconhecia a presença do platonismo em Husserl como falava no "hegelianismo secreto no estágio terminal da fenomenologia" (Blumenberg, H.: 2006, 122). Creio que, se a expressão *essencialismo dinâmico* deixar de se confundir com um quiasmo, será uma boa designação para o entrelaçamento husserliano presente no subjetivismo transcendental. Este é tão enfatizado na *Krisis*, tendo como primeiro alvo reconciliar a ciência com a filosofia em favor do sentido a ser assegurado à existência, que me pergunto se os interesses concretos da humanidade — que, sempre se materializam em metas concretas — não se mostram afinal passíveis de serem respondidos pelas disciplinas lógico-objetivas? O que vale dizer, que a permanência dos velhos *topoi* com promessa de algo novo em Husserl, seja o campo da *Lebenswelt*, seja a questão da tecnização, não terminam reconstituindo seu ponto de partida? Reconstituição consistente em aceitar que, impossível de se restabelecer a imagem da filosofia como abrigo das ciências, haveria de se aceitar que a humanidade encontra o melhor respaldo para sua carência na tecnização das ciências. Mas a conclusão por certo não está na *Krisis*. Tenhamos pois o cuidado de não propor, de súbito, o fracasso de um tão intenso trabalho. Em seu lugar, é preferível reler duas últimas passagens:

> A verdade objetiva cabe exclusivamente na atitude do mundo da vida natural humana. Deriva originalmente das necessidades da práxis humana enquanto projeto de assegurar o que é simplesmente dado como existente (o polo-objeto antecipado como persistente na certeza de Ser), contra as possíveis modalizações da certeza. Na reorientação da *epoché*, nada é perdido, nenhum dos interesses e fins do mundo da vida e assim também nenhum dos fins do conhecimento. Mas são exibidos os correlatos subjetivos essenciais de tudo isso e, assim, é exposto o pleno e verdadeiro sentido do Ser objetivo e, por conseguinte, de toda verdade objetiva (& 52, 179/200).
>
> Na simples vida natural, todas as metas *terminam* em "o" mundo e todo conhecimento *termina* no que realmente existe, assegurado pela verificação. O mundo é o universo aberto, o horizonte do que termina (*Termini*), o campo universal do que existe que é pressuposto por toda a práxis e é continuamente enriquecido por seus resultados. Assim o mundo é a totalidade do que é considerado verificável. [...] Mas, na *epoché*, voltamos para a *subjetividade* que derradeiramente visa ao que já tem resultados, que já possui o mundo por metas prévias e seu cumprimento. [...] O interesse do fenomenólogo não visa ao mundo já pronto ou à atividade externa, finalística, que, em si, é algo "constituído" (& 52, 180/201).

A leitura imediata não parece trazer novidade: o privilégio do subjetivo, enquanto transcendental, portanto de ordem universal, é decorrente da argumentação essencialista. Ele se contrapõe ao subjetivo "mundano", que preza a "verdade objetiva", assegurável pelo reiteradamente verificado. Pela *epoché*, este curso ordinário é duplamente contrariado: "os correlatos objetivos essenciais" são exibidos e o plenamente humano vem à tona, em lugar dos interesses privados; a subjetividade que então é por ela recuperado já não é a que se satisfaz com um mundo automatizado. Ou seja, a *epoché* restaura a capacidade da intuição, que Husserl sempre ressaltara, antepondo-se à intuição viciada que opera por força da repetição. (Diferença quanto ao que chamamos de reconstituição do ponto de partida: esta supunha uma certa resignação, ao passo que Husserl mantém uma esperança "religiosa" em que sua reflexão sobre a "crise das ciências" mostrava um resultado positivo.)

Em poucas palavras, o agente da *epoché*, o fenomenólogo, há de ser um ser de exceção. Alguém que efetua o resgate — da intuição conspurcada pelo hábito, do sujeito transcendental abafado pelos interesses do pequeno eu — do mundo. Traduzindo-se *epoché* por redução, corre-se portanto o risco de não verificar que seu escopo é menos afastar a palha da espiga do que possibilitar a sua fecundidade.

Que então dizer de sua última obra quanto à tarefa em que se empenhara por toda a vida? Sabe-se que Husserl nunca deu a entender que duvidasse estar na linha de ponta da filosofia que, iniciada nos tempos modernos, por Descartes, que retificada e complexificada por Kant, na modernidade, com ele alcançaria sua culminância. Daí sua revolta com a dissidência dos ex-discípulos.

Em vez de se insistir em o pensamento de Husserl ser prejudicado pela manutenção da antiga ideia de filosofia como razão primeira e universal, parece mais oportuno, a partir da mera leitura dos dois últimos fragmentos, levantar a hipótese de que a fenomenologia husserliana apresentava um misticismo *sui generis*. A "conversão religiosa", a que associara a tarefa do fenomenólogo, assume um sentido mais claro. Se, em termos de recomeço para a filosofia, Husserl estabeleceu suas condições introdutórias, é em termos de uma nebulosa experiência ascética que ele adquire uma densidade inédita. Chamemo-la de *ascetismo a secas*, pois não a serviço de alguma religião. O *re-ligare* que ele propõe é do homem com o mundo. Do mundo, como ele pretendia, não fatiado nas porções que darão lugar às ciências lógico-objetivas, senão em sua integridade.

A proposição de um ascetismo a secas é menos difícil de ser entendida do que de ser praticada. Não parece então ocasional, que, mantendo-se sensível aos sucessivos recomeços de Husserl, Blumenberg termine por escolher uma via contrária ao que se entende por subjetivismo transcendental.

SEGUNDA SEÇÃO
A IRRADIAÇÃO DA NÃO CONCEITUALIDADE

Meanings mind intensely — more indeed than any other sorts of things.
(I.A. Richards, 1936)

CAPÍTULO III
ANTECEDÊNCIA DA METAFOROLOGIA

1. Escolhas e exclusões

Se não optarmos por uma visão restrita, não poderemos considerar a metaforologia sem o prévio exame do que sucede a partir do resgate da poética e da retórica por Aristóteles. É certo que esteve longe de minha cogitação o exame exaustivo dos tratados aristotélicos e da história que se segue. Muito menos cogitamos de nos demorar na *Poética*, pois sua utilidade aqui é restrita. Ademais, desde o início dos tempos modernos, a *Retórica* tem sido tão menosprezada que Richards começava seu pequeno e importante ensaio sobre ela com a advertência: "A retórica afundou tanto que faria melhor mandá-la para o limbo do que nos preocuparmos com ela" (Richards, I.A.: 1936, 3). Note-se ainda que a abordaremos apenas como o continente que abrigava o metafórico. Por isso nem sequer mencionaremos os minuciosos esclarecimentos de Christoff Rapp, que acompanham sua tradução para o alemão (cf. Rapp, C.: 2002, 1007 pp.). Muito menos nos ocuparemos do *Aoscoltare Il silenzio. La retorica come teoria* (1986), de Paolo Valesio ou do admirável *A Rhetoric of motives* (1950), de Kenneth Burke.

Nem sempre as razões para o não uso de certa bibliografia foram as mesmas. Assim o motivo para que apenas mencione o título da obra organizada por N. Charbonnel e G. Kleiber, *La Métaphore entre philosophie et rhétorique* (1999) foi de ordem qualitativa. Sua predileção por clichês torna surpreendente uma afirmação incomum como: "De Diderot a Carnap" há correspondências no pensamento moderno, com "o sonho de reduzir a função da linguagem ao máximo possível" (Charbonnel, N. e Kleiber, G.: 1999, 37). (Apenas me perguntaria por que Diderot abre a listagem.) Na coletânea, apenas o texto de Jean-Marie Klinkenberg, "Métaphore et cognition" (pp. 131-70), é uma exceção sem reparos.

Muito menos foi o caso de *Pour une nouvelle théorie des figures*, de Joelle Gardes Tanine. Como seu título já o indica, a autora mantém a compreensão da metáfora integrada ao plano da composição, que, como veremos, ao tratar de *La Métaphore vive*, de Paul Ricoeur, equivalia a continuar o compromisso como uma tradição deficiente. Por seu feitio, o trabalho seria útil para um outro propósito: detalhar a distinção clássica entre tropo e figura, com referência ao *Brutus* de Cícero e para a transformação operada no *Orator*, do mesmo romano, e no *De Sublime*, do Pseudo-Longino, nos quais a retórica era realçada menos como meio de prova do que de deleitação e enternecimento (cf. Tanine, J.G.: 2001, 77). Para o que aqui nos importa, a anotação interessaria como comprovação extra da secundariedade reservada à retórica, sucedida a partir da transformação referida, quando ela perde o tripé em que antes se apoiara — *éthos, logos, páthos* (cf. ibid., 21), e se concentra no terceiro termo. Um *páthos* retórico era então equivalente ao uso de um *logos* a serviço de um *éthos* inquestionado. E assim durará até que a acepção rotineira da retórica volte a ser reindagada.

Seria ocioso continuar a listagem do que não aproveitamos. Abre-se ainda uma exceção para a antologia de textos antigos e contemporâneos salientes de Silvana Ghiazza, *La Metafora tra scienza e letteratura* (2005).

Em posição bem diversa nos põe o livro de Judith Schlanger, *La Métaphore de l'organisme* (1971), monografia que tem por formulação básica a hipótese de que o modelo lógico de uma concepção científica nova parte de empréstimos metafóricos que lhe serão centrais. O que equivale a dizer que Schlanger partia do que servira de ponta de partida para os *Paradigmen* (1960), de Hans Blumenberg, obra que seguramente a autora desconhecia.

Consideremos apenas o exame do caso de Marcel Mauss. Embora o antropólogo estivesse progressivamente de posse dos elementos indispensáveis para a formulação de uma certa questão, só conseguiu formulá-la quando dispôs da expressão metafórica: "técnicas do corpo". Com brilho e justiça, Schlanger assim descreve o que logo chamará de "conceito de instauração" (Schlanger, J.: 1971, 20):

> Neste ponto, a inspiração científica está bem próxima da inspiração poética. Há entre elas uma zona comum exígua mas profunda em que as duas são criações verbais (ibid., 19)

Na verdade, o exemplo apenas concretiza um lado da questão. Assim como o conceito científico se beneficiou da transposição metafórica, assim também poderá suceder que o unívoco conceitual se preste ao plurívoco metafórico.

> Schlanger não trata da situação inversa, até porque sua constatação não depende de pesquisa. Vale apenas acrescentar que a inter-relação entre imagem e conceito não é automática:
> Só há empréstimo onde preexiste um problema. A analogia fornece expressões, argumentos, representações, modelos; propicia ao pensamento um suporte imaginativo; i.e., não é a fonte ou origem do conceito (ibid., 26).

A preexistência de um problema, mobilizadora de formulações do imaginário, corresponderá à modificação historicizante que Blumenberg realizará, já em 1959, na conferência "Lebenswelt und Technisierung unter Aspekten der Phänomenonologie" [O mundo da vida e a tecnização do ponto de vista da fenomenologia] do conceito husserliano de *Lebenswelt*. A configuração do "mundo da vida" não é a causa (!) mas a motivadora da formulação do novo conceito. Noutras palavras, imagem e conceito situam-se em planos contíguos e não são recíproca e causalmente determinantes. Tratá-los como imediatamente contamináveis equivaleria ao acordo retórico usual. Em vez de uma relação instantânea, a formulação correta se encontra no título que a autora dará a seu item seguinte: "L'intérêt oriente l'analogie" (ibid., 35). Seu enunciado efetivamente justifica o objeto de sua pesquisa: por que, entre os fins do século XVIII e ao longo do XIX, a ideia de organismo se torna obsessiva? O interesse de Schlanger não é de ordem teórica, pois não busca estabelecer as razões da transformação da metáfora orgânica nas diversas conceituações que receberá. A diferença no tratamento da inter-relação dos planos metafórico e conceitual explica por que seu rumo não concorre com o que, contemporaneamente, Blumenberg procurava estabelecer. De todo modo, conquanto o investimento de Schlanger não fosse teórico, será nesses termos que ela terá de responder à questão que se propunha. Sua tentativa de solução se concentra em que a ênfase no fenômeno do organismo era decorrente da perda da posição ocupada pelo homem antes do advento da cosmologia copernicana. De maneira mais refinada, argumento semelhante já havia sido empregado por Blumenberg. Assim, por exemplo, nos *Paradigmen*, ele observava que a desmontagem por

Copérnico da concepção tradicional do cosmo fora facilitada desde que o pensamento cristão-medieval encarava a *curiositas* como algo não só desnecessário mas pecaminoso. Com isso, a razão de indagar sobre o céu se limitava ao estabelecimento do cálculo do calendário e dos dias de festa. Daí a anotação tachante de Ockham: "Ao intelecto, bastam as coisas necessárias para a salvação" (apud Blumenberg, H.: 1960, nota 39, 33).

Na explicação mais simples de Schlanger, o êxito conceitual da metáfora do organismo decorria de uma tríplice razão, pela qual era justificada a individualidade:

> O organismo é o próprio nome da individualidade do que vive. Situar o que vive (problema da *espécie*), constituí-lo (problema da *célula*), são as duas linhas de força da filosofia biológica desde Buffon até Darwin, desde Bossuet até Oken. Mas a noção de organismo não é um conceito puramente biológico; ela se generaliza em uma lógica e as representações que ela permite então fornecem a chave imaginativa de dois outros problemas [...]: generalizada, a ideia de organismo permite conceber ao mesmo tempo a consistência do plano humano, ou seja, a especificidade do nível humano dos fenômenos e sua integração na totalidade do universo (ibid., 42).

Em síntese: "A ciência dos fenômenos humanos é possível se eles são logicamente contíguos aos fenômenos naturais" (ibid.). Desta última observação, a autora não extrai o que talvez tenha lhe parecido óbvio: na ânsia de justificar-se como atividade científica, a indagação do homem encontra na metáfora, convertida em conceito de organismo, a mediação necessária para o seu propósito.

Saindo por um instante de *Les Métaphores de l'organisme*, ao declínio da primazia do orgânico, aliado à crise sociopolítica que culmina com o desastre da Primeira Grande Guerra, corresponde a afirmação da crise das ciências europeias, sobre que se debruçava o Husserl das primeiras décadas do século XX. Com ela, a busca de outra chave abrangente. Nela, reponta a confluência de Descartes com o idealismo alemão, subjacente à afirmação do subjetivismo transcendental do mesmo Husserl. Mais ainda, e já durante os anos 1930, sua derrota pelo postulado do Ser heideggeriano, princípio do que "vive" oculto a toda explicação conceitual, que aparece descontinuamente, para de novo mergulhar em seu mundo de sombras.

O parágrafo anterior introduziu um tipo de raciocínio que não caberia na pesquisa de Schlanger. Fizemo-lo porque o argumento nos traz para mais perto da meta que perseguimos. Schlanger, ao contrário, mantendo sua preocupação com seu tema mostra as consequências da metáfora orgânica. À ênfase no orgânico costumava-se (e continuamos acostumados) opor ao mecânico. A pesquisadora mostra que a oposição teve pouca fortuna porque as distinções, apresentadas no fim do século XVIII, entre um e outro, eram confusas. Sua ambiguidade por excelência mostra-se pela maneira de considerar o relógio: "Por um lado, o relógio é feito; por outro, o relógio é lido". Por outro lado, continua a autora, é concebido (o relógio cósmico leibniziano); por outro, é ele fabricado (cf. Schlanger, J.: 1971, 53). A analogia metafórica deixa de produzir uma explicação para se tornar uma contradição perturbadora. Na conclusão da autora:

> A ambiguidade fundamental resulta de que estes esquemas são ao mesmo tempo inevitáveis, positivos e fecundos para a invenção e a instauração do espaço intelectual, e extremamente perigosos para o próprio conhecimento (ibid., 258).

O final da pesquisa é incomparavelmente inferior a seu terço inicial, não porque não assinale nomes e correntes que representassem a fecundidade e o risco aludidos, senão porque sua condução não se dava conta de que, encerrando-se em um plano empírico, dava condições de se entender que o trânsito da imagem para o conceito é conturbado quando, por motivos não precisados, conduz a uma flutuação retórica. Não é que a flutuação seja falsa, senão que aí encerrar a questão leva a supor que a dimensão retórica é a espécie demoníaca reservada à linguagem.

Fique claro que a conclusão não é da autora. Apesar de não ser de sua responsabilidade, a conclusão se impôs para que se percebesse como a pesquisa que se mantém presa ao plano empírico traz como obstáculo manter a concepção tradicionalmente agregada à retórica. Dito por outro ângulo: a desconsideração da retórica era paralela a ser ela vista apenas em plano empírico.

2. A Metáfora no *Historisches Wörterbuch der Philosophie*

Embora o interesse de Blumenberg pela metaforologia não houvesse se originado com o projeto do *Dicionário histórico de filosofia,* como o prova a anterioridade do ensaio, "Licht als Metapher der Wahrheit" (1957), é fato que o convite para participar do *Archiv für Begriffsgeschichte*, que, dirigido por Erich Rothacker (1988-1965) visava a ajudar a preparação dos futuros verbetes do *Dicionário*, foi capital para sua concretização.

O empreendimento do *Dicionário* — concebido por seu primeiro editor, Joachim Ritter (1903-1974), se propunha substituir o *Wörterbuch der philosophische Begriff*, organizado por Rudolf Eissler, que, publicado em 1899, já estava desatualizado — foi tão decisivo para a constituição de nosso tema como o desentendimento do editor com Blumenberg, já manifestado no prefácio daquele para o primeiro volume da obra. Tornava-se então público que o propósito de Blumenberg de incluir a metaforologia, embora modestamente, como disciplina auxiliar da história dos conceitos fora recusado. Por isso, para a composição do verbete sobre metáfora fora convidado um filólogo de reconhecida competência, Harald Weinrich, cuja linha divergente apenas admitiria indicar Blumenberg entre as fontes bibliográficas de realce. Embora indiscutível a disparidade de posições dos dois, a consideração do texto de Weinrich será indicação preciosa no encaminhamento que se segue.

O primeiro destaque deriva da alusão inevitável à conceituação e modalidades da metáfora por Aristóteles. De sua definição de espécies — "A metáfora é a aplicação de um nome impróprio, por deslocamento seja do gênero à espécie, seja da espécie ao gênero, seja da espécie à espécie, seja segundo uma relação de analogia" (*Poét.* 1357 b 6 ss.) — é decisiva a referência à analogia.[1] Por referi-la no texto sintético de um verbete, não cabia a Weinrich mais do que a transcrever. Não é o nosso caso. Ganharemos não só em precisão como em espaço se já aqui, considerando o tratamento de Blumenberg, nos demorarmos na questão da analogia. O desenvolvimento chega a ser obrigatório, pelas seguintes razões: 1. A primeira parte da citação (57 b 16-24) apresenta o problema de dar a entender que a transferência por analogia supõe que a metáfora poderia ser refeita pela recondução ao termo que substituiu. Já a segunda parte, que começa por "Em certos casos...", corrige esse

---

[1] Há relação de analogia quando o segundo termo está para o primeiro o que o quarto está para o terceiro; pois o poeta empregará o quarto em vez do segundo e o segundo em vez do quarto; e algumas vezes acrescenta-se o termo substituído pela metáfora. Por exemplo [...] a velhice está para a vida, o que o anoitecer está para o dia. [...]. Em certos casos, não há nome existente para designar um dos termos da analogia mas não se exprimirá menos semelhantemente a relação. Por exemplo, a ação de semear o grão chama-se *semear*, mas para a chama que vem do sol, não há nome; entretanto esta ação está para o sol o que semear está para o grão e assim pôde-se dizer "semeando a chama divina" (*Poét.*: 57 b 16-30).

entendimento. Podemos pensar que o corrige, mas não que o anula, porquanto ambas as partes foram mantidas no mesmo texto; 2. Ao falar do que chama de "metáfora absoluta", Blumenberg, que a formula em várias ocasiões, oferece como sua enunciação mais forte a combinação de duas passagens: ela exprime "o indecidível" (Blumenberg, H.: 1960, 23) dos "horizontes totais" (como "mundo", "Deus", "vida") (Blumenberg, H.: 1979, 90) — indecidíveis por inconceituáveis (cf. Mende, D.: 2009, 91).

A afirmação extraída da combinação de dois textos do pensador está em plena concordância com a segunda parte da citação da *Poética*, mas, coerentemente, em desacordo com a conversibilidade afirmada na primeira.

A conclusão parece surpreendente. Como a justificamos? Afirmo que a metáfora absoluta contém, em sua formulação, o indecidível porque o dizível é sempre passível de ser conceituado. Mas a reiteração não quer dizer que a metáfora absoluta, mesmo em sua espécie "explosiva" — que explora "a coincidência dos opostos" — não contenha uma base analógica, ainda que estreita. Devo então acrescentar: por mais rala que seja a base analógica, ela é indispensável porque, em sua ausência, a metáfora deixaria de ser um dito escuro (formante de um *trobar clus*) para se tornar impenetrável.

Chegamos daí a uma conclusão decisiva: *a configuração metafórica plena* (a metáfora absoluta ou a sua espécie explosiva) *tem uma constituição equivalente à da mímesis*. Desta, temos dito que seu aspecto verossímil — ou mais simplesmente, sua *semelhança* com algo que está fora da representação do *mímema* — é a condição mínima mas indispensável para que o receptor penetre em um universo em que dominará a *diferença* quanto a qualquer coisa fora do próprio *mímema* (a obra de arte verbal ou pictórica). Portanto, em vez de insistirmos na discordância das duas passagens, podemos sim dizer que a primeira ressalta a base analógica (o vetor da semelhança, na descrição que temos oferecido da *mímesis*) sobre a qual, na obra realizada, estará contida a sua diferença específica.

Pela importância que há no esclarecimento, nele ainda devemos nos demorarmos, em base exemplificativa. Bem sabemos que, se a metáfora absoluta, é a que nos importa, a seu lado, o nosso cotidiano nos mostra a frequência de metáforas corriqueiras, automatizadas, banais. Como sua configuração se distingue? Volto ao que já estava escrito para aproveitar uma observação de Aline Magalhães Pinto: a metáfora corriqueira é, na verdade, uma metonímia. Não se trata, por certo, de confundir a metonímia com um recurso inferior. Sua inferioridade se restringe ao caso considerado. Assinalo um exemplo, que não precisa de explicação: "Você me pergunta sobre fulano? Fulano é uma *flor* de pessoa". (Desde que não nos demos ao trabalho, aqui inútil, de distinguir a metonímia da sinédoque, a parte de graça, encanto e ternura da flor é transferida para alguém acerca de quem se perguntava. Ao destaque metonímico talvez se acrescente uma mínima diferença metafórica. A resposta tomaria as propriedades da flor como equivalentes a "bondade", metáfora grosseira com que defino fulano.) Note-se então a diferença com uma formulação metafórica digna de si. Trata-se de um soneto encomiástico endereçado ao príncipe d. João, que não seria notado não fossem seus dois versos finais:

> Caíram as estátuas de metal:
> Qu'al se podia esperar de cousas mudas?

Talvez algum evento da época desse vazão ao dístico em forma de máxima. Mas, se houve, os organizadores da obra poética de Sá de Miranda, Rodrigues Lapa e Márcia Arruda Franco, não nos dizem. Talvez assim seja até melhor por exigir mais do leitor que destaca os versos. [Aristóteles bem dissera que "a metáfora é uma espécie de enigma" (*Ret.* III, II. 13)]. A excepcionalidade deriva da aproximação de "estátuas de metal" e "cousas mudas". Que poderia justificar a metáfora (absoluta, se não explosiva) que aí se cria? Pensemos: uma estátua derrubada supõe que a figura que celebrava foi "dessacralizada". Ou seja, que se tornou morta para a memória pública. Sua derrubada ressalta pois a morte. Melhor: como não se tornou estátua senão quem em vida foi de algum modo famoso, a derrubada supõe a morte do morto. Uma dupla morte, portanto. Além do mais, do ponto de vista da estátua, ao ser derrubada, o "metal" de que fora composta não se dessacraliza senão que se estilhaça. O estilhaçamento do que fora uno, do próprio ponto de vista da matéria, supõe perda de unidade, degradação, morte. A combinação das duas expressões enfatiza a morte que compreende a figura e a matéria com que se lhe expressara. Ora o corpo que morre não só se desagrega senão que ensurdece. Portanto o sema *morte* é três vezes encarecido: morreu alguém que, em vida, merecera uma sobrevida como estátua, e que, perdida a razão de sua fama, é metaforicamente morto. Como metaforicamente é morto o metal da estátua. A surdez que cobre a figura e a matéria mostra que, tenha ou não tenha movimento, seja ou não seja considerado digno de ser festejado, tudo é em comum matéria e, portanto, o que é próprio de uma, a figura humana, vale para a outra: "que mais se podia esperar de coisas mudas"?

Apenas dos mínimos acréscimos: (a) a dificuldade de entender a beleza do dístico deriva de que sua *base analógica*, baseada na *morte* a que, em comum, são conduzidos seus componentes — a figura que se "dessacraliza", a estátua que se destroça, do metal que, ao se decompor, ensurdece — só é apreendida *depois* de entendida a *diferença* acumulada por mortes tão diferenciadas; (b) a decomposição que cometemos da composição metafórica destrói seu impacto. Vale tão só como exercício, para que seja ela mostrada, não como exemplo de atuação crítica. Mas vale também a ressalva contrária: se nos contentarmos em admirar o que na metáfora nos fascina, permaneceremos enclausurados na primeira etapa da experiência estética. A segunda, e mais difícil, consiste em declarar o que diz o indizível... sem entretanto destroçá-lo.

Tudo isso foi acrescentado à abertura do verbete de Harald Weinrich porque, se nele não era cabível, aqui se mostrou indispensável.

De volta ao verbete, de imediato o trabalho talvez seja leve — só no final uma outra interpolação, porém não complicada, será feita.

Imediatamente, à referência a Aristóteles, sucede uma curta história da metáfora. É a história de uma perda:

> Na tradição até o século XVIII inclusive, a metáfora é quase exclusivamente notada como figura retórica, pois Aristóteles dela trata apenas em sua *Poética* e em sua *Retórica* (Weinrich, H.: 1980, 5, 1179).

Com as *Institutio oratoria*, do professor romano da matéria, M. Fabius Quintilianus (Ca. 35-100), o mundo antigo lega à longa posteridade o acervo de tropos e figuras (cf. Quintiliano, M.F.: IX, 4), junto com a observação de que aqueles acrescentam "força aos pensamentos ou lhes fornecem graça" (ibid., IX, 2). O que vale dizer, distintos, tropos e figuras se assemelham enquanto elementos de ordem ornamental. A metáfora é tratada de modo ainda mais sumário: "*in totum, metaphora brevior est similitudo*" [Em geral, a metáfora é uma comparação mais curta] (ibid., VIII, 6, 8). E Weinrich comenta: "Como discurso 'impróprio' (*uneigentlich*), os lógicos não fazem caso

129

da metáfora" (Weinrich, H.: 1980, V, 1180). Daí a citação de Tomás de Aquino: "Demonstração alguma há de ser inferida de locuções fundadas em tropos" (ibid.). E sobre a tradição que se lhe segue: "Desde então, servir-se da metáfora na linguagem refinada da filosofia, bem como das ciências exatas, vale como incorreção" (ibid.). Ao mencionar as "ciências exatas", evidentemente o autor já se refere à queda maior que a metáfora, junto com a retórica, acumulará nos tempos modernos. O desprestígio de ambas foi possível em tão largo arco de séculos porque, tivesse como antítese a filosofia, a teologia ou as ciências da natureza, o par permanecia sinônimo de linguagem apropriada apenas para a impropriedade do ornamental, do persuasivo ou do aformoseador. Dada a igualdade de tratamento recebido era cabível que, em poucas frases, o verbete viesse a afirmar: "A suspeita da metáfora como forma não racional e não científica de discurso converte-se no século XIX em uma teoria geral do conhecimento" (ibid.). E, embora no século XX, a suspeita quanto ao par torne-se mais rara, podemos de nossa parte pensar que assim sucede não porque o desdém tenha sido questionado, mas por a metáfora ser singularizada, a exemplo do que faz L.S. Stebbing, em *A Modern Introduction to Logic* (1930), como "índice de um pensamento confuso" (ibid.).

Tais reiterações nem sequer seriam justificadas nesse outro contexto não fosse a passagem que imediatamente se segue. Conquanto Weinrich se refira a Wittgenstein em apoio à afirmação de tornar-se mais raro o menosprezo da linguagem dita imprópria, creio que seria mais correto apontar para a mudança maior que se processa no interior da obra do pensador vienense. Se no *Tractatus logico-philosophicus* (1921), sua atitude quanto à *uneigentliche Sprache* permanecia imutável, sua posição tornar-se-á progressivamente mais crítica quanto à força de exatidão da linguagem Assim, embora Weinrich escreva: "na crítica da linguagem por Wittgenstein, a desconfiança pela insensatez da metáfora também se estende aos enunciados metafísicos" (ibid., 1181), creio que a afirmação ainda não abrange todo o sentido da deterioração na confiança na linguagem, efetuado por Wittgenstein. Não que fosse infundada sua crítica ao enunciado metafísico senão que ela ainda fica aquém do que será formulado nas *Philosophische Untersuchungen*. Weinrich por certo cita os && 112-5 desta obra final. Mas o & anterior evidencia que já não era suficiente incluir o pensador austríaco no mesmo rol dos pensadores europeus que haviam se afastado do menosprezo pela metáfora — Vico, Rousseau, Hermann, Bergson). Mesmo considerando a afirmação recente (1957) de W. Weischedel, citada por Weinrich — "Estamos inescapavelmente encerrados na metaforicidade (*Bildhatigkeit*)" (Weinrich, H.: 1980, V, 1182) — a posição de Wittgenstein ainda vai além. Para mostrá-lo, será suficiente reler o & 111:

> Os problemas que derivam da falsa interpretação de nossas formas verbais, têm o caráter da *profundidade* (*Tiefe*). São profundas inquietudes; em nós, elas se enraízam tão profundamente como as formas de nossa linguagem e sua significação é tão grande quanto a importância de nossa linguagem. — Perguntemo-nos: por que sentimos um chiste (*Witz*) gramatical como *profundo*? (Sim, é uma profundidade filosófica) (Wittgenstein, L.: 1953, I, 299).

Em vez de endossar ou de apenas questionar a alegada impropriedade do não conceitual, Wittgenstein ressalta que *é a linguagem como um todo que deve ter sua concepção modificada*. O pensador austríaco assim motivava o endosso que receberá de Blumenberg, cujos textos, já publicados entre as décadas de 50 e 60, reconheciam que a metaforologia é "um campo parcial da história dos conceitos" (Weinrich, H.: 1980, 1182).

Talvez porque escrevesse para a obra a que se destinava, o reconhecido filólogo não podia ir além. Mas o que antes declarava sobre Wittgenstein admite que o leitor suspeite que não reconhecia todo o alcance da metaforologia. Não é ocasional, como veremos ao analisar o capítulo do *Höhlenausgänge*, "Fliebenglas" [A mosca na garrafa], que o último Blumenberg se mostre tão próximo do último Wittgenstein.

3. Rápida consideração da *Retórica*

Com os sofistas, a retórica encontrara seus primeiros praticantes profissionais. Sem que desenvolvessem uma teoria da atividade que os singularizava, não foram adversários para o pensamento platônico. Deriva de Platão o antagonismo entre o discurso legitimado, que se definiria pela busca dos primeiros princípios, portanto da verdade, e o discurso bastardo, dos que lucravam por sua capacidade de manipulação da palavra. É sabido que, com Aristóteles, a situação se modificará. Contra seu mestre, Aristóteles dará foros de legitimidade tanto à poética quanto à retórica. Fazia-o, contudo, a partir do primado da ciência dos primeiros princípios. O que vale dizer, a retórica e a poética eram legitimadas enquanto disciplinadas pelo discurso do saber certo.

Especificamente quanto à retórica, sua disciplinariedade começa por seu legitimador considerar que os autores dos manuais de retórica eram censuráveis por só cuidarem dos meios práticos de seu exercício, sem se preocuparem com o núcleo lógico que embasava sua prática. Ou seja, por não levarem em conta que as provas retóricas se sustentam em uma espécie de silogismo, a que Aristóteles chamará de entimema. Transcrevamos apenas o início da passagem:

> A função da retórica [...] é tratar de coisas sobre as quais deliberamos, mas para as quais não temos regras sistemáticas; e na presença de ouvintes que são incapazes de estabelecer uma visão geral de muitas etapas ou de seguir uma extensa cadeia de argumentos (*Ret.*: 1557 a 12).

Embora o leitor seja convidado a seguir a passagem, já o transcrito nos permite reconhecer sua importância pelo que relega ao segundo plano e por vir ao núcleo do enunciado retórico. Em segundo plano, entram os meios pelos quais o argumento retórico é atualizado. Sua consistência já estivera formulada no início mesmo do tratado: sem que tais meios nada dissessem sobre "o corpo da prova", o entimema, concentram-se em "matérias fora do assunto", "provocar preconceitos, compaixão, raiva e emoções semelhantes não têm conexão com a matéria em questão, mas se dirigem apenas aos que a julgam" (*Ret.*: 1554 a 4). Com isso, omitem o núcleo do argumento: a procura de convencer é a função particular a que é subordinado o entimema, "a mais forte das provas retóricas" (*Ret.*: 1555 a 11). Sem se restringir a acentuar o método lógico pelo qual operava o retórico, Aristóteles tornava mais precisa sua função: ela "não é tanto persuadir como descobrir em cada caso os meios existentes de persuasão" (*Ret.*: 1555 b 25-6).

Como *téchne*, a retórica era então comparável à medicina, cuja função não é simplesmente restaurar a saúde, mas, na medida do possível, promovê-la. A distinção é duplamente relevante: tanto a retórica como a medicina (ou a poética) são *téchnai*, ou seja, não dispondo de regras sistemáticas, não atingem o nível da *theoria*. Por conseguinte, se as *technai* não se limitam a ser utilizadas em casos particulares, se então possuem algum tipo de método, este é empírico, de resultado irregular, dotado de uma lógica menor e não comparável àquela com que a *theoria* se capacita a conhecer os primeiros princípios. Se a lógica a que se ajusta a contemplação filosófica é o silogismo; aquela que não cobre todo o arco das deduções, aplicando-se pois a apenas um certo tipo de casos particulares (como o alcance do meio persuasivo adequado para um juiz com tais ou quais propensões, o uso do remédio que costuma ter êxito em tal tipo de enfermidade, da metáfora eficaz em tal passagem) ou que é válida para um auditório de capacidade de recepção restrita, é um silogismo logicamente menos abrangente. Os passos efetuados permitem entender que às espécies de prática retórica — a deliberativa (podendo ser exortativa ou dissuasiva), a forense e a epidêitica (que visa ao louvor ou à censura) — voltam-se, respectivamente, para o futuro, para o passado (i.e., para o julgamento de algo sucedido) e para o presente.

Das espécies assinaladas, a deliberativa é menos propícia ao engodo que a forense (cf. *Ret.*: 1554 b 10). A especificidade desta não é obstáculo para a evidência de que à retórica não caberia senão o emprego do silogismo menos completo, pois nela a complexidade do silogismo filosófico seria contraproducente. Por conseguinte, enquanto modalidade menos rigorosa do silogismo pleno, o entimema propicia a probabilidade (outros tradutores preferirão dizer a verossimilhança), em vez de oferecer o alcance do verdadeiro:

> [...] Os homens têm uma capacidade natural suficiente para a verdade e, com efeito, na maioria dos casos a alcançam; por isso, aquele que prevê com acerto a propósito da verdade também será capaz de prever bem quanto às probabilidades (*Ret.*: 1555 a 11).

A passagem patenteia que a positividade da *téchne* retórica decorre de, operando com o provável, é passível de ser útil para um agente também capaz de operar com um instrumento, a lógica, que, em seu uso mais abrangente, conduz ao conhecimento da verdade. Dessa maneira, a passagem seguinte resume o argumento até agora desenvolvido:

> [...] A retórica [...] se mostra capaz de descobrir os meios de persuasão com referência a certo objeto. É por isso que podemos dizer que, como *téchne*, suas regras não são aplicadas a qualquer classe particular definida de coisas (*Ret.*: 1555 b 2).

Assim assegurando à retórica um método próprio, admite que ela disponha de uma *teoria da argumentação*, assegurando-lhe a prova que se especifica por se aplicar ao *to eikós* (o provável ou verossímil). A passagem a propósito indispensável é exposta já no Livro II:

> [...] Na retórica, um entimema aparente pode surgir do que não é absolutamente provável senão apenas em casos particulares. Mas isso não é de ser entendido em termos absolutos. Como diz Agatão: "Poder-se-ia talvez dizer que esta própria coisa é provável, pois muitas coisas sucedem aos homens que não são prováveis". Pois o que é contrário à probabilidade não obstante acontece, de modo que aquilo que é contrário à probabilidade é provável. Mas não absolutamente [...] (*Ret.*: 1402 a 10).

Ressaltemos o final do argumento: o que se afirma retoricamente, não é necessariamente falso. Mas tampouco há de ser considerado universal.

O argumento é produto dos desdobramentos exaustivamente cumpridos no Livro I. Lembremos apenas dois, embora o primeiro já tenha sido utilizado noutro contexto: 1. A função da retórica é, portanto, lidar com coisas acerca das quais deliberamos, sem dispormos de regras sistemáticas e diante de ouvintes incapazes de acompanhar uma longa cadeia de argumentos (*Ret.*: 1357 a 12); 2. Aquilo que é provável é o que geralmente sucede, não, entretanto, irrestritamente, como alguns o definem, senão que está conectado a coisas que podem ser outras do que são. Podemos pois acrescentar: sem se confundir com o particular, o provável está inclinado para ele, mesmo porque não se confunde com o universal (*Ret.*: 1357 b 16).

Acentuemos nas duas passagens que o argumento retórico não concerne a coisas ou acontecimentos a partir dos quais se pode chegar ao verdadeiro, porquanto, para Aristóteles, só o verdadeiro é universal e vice-versa; que, por conseguinte, é cabível, como fará Ricoeur, extrair da Retórica aristotélica uma teoria da argumentação, não possuidora, conforme se via pelo início do tratado, de um método infalível — que não lhe cabe — nem condutora do certo. Noutras palavras, que o argumento retórico é reconhecido enquanto algo que caminha sobre uma corda bamba, que diz respeito a uma relação insegura com o mundo, que, em síntese, oferece uma condução lógica inferior, seja pela incapacidade dos que o acompanham, seja porque, adequadamente a seu auditório, sua sustentação interna é reduzida. Daí partem as afirmações relativas à "indução retórica": "[...] Todos os oradores produzem crença ao empregarem como provas ou exemplos ou entimemas e nada mais"

(*Ret.*: 1356 b 8); "[...] Argumentos que dependem de exemplos adaptam-se menos à persuasão, mas os que dependem de entimemas encontram maior aprovação" (*Ret.*: 1356 b 10); "É evidente que os materiais de que os entimemas são derivados algumas vezes são necessários, mas, na maioria dos casos, são apenas geralmente verdadeiros" (*Ret.*: 1357, 13-4).

Do condensado modo de escrever de Aristóteles pode-se dizer que não favorece a clareza ou que não é bastante esclarecedor ou até mesmo que nos chegou em uma redação confusa — como em *De anima*. Mas não seria admissível que dele se afirmasse que é redundante. Assim considerando, nas últimas passagens citadas procuramos acentuar que, ao lado das duas direções com mais frequência enfatizadas por seus inúmeros comentadores — depender a retórica de um silogismo empobrecido, estar, mesmo por isso, abaixo da forma discursiva mais completa e propiciadora de certezas — insinua-se uma outra que talvez possa ser percebida pela leitura entrecruzada de Blumenberg com Wittgenstein. Trata-se da observação da insegura linguagem do provável. Pode-se por certo alegar que esta não constitui uma terceira trilha, pois já está compreendida no que se entende como propriedade de uma *téchne* dependente do uso do entimema. Com efeito, assim a Retórica pode ser lida. Insisto porém que a maneira como o provável é abordado no Livro I leva-me a pensar que o filósofo percebia que a experiência humana não se dividia apenas binariamente, entre a contemplação — a *theoria* — de que ele próprio foi o maior representante na Antiguidade — e a experiência menor das *téchnai*. Não ponho em dúvida que Aristóteles as legitimou e que o fez disciplinando-as pelo fazer do filósofo; que, embora enfatizasse a dualidade, sua expressão leva a pensar que bem percebia haver uma área intermédia, onde a linguagem não se submetia apenas ao uso do certo e ao legitimado, senão que sua propriedade consistia justamente em não afirmar regras gerais, não porque optasse pelo caminho empírico mais fácil, senão porque tal área intermédia não condizia com a experiência do certamente incerto, do apenas provável. Essa terceira via passa a se tornar visível a partir do momento em que se verifica que a linguagem não tem apenas um eixo, cujo ápice é o conceito. Noutras palavras, *As investigações filosóficas* e a metaforologia propiciam a possibilidade de se verificar que há um Aristóteles que tem poermanecido submerso e se tornou sinônimo da afirmação do alcance humano dos primeiros princípios das coisas.

Para não insistirmos numa hipótese que não estava aqui prevista, me perguntaria se essa via submersa não se mostraria na *Poética* por a *mímesis* aí afirmada pouco condizer com a leitura que se institucionalizou a partir dos romanos, que a traduziram por *imitatio*. A propósito, chame-se a atenção para a observação de Dupont-Roc e Lalllot: "Componha um drama ou uma epopeia, o poeta é [...] antes de tudo aquele que *modela* sua história como uma figura de que se expurgam as feições [...]" (Dupont-Roc, R.E; Lallot, J.: 1980, 21).

4. *La Métaphore vive*, de Paul Ricoeur

No livro de 1975, o primeiro elemento a destacar é uma obervação na aparência banal: a *Retórica* aristotélica implicava uma *teoria da argumentação*, uma *teoria da composição e da elocução*. Ao passar para os romanos e por força do tratamento ciceroniano que lhe será dado, as teorias da argumentação e da composição se dissiparam. O pragmatismo romano por certo mostrou sua cara nessa diminuição. Mas deverá ter sido ajudado pela dominância das exemplificações na própria *Retórica*. Isso para não falar na inferioridade hierárquica que os gregos reservavam às *technai*, que igualmente passam para os latinos como *artes*.

Com o desaparecimento do lastro teórico, o recurso da metáfora fará com que esta seja confundida como uma elocução nominal, i.e., como uma figura de estilo, vindo a ser disposta na classificação das figuras da linguagem e esta, por sua vez, à elencagem dos tropos. Daí, como dirá Ricoeur, "a redução (do *corpus* retórico à elocução) explica [...] que a retórica tenha perdido sua ligação com a lógica e com a própria filosofia e se tornado a disciplina errática e fútil que morreu no século passado" (Ricoeur, P.: 1975, 41).

A insularidade que circunda a retórica nos conduz à passagem que contém o âmago da questão:

> O declínio da retórica decorre de um erro inicial que afeta a própria teoria dos tropos, independentemente do lugar concedido à tropologia no campo retórico. Este erro inicial provoca a ditadura da palavra na teoria da significação. Deste erro não se percebe senão o efeito mais distante: a redução da metáfora a um simples ornamento (ibid., 64).

A afirmação corre paralela à de Weinrich, sem que saibamos se o filólogo alemão conhecia a argumentação desenvolvida por Ricoeur: "A metáfora é uma predicação contraditória" (apud Ghiazza, S.: 2005, 282).

Por certo, ainda quando pensada como um fenômeno nominal, a metáfora é bem caracterizada como contraditória. Sucede apenas que, nesse caso, não se tem armas para distingui-la do ornamento persuasivo ou embelezador. Em Judith Schlanger, não havia a dúvida. Escolhemos duas passagens sintéticas:

> A linguagem metafórica é um veículo cuja confusão não se organiza senão à luz de sua função de argumento. [...] Compreender-se-á o êxito da metáfora a partir do êxito da argumentação (Schlanger, J.: 1971, 20 e 34).

As afirmações ganham peso se as considerarmos à luz da distinção de Ricoeur (a metáfora se concretiza na palavra ou na frase). Nas palavras do próprio autor:

> No enunciado metafórico [...], a ação contextual cria uma nova significação que tem o estatuto do acontecimento, pois (a metáfora) existe apenas neste contexto. Só as metáforas autênticas, ou seja, as metáforas vivas, são ao mesmo tempo acontecimento e sentido (Ricoeur, P.: 1975, 127).

Voltamos pois ao ponto de partida: com a redução da retórica aristotélica ao plano da elocução, o propósito do filósofo grego de apresentar a retórica como uma "técnica da prova" — levando-se em conta que "só as provas têm um caráter técnico" (*Ret.*: 1354 a 13) — perdia em seriedade o que ganhava em prestígio pragmático. Ela se torna sinônimo de ornamentação ostensiva ou, no caso dos poetas, de não menos ostensivo embelezamento. Daí podermos relacionar o prestígio da retórica que despreza seu fundamento entimêmico com o que já chamamos de *controle do imaginário* (cf. Costa Lima, L.: 2007). Mas não nos desviemos.

La Métaphore vive recebe uma possibilidade extra de mostrar que sua relevância não depende apenas de nossa mera concordância. O teste será feito a partir de sua aproximação com o que diz Weinrich, no *Historisches Wörterbuch*, da metáfora como analogia. Ao fazê-lo, Aristóteles destacava que a metáfora opera por meio de uma transposição. Transposição de quê, perguntava-se Ricoeur? A primeira resposta oferecida pela *Poética* era transposição de um nome. Mas do nome no sentido usual ou no sentido próprio? O sentido próprio pertence à lógica da predicação, que se constrói, diz ele, sobre a polaridade constituída por essencial/não essencial, coextensivo/não coextensivo. A definição, i./e., *a modalidade discursiva centrada no conceito, é essencial e coextensiva*. O acidental se encontra no contrário. O sentido próprio é então caracterizado como o não essencial mas coextensivo a uma ideia, não necessariamente implicada no uso corrente.

A diferença que Ricoeur destaca verifica-se entre os planos da predicação e da denominação.O sentido próprio, valendo apenas para aquilo a que o nome remete, corresponde ao plano da predicação. Ricoeur utiliza então a distinção para diferençar a obra científica da literária. De acordo com a caracterização do sentido próprio, "a estrutura da obra, com efeito, é seu sentido, o mundo da obra a sua denotação" (Ricoeur, P.: 1975, 278). Ao passo que a especificidade do sentido próprio vale para o científico, "por sua estrutura própria, a obra literária não manifesta um mundo senão sob a condição que seja suspensa a referência do discurso descritivo" (ibid., 278-9).

Embora Ricoeur trabalhe com um vetor que me parece inapropriado para a tarefa, o vetor da essência, não o discutirei de imediato, porque a divergência decisiva virá a seguir. Com efeito, acrescenta Ricoeur, como primeira conclusão: a ideia aristotélica da metáfora como *allotrios* (termo estrangeiro) aproxima três ideias diferenciadas: afastamento do sentido comum — sem que Ricoeur pretenda que isso a aproxime do que definira como sentido próprio —, empréstimo estabelecido quanto ao sentido originário, substituição de um termo por outro, seja ele existente ou não no léxico. Ou seja, *a terceira propriedade apaga a distinção que tínhamos feito entre o que consideramos a primeira e a segunda passagens da Poética* (1457, b 16-29).

É flagrante a contradição entre a interpretação que oferecemos e o entendimento de Ricoeur. Não deveríamos então fazer finca-pé nas compreensões antagônicas? Mas o ímpeto "bélico" se abranda quando vemos o próprio Ricoeur observar a consequência da terceira propriedade: a metáfora como substituição de um termo existente ou não no léxico da língua empregada a aproxima perigosamente de sua identificação do ornamental:

> É a ideia de substituição que parece a de consequências mais graves: se, com efeito, o termo metafórico é um termo substituído, a informação fornecida pela metáfora é nula, o termo ausente podendo ser restituído, se existir (ibid., 30).

Como o próprio autor logo acrescenta, entender a transposição metafórica como mera substituição desfaz a diferença entre a concepção aristotélica e sua posterior compreensão decorativa. Embora Ricoeur evidentemente discorde de a retórica confundir-se com o ornamental, não assinala haver alguma diferença básica entre as duas partes da passagem de 1457 b 16-29. Sua percepção da divergência entre o entendimento aristotélico original e o historicamente posterior é o primeiro motivo para não nos empenharmos em nos contrapormos a Ricoeur. Se o contraste entretanto não se desfaz, em troca, a ênfase de Ricoeur no caráter predicativo e não denominativo da metáfora conta com nossa plena concordância:

> [...] A semelhança, se ela é algo para a metáfora, deve ser um caráter de atribuição dos predicados e não da substituição dos nomes. O que estabelece a nova pertinência, é a espécie de "proximidade" semântica que se estabelece entre os termos, apesar de sua "distância" (Ricoeur, P.: 1975, 246).

Não parecerá estranho que usemos duas passagens da mesma obra para declarar que discordamos frontalmente de um dos pressupostos da primeira — ter o princípio da essência como um dos critérios para a definição do sentido da palavra — e aplaudimos a segunda?

Como justificativa de nossa atitude, note-se que, no primeiro caso, a filiação hermenêutica de Ricoeur entra em cena ao insistir em uma distinção que julgamos inadequada — o denotativo como próprio do científico, ao passo que a suspensão do referente caracterizaria o literário —, na segunda passagem o autor parece se dar conta da distinção que se estabelece em tematizar a metáfora pela constituição predicativa da frase e não como fenômeno que afeta o nome. *Ao compreender a metáfora como um fenômeno de ordem predicativa, o termo "essência" perde qualquer procedência, pois não se poderia descobri-la em um fenômeno, a frase, que se caracteriza por sua combinação inegostável.*

Acentuada pois a importância ímpar do caráter predicativo da metáfora, existir ou não existir no léxico, utilizado o termo que é substituído, torna-se fundamental para distinguir os componentes necessários da metáfora — a base analógica e a introdução da diferença

—, enquanto em Ricoeur é ressaltada a substituição por um termo existente e nem sequer se fala no caso da inexistência do termo em lugar do qual ela se põe, como se os dois casos não constituíssem situações radicalmente diversas.

Dissipado o pomo do discórdia, a exposição ganha um curso desimpedido. A opção pelo plano da predicação é básico para a aproximação da abordagem da não conceitualidade em Blumenberg, assim como o desenvolvimento feito por Ricoeur reitera a distinção do que chamei as duas partes do trecho assinalado da *Poética*.

Retomamos o texto de Ricoeur para que não haja dúvida. Ainda no início de seu texto, ele dirá que a metáfora supõe uma ordem constituída por gêneros, espécies e um jogo regulado de relações — subordinação, coordenação, proporcionalidade, igualdade de relações (cf. Ricoeur, P.: 1975, 31). Ora todas essas modalidades de ordem enfatizam o eixo da semelhança. De nossa parte, tanto temos insistido em que a metáfora, enquanto recurso dominante do discurso ficcional, faz parte de um processo tenso em que a semelhança funciona como o pano de fundo sobre o qual se ergue a diferença, como é decisiva para que se verifique a relação possível, insinuada ou efetiva, com a referência exposta pela ficção plástica ou verbal. No item anterior, no comentário à questão da analogia, ressaltada por Weinrich, mostramos como a transposição por analogia se precisava em 1457 b 25-9 da *Poética*, porque nela se impõe a *diferença*, em contraposição ao destaque da analogia, fundo de semelhança, orientador possível da recepção. Já não parece necessário mais do que recordar da *Poética* a passagem de 1448 b 9 ss. — a diversa reação do espectado perante a presença ou a imagem de um homem morto ou de formas animais ignóbeis — para que se reconheça que a experiência da obra de arte não se confunde com a pura experiência do mundo.

CAPÍTULO IV
A REIVINDICAÇÃO DA NÃO CONCEITUALIDADE

1. Um pouco de quem se fala

Em ensaios ou livros que tratam de sistemas, ideias ou procedimentos, os autores costumam ser referidos apenas enquanto responsáveis pelas formulações. Até o momento, esse hábito foi aqui seguido automaticamente. É no momento que nos aproximamos de enfrentar o núcleo justificador deste ensaio que se constata a regra não poder ser mantida, sem que provocasse um certo mal-estar. É dupla a razão do embaraço. Uma é com certeza eventual: o autor a cuja obra dedicamos alguns anos é, em língua portuguesa, quase um desconhecido. Dele, nada o leitor saber não interferiria na compreensão dos argumentos que, direta ou indiretamente, a partir dele se armaram. Mas fazê-lo não seria uma espécie de usurpação?

Não se supõe que saber alguma coisa pessoal do autor o torne mais acessível ou menos difícil. Ignorar que antes de pensar fora alguém que vivera não seria, contudo, contribuir para a robotização dos outros, como se trafegar entre palavras e ideias tornasse desnecessário cogitar-se de seu agente, de quais cargas suportou seu corpo?

A segunda razão ultrapassa as fronteiras do mundo próximo: bem antes de se destacar como pensador, Hans Blumenberg (1920-1996) deveu, desde a adolescência, a sobrevivência a uma incrível conjunção de contingências favoráveis.

Somadas, delas sabemos muito pouco, até porque ele, que tanto escrevia, parecia detestar a socialização de si mesmo. Poderíamos até justificar a omissão de dados biográficos por respeito à sua atitude de reserva e acrescentar que o que importa em um autor é o que seu texto contém. Demoro-me em umas poucas migalhas.

Filho de mãe judia, convertida, e de pai católico, marchand de objetos de arte, Blumenberg, para os nazis, era um *Halbjude*, sem diferença de um judeu completo. Por isso teria sido assassinado como foram suas irmãs.

Em data recente, em seu suplemento *Geisteswissenschaften*, a *Frankfurter Allgemeine Zeitung* publicou uma matéria intitulada "Meine Dämonen hatten schwarze Uniformen" [Meus demônios usavam uniformes pretos], que trata da matéria da última carta do filósofo, enviada em fins de fevereiro de 1996 ao teólogo e escritor Uwe Wolff. Porque a carta agradecia ao destinatário por um livro seu sobre o demônio, o título da F.A.Z. glosava frase que Blumenberg de fato escrevera (cf. F.A.Z.: 18.06.2014). O pequeno artigo, assinado por Jürgen Kaube, confirma uma suspeita que o leitor do missivista já poderá ter tido: seu imenso conhecimento teológico não se explicaria apenas pelo ano que frequentou cursos de teologia. Provavelmente, terá sido o destinatário que informou ao articulista que o conhecimento de Blumenberg se estendia à tradição cristã (de cuja história era bastante crítico), incluindo sua liturgia, sua história textual e iconográfica. Tal extensão não se justificava por mera curiosidade. Segundo o testemunho da carta referida, quando jovem, o então convertido *Halbjude* pretendia ser sacerdote e seu pai enriquecia sua biblioteca com livros de teologia.

Seu primeiro choque com os "uniformes pretos" deu-se ao verificar que o herói de sua primeira mocidade, o bispo de Münster, o conde von Galen, passara a exibir a estrela nazista. O segundo choque viria ao terminar o curso secundário com os jesuítas. Contra o costume de ser o melhor aluno da turma a proferir o discurso de despedida, a ele fora permitido apenas escrevê-lo. Os dois eventos são recordados como responsáveis não só pelo abandono do propósito de ordenar-se sacerdote, como por sua perda da fé. Tornava-se um agnóstico *sui generis*: sua descrença não se estendia em descaso pela teologia. A manutenção do interesse é de imediato comprovado em um livro como *Die Legitimität der Neuzeit* [A legitimidade dos tempos modernos], cujo tema central é a libertação do pensamento moderno dos grilhões teológicos.

Mas o pior do conluio entre religião e política ainda estava por vir. Impedido por sua condição de pertencente à raça então execrada de matricular-se em uma universidade alemã, ainda consegue frequentar, durante os dois semestres de 1940, respectivamente, a Academia de Filosofia e Teologia de Paderborn e a Escola Superior de Filosofia e Teologia de Frankfurt. Jean-Claude Monod, em quem nos baseamos, não explica por qual descuido ou arte da astúcia de seus mestres jesuítas ainda conseguiu escapar por todo o ano. Mas em 1941 sua sobrevivência passou a depender de acidente maior: da proteção que lhe oferece o rico industrial Heinrich Dräger, que o esconde em sua própria casa. Todo socorro, entretanto, haveria de ser de pequena duração, sobretudo naqueles anos iniciais da guerra, em que a Alemanha se mostrava à beira de tragar a Europa e depois dela o mundo. Monod não explica por qual meio consegue ser enviado para um campo de trabalho da Organização Todt. Tenha sido ou não por influência de seu primeiro protetor, como é provável, o inconteste é que se tornou operário de empreendimento dirigido pelo Reichminister responsável pela organização e produção bélica, pela construção de autoestradas, inclusive de campos de concentração (cf. Monod, J.-C.: 2007, 225).

Com a reviravolta causada pela invasão à Rússia iniciar-se em pleno inverno e a entrada no conflito dos Estados Unidos, a sorte muda de direção; o exército e a economia alemães entram em rápido colapso, suas cidades são arrasadas e torna-se possível ao então operário fugir e sobreviver (como?!) até ao fim da guerra.

Outras fontes esparsas então se acrescentam aos dados de Jean-Claude Monod. Terminada a guerra, o ex-fugitivo procura seu antigo protetor, Heinrich Dräger, casa-se com sua filha e é por ele financiado para montar seu escritório de trabalho. Sem mais a interdição que o fizera afincar-se durante anos a em apenas escapar e sobreviver, matricula-se na Universidade de Hamburgo, onde conclui o curso superior, sob a supervisão de um ex-assistente de Edmund Husserl, Ludwig Langrebe. É sob sua orientação que, depois de defender sua dissertação sobre a ontologia medieval, alcançará, em 1950, a *Habilitation*, com *Die ontologische Distanz. Eine Untersuchung über die Krisis der Phänomenologie Husserls* [A distância ontológica. Uma investigação sobre a crise da fenomenologia de Husserl], ambas apresentadas na Universidade de Kiel. Como o texto não foi publicado, só poderá consultá-lo quem esteja na própria Alemanha. Apenas podemos suspeitar, pela ambiguidade do título, que a crise ou se referia à última obra de Husserl, já antes aqui tratada, ou ao pensamento do próprio filósofo. Se, ademais, levamos em conta que o longo ensaio "Lebenswelt und Technisierung...", originalmente escrito em 1959, que ainda analisaremos, é tomado como um resumo da *Habilitationsschrift*, a segunda hipótese é mais viável. De todo modo, o decisivo não é o empenho na provável relação entre os dois textos, senão destacar a extrema qualidade do ensaio. Mesmo para melhor destacar sua relevância, preferimos separá-lo da análise da *Krisis* e abordá-lo no item seguinte. Por ora, é ainda preferível manter o tom de esparsos fragmentos biográficos.

Habilitiert, Blumenberg tem o direito de ser indicado professor universitário. Seu roteiro docente começará em 1958, em Hamburgo. Daí passará para as universidades das pequenas cidades de Giessen (1960) e Bochum (1965), permanecendo bem mais largo tempo em Münster, onde principia em 1970, até aposentar-se em 1985.

Não nos enganemos em supor que o início da carreira universitária tenha significado o fim das provações. É verdade que sua identidade judaica já não representa risco de vida, como tampouco que precisa depender de figuras camaleônicas que servem ao líder dos uniformes pretos e, ao mesmo tempo, favorecem os que então escapam do Holocausto. É certo que a carreira docente seria a mais desejável para alguém de que todos os empecilhos materiais e a ameaça iminente de assassinato não afastaram do contato permanente com os livros e a reflexão teórica. Seu amigo Odo Marquard refere e Sibylle Lewitscharoff, a romancista, o repete que, para compensar os anos perdidos em escapar dos nazis, acostumara-se a dormir poucas horas,[1] para que mais vorazmente se dedicasse a recuperar o que julgava necessário conhecer, em áreas tão amplas e diversas como a história da ciência moderna, a teologia, o mito, o pensamento filosófico, tanto o antigo como o medieval e o moderno, pesquisados e apreciados não só por seus nomes mais importantes. Tal conhecimento detalhado — como a leitura do Apêndice o demonstra — será fundamental para o embasamento de suas derivas.

Era só na aparência que a vida resolvera dar-lhe uma trégua. Não precisa mais se esconder ou contar com a conivência de terceiros. O entrave, estritamente universitário, permanecerá constante. É ele provocado pela hostilidade que suas indagações intelectuais provocarão nos adeptos das duas correntes mais poderosas no pensamento germânico dos anos de 1960 e 1970: a linha heideggeriana, que irradiará tanto dentro do país, como, a partir da França, para fora, e a oposta linha habermasiana, que não menos se insinuará para além das fronteiras nacionais. Embora não considerada por analistas mais polidos, a referida hostilidade terá sido talvez responsável para que seu nome tenha se propagado sobretudo depois de sua morte.

---

[1] A ficcionista alemã, Sibylle Lewitscharoff, publicou em 2011 seu muito elogiado romance intitulado *Blumenberg*. Com a ajuda da filha do pensador, Bettina, Lewitscharoff teve o mérito de escrever uma reflexão que, contando com dados biográficos — alguns deles aproveitados neste item —, não se pretendeu (uff!) um romance "histórico". Seu episódio central, a convivência inesperada mas pacífica do filósofo com um leão que, de improviso, aparece em seu gabinete de trabalho, poderia ser tomado como alegoria de uma vida de leão, cercado por hienas leoninas.

2. Dois primeiríssimos ensaios

O primeiro texto de Blumenberg recolhido em livro é o já citado "Lebenswelt und Techinisierung unter Aspekten der Phänomenologie" [O mundo da vida e a tecnização sob perspectivas da fenomenologia]. Apresentado como conferência no *Husserl-Archiv*, de Colônia, em fevereiro de 1959, foi primeiramente publicado na revista *Filosofia*, de Turim, em 1963. Na Alemanha, apenas aparecerá na pequena seleção de ensaios realizada pelo próprio autor para a *Reclam*, de Stuttgart.

Pelo tema e modo como o argumento se processa parece dar razão aos que o consideram um resumo de sua *Habitilitationschrift*. Com efeito, o tema da técnica não representará para o autor apenas uma área de interesse acadêmico. Como já vimos na Seção I, será a base a partir da qual Blumenberg originará a singularidade de sua posição como pensador. Tomando a questão da técnica como raiz, tratava-se de, a partir dela, questionar nada menos que a tradição ocidental, que costumara vê-la com declarado desdém. Isso já se mostra em sua abertura. Mas antes de virmos a ela, impõe-se uma observação, que funcionará como síntese.

No seu todo, o ensaio de 1959, publicado em 1963, faz notar que tanto Blumenberg como Heidegger fazem seu ponto de partida coincidir com o pensamento grego, tanto o remoto como o clássico. Suas razões, no entanto, não são menos opostas. Heidegger mantém a oposição entre *theoria* e *téchne,* a primeira confundindo-se com a contemplação especulativa e a segunda com a operacionalização do que se faz sem se entender. Mas à diferença primeira das primeiras fontes, em Heidegger, o legado positivo da *theoria* recebia uma torção singular: a indagação do Ser era vista, paradoxalmente, como o início progressivo e nunca interrompido de seu desconhecimento. Daí, sobretudo a partir da chamada *Wende* (virada), que se cumpre depois da obra capital de 1927, dedicar-se sistematicamente à *Destruktion* da concepção metafísica do Ser, proposta desde os gregos; postura que será continuada pelos chamados desconstrucionistas.

Ao contrário, Blumenberg resgata a *téchne,* louva Nicolau de Cusa por fazer com que o "leigo" mostre a seus parceiros, o filósofo e o *rhetor*, o trabalho manual que executava, com o qual garantia sua autoestima e seu próprio sustento (cf. Blumenberg, H.: 1957, 92). Ao elogiá-lo, Blumenberg afastava-se não só de seu admirado Husserl, como do inimigo comum, Heidegger.

Solapando a distinção entre o fazer nobre do *theoretikos* e o fazer vil do artesão, Blumenberg começa a transtornar toda a ordem preestabelecida, tanto a antiga, com a dominância do filósofo, e a medieval, sob a égide da teologia, como a própria moderna.

Dentro da mesma linha, o texto, originalmente exposto como conferência, de 1959, abria com o contraste da reação de Pascal e Da Vinci diante do abismo. Para aquele, o abismo, com seu insondável negrume, era fonte de horror, assim encarnando a atitude do homem, de antes dos tempos modernos, perante a natureza. Na passagem citada de Valéry, Leonardo, enquanto representante dos tempos modernos, ante o abismo sonhava com uma ponte. Blumenberg parece citar de memória, por isso imperfeitamente, o discurso indireto que Valéry emprestava ao italiano: "*Pas d'abîme ouvert à sa droite. Un abîme le ferait songer à un pont*" (Valéry, P.: 1919, I, 1210).

No caso de Pascal, natureza e técnica são por si inconciliáveis. No de Leonardo, o obstáculo da natureza é motivação para o invento da técnica que o ultrapassará.

A comparação serve de introito para a postura do filósofo em face da técnica: não cogitava ele de apenas historiar a diversidade temporal de posturas das grandes figuras, senão assinalar a diferença entre a atitude teórica, em última análise, condutora da formulação conceitual, e a atitude perante situações particulares, contingentes, resolúveis por uma solução técnica, pela qual os antigos gregos entendiam "habilidades e destrezas que possibilitam certas operações e produtos e que se podiam aprender por vê-los e imitá-los" (Blumenberg, H.: 1963, 12).

A diferença de reações explicava a desigualdade valorativa entre as atividades implicadas. Assim, numa alusão nada velada à fobia heideggeriana contra a técnica:

> A produtividade da empresa filosófica (*philosophischer Betriebe*) age, de sua parte, constantemente, de modo a gerar aquele mal-estar de que, nos últimos tempos, se alimenta a filosofia (ibid., 9).

É evidente que o êxito do *philosophischer Betriebe*, em contraste com o demérito reservado às *artes* (*téchnai*) não se limita ao tempo de atuação de Heidegger. No rápido retrospecto que leva aos sofistas e à sua derrota por Sócrates, o pensador anota que a legitimidade da filosofia, na Antiguidade, fora alcançada pela antítese a que sujeitava a aliança então estabelecida entre técnica e retórica:

> Na Antiguidade, a filosofia alcançou seu auge não só por seu afastamento da retórica, senão por também recolher com isso, em seus fundamentos, as determinações conceituais com as quais a retórica podia ser suspeita de não passar de uma técnica sem relação com o que é (*auf das Seiende*), como o verdadeiro e o bom (ibid., 13).

Dessa maneira, o longo império do *logos* filosófico só cessará quando certas *artes* assumirem o nome de filosofia e "demonstrarem tudo que o homem pode, sem que, em cada caso, saiba definitivamente (*ins Letzte*) por que é capaz" (ibid., 14). A afirmação é reiterada pela frase a seguir:

> Converteu-se em destino da filosofia só poder conseguir a autoafirmação de sua substância *contra* a "técnica", no mais amplo sentido do termo (ibid.).

A função do retrospecto acima é introduzir a contraposição dos apriorismos metafísicos e a perspectiva fenomenológica adotada por Blumenberg. Contra aqueles, a consideração fenomenológica visada procura estabelecer um começo não carregado de preconceitos. Por isso mesmo tinha se posto de imediato para Husserl a questão da tecnização. Seu ponto de partida fora a questão da *intencionalidade*, termo que, aprendido com Franz Brentano, mestre de Husserl, se impunha "contra uma concepção atomística da consciência, que interpretava os objetos como associação de dados, no fluxo da consciência" (ibid., 18). Em seu lugar, a consciência passava a ser entendida como "uma estrutura de trabalho dirigida a uma plenitude de sentido, que visava a uma finalidade incessante [*durchwirkt von einer unablässigen Zielstrebigkeit*]" (ibid.). Por conseguinte, contra uma visão mecanicista, a intencionalidade pressupunha uma teleologia da consciência. Daí que "a realidade plena do objeto" se contrapusesse à clássica oposição entre natureza e técnica. E ainda a importância assumida no último Husserl pela história. Ter o homem uma história significa que, ao longo das gerações e das épocas, segue com ele "a estrutura fundamental da consciência, a realização (*Vollstreckung*) da intencionalidade" (ibid., 20). O próprio Blumenberg assinala que tal concepção de história era teleológica, sem que, nesse texto de 1959, aponte as dificuldades que isso suscitará. Mas não sentimos o problema que se ergue com a afirmação de que "o problema da técnica tem essencialmente a ver com a *responsabilidade* da história pelo homem" (ibid., 21)?

Embora procure não interromper o fio da meada, antes de apresentar os argumentos com que Blumenberg discorda, enumerem-se outros: falar em responsabilidade do homem pela história ou suporia tratar da história em termos do que deveria ser — ser o resultado do querido pelo agente humano — ou declarar que o evento histórico sempre transgride o que dele se pretendia, para não dizer o mais grave: que, sem um acordo prévio de vontades, da responsabilidade do sucedido ao menos algum grupo estará isento. Dadas as consequências da alegada responsabilidade humana, não estranha que Blumenberg não deixe de evidenciar sua discordância. A afirmação husserliana derivaria do peso que aí se faria sentir do legado cartesiano: "Como processo visto por ele de fundamentação e desdobramento do sentido, a história tem um *começo*" (ibid., 21). O enunciado, acrescenta, supõe uma incongruência, pois: (a) ao surgir, o indivíduo já se encontra circundado pela história; (b) a declaração de um *começo* implica uma fase heterogênea anterior, "caracterizada pela naturalidade originária da atitude humana em face do mundo" (ibid., 22). Como então se explicaria a mudança engendradora das duas supostas fases? A concepção histórica proposta mais se complica pela maneira como o Husserl da *Krisis* concebia o "mundo da vida" (*Lebenswelt*), ou seja:

> [...] O dado de antemão, as inesgotáveis reservas, em cada época, do inquestionavelmente dado, daquilo em que se confia e, justamente por essa confiabilidade, é desconhecido (ibid., 23).

Mesmo que Blumenberg não se fixe no ponto, não admira que pareçam incongruentes a concepção de uma pré-história e de uma história, em que a segunda seria coextensiva à responsabilidade do homem para com ela, e o caráter "familiar" e "constante" da *Lebenswelt*.

Sem que Blumenberg insista no que parece incongruente, antes ressalta que dar "o mundo da vida" como o "universo do dado de antemão como indiscutível", não sendo o "indiscutível" um valor positivo, não só não se integrava com as declaradas fases da história como o tornava impróprio para servir à "autocompreensão", que seria, para Husserl, a legítima tarefa da fenomenologia. Em poucas palavras, definido dessa maneira "o mundo da vida" não poderia ter algum "sentido de resgate" (*Heilsinn*) (cf. Blumenberg, H.: 1957, 24).

Apesar, então, de a filosofia da história proposta ser internamente contraditória, o último Husserl tinha uma explicação pontual para a crise que compreendia haver atingido as ciências europeias. A crise não seria devida ao "mundo da vida" vigente nos séculos em que a ciência se tornou o valor dominante no Ocidente, senão ao modo como se realizou a desmontagem do "mundo da vida" que até então vigorara.

Em síntese: na passagem visualizada, Blumenberg discute duas questões que, expostas pelo último Husserl, têm, para ele, consistências autônomas: a filosofia da história, discutida como preâmbulo à explicação da crise das ciências, mostrou-se não só toscamente constituída como imprópria para o papel de salvação que estaria reservada à fenomenologia, através da focalização no "mundo da vida".

Essa interpretação mais ampla é, por isso, deixada de lado e o texto de Blumenberg se concentra na questão da crise das ciências pela reiteração na última frase do parágrafo anterior: a transformação teórica operada pelas ciências teria se cumprido de modo inconsequente. Husserl assim o afirma com base em que, para ele:

> A tecnização é a forma de manifestar-se de uma ciência que não é ainda ou que deixa de ser autotransparente e compreensão, enquanto realização de seu sentido (ibid.).

A passagem que analisamos mostra, quanto ao Blumenberg da *Descrição do homem*, um leitor que não se dava conta de pistas que ainda não se lhe revelavam falsas ou insuficientes; são produtores desses resultados indesejáveis alguns dos embasamentos husserlianos, como caráter eidético que empresta aos pertences do mundo, seu cunho portanto substancialista, a teleologia da intencionalidade. Para não recairmos na repetição do que já se estudou em capítulo passado, apenas anotemos que, já nesse texto de princípio, Blumenberg assinalava, a propósito da *Krisis*, que Husserl considerava que a ciência, agora em evidente posição de dominância, não tinha tido que, forçosamente, realizar-se como ciência da natureza. Porque assim sucedeu, o mundo se tornou reduzido à abstrata natureza universal:

> A cegueira que aqui prepondera deve ser reconhecida em sua função contrastante quanto à ideia de uma teleologia da história europeia do espírito; o homem dos tempos modernos não correu para seu destino técnico com os olhos abertos (ibid., 30).

Daí que Husserl mantivesse a esperança de que o encaminhamento fenomenológico, não obstante o nazismo que batia à sua porta e a hostilidade de seu ex-discípulo e sucessor, ainda fosse capaz de ultrapassar o desastroso desvio cumprido pela ciência moderna.

As últimas observações, que antes ressaltam a teimosa ingenuidade de alguém que continuava a crer no sentido do que fora seu empenho na vida, aqui, entretanto, têm por meta apenas enfatizar o tema que escolhemos: a relação, em Husserl, entre "mundo da vida" e tecnização. Considerar pois que a fenomenologia poderia atuar como terapia, era equivalente a considerar o estado constituído pela tecnização moderna como patológico. Daí a afirmação capital com que Blumenberg procura traduzir o sentido que Husserl emprestava à tecnização:

> Tecnização é a metamorfose da formação originalmente viva de sentido em método que se deixa prolongar sem ser acompanhada de seu sentido originário de fundamentação (ibid., 31).

Em síntese: Para Husserl, a crise da ciência moderna decorre de que, sendo a razão uma intenção que só se consuma na plenitude do objeto visado ou em manter-se aberta para esta plenitude, tal pressuposto é contrariado por o entendimento científico enfatizar o papel de seu instrumento, o conceito univocizante. Daí a questão proposta por Blumenberg: como o conceito poderia responder à plenitude teleológica que Husserl conferia à razão? O problema básico não estaria na própria ênfase do filósofo em tal teleologia? Ou, mesmo sem se questionar o papel do pressuposto, a crise, que absorve Husserl, em seus últimos dias, surge quando a experiência abstrata da ciência dá lugar à sua transmissão metodológica e, daí, à autonomização da técnica quanto à formulação teórica que a tornou possível. Dessa maneira, declara Husserl, a ciência "flutua como em um espaço vazio, por cima do mundo da vida" (apud Blumenberg, H.: op. cit., 34). Noutras palavras, a ciência, não só porque produz experiências abstratas, como porque sua tecnização torna seu resultado concreto surdo à teorização que a promoveu, afasta-se do mundo comum a todos, partilhado pelo homem em geral, a *Lebenswelt*; e mais, incorpora-se a seus hábitos de não se indagar pelo conteúdo do que o cerca, desprendendo-se do sentido a ser concedido à vida.

Não nos demoramos na análise da *Krisis* porque já o fizemos. É preferível acentuar como Blumenberg reage, na síntese de sua *Habilitationschrift*, àquele a quem reconhece como seu mais constante guia: "A conexão entre o mundo da vida e a tecnização, é mais complicada do que Husserl o vira" (ibid., 37). Ou, por outro ângulo:

Para Husserl, o conhecimento fenomenológico é por si mesmo, pela pura presença de sua realização tardia, na história europeia, a cura de uma crise radical (*das radikale Heilmittel einer radikalen Krisis*) (ibid., 39).

Não terá sido apenas para Blumenberg, embora só dele possamos afiançá-lo, que a derivação não passava de uma fantástica fantasia. Ele principia a contrariá-la com a observação: "Toda metodologia (*Methodik*) quer criar uma *repetitividade sem reflexão*" (ibid., 42). Por isso, sem considerar a incidência de patologias, logo acrescenta:

> A tecnização é a forma de manifestar-se de uma ciência que não é ainda, ou que deixa de ser autotransparente e compreensão, enquanto realização, que pesa sobre as consequências das próprias exigências teóricas (ibid.).

Por conseguinte, o distanciamento entre teoria e tecnização é uma consequência inevitável. Não há tampouco saída para a fenda que se estabeleceu entre filosofia e ciência: "O ideal cognoscitivo da filosofia se contrapõe à metodologização a que a ciência obriga [...]" (ibid.).

Em resumo, já em seu primeiro escrutínio de uma obra que tanto admirava, Blumenberg, conquanto ainda não houvesse desenvolvido as razões mais profundas de seu desacordo, estabelece um olhar realista sobre a nuvem fantasiosa que entendia a abordagem fenomenológica como a possibilidade de uma cura radical. É este olhar duramente realista que veremos se adensar no segundo texto que examinaremos.

***

À diferença do anterior, faremos uma abordagem mais curta da "Anthropologische Annäherung an die Aktualität der Rhetorik" [Aproximação antropológica sonre a atualidade da retórica] (1971). Concentrando-nos na apreciação da retórica, teremos uma primeira aproximação da questão da metáfora, em sentido estrito.

A primeira questão sobre a retórica será precisar quando ela se tornou uma modalidade de elocução tão difamada. Costuma-se afirmar que a partir de Sócrates, ou ainda melhor do Sócrates platônico. Se não nos desviasse de nosso tema, valeria voltar aos fragmentos de Górgias para verificar que sua astúcia argumentativa não contava com algum respaldo teórico consistente.[2] Temos pois de nos contentar com o que

---

[2] Lamento não retornar a tratar de Mario Untersteiner (1967), cuja consideração seria obrigatória não fossem os cortes que tenho de estabelecer no que aqui faço.

já escrevemos no item anterior sobre a *Retórica* aristotélica. Recorde-se apenas que a retórica começa a adernar em definitivo, bastante séculos depois, com o triunfo do cartesianismo e a divulgação da escrita tipográfica. É certo que o Descartes das *Meditationes* acreditava na proximidade de uma vitória que não houve. Em consequência, sua forçosa admissão de uma *morale par provision*, a vigorar enquanto não estivesse implantada a *morale définitive*, ainda permitia um prazo extra de vida para a retórica ornamental, de que se há de distinguir a obra extraordinária de Antônio Vieira, contemporâneo de Descartes, cujo texto só não é difundido internacionalmente por ter sido escrito em uma língua marginal.

A verdade é que o prazo extra de vida concedida à retórica a tal ponto dilatou sua progressiva decadência que, se precisarmos de uma visão geral de sua sobrevida, o melhor será recorrer ao paciente Marc Fumarolli, autor do volumoso *L'Âge de l'éloquence* (cf. Fumarolli, M.: 1980).

Em poucas palavras, a existência multissecular da retórica foi acompanhada de um tom de condescendência, originado menos dos filósofos do que dos tribunos cultos, como Cícero, ou dos teólogos, que sabiam seus pregadores precisar da palavra inflamada. Ora, a essas afirmações banais se contrapõe o pequeno "Aproximação antropológica à atualidade da retórica", primeiro editado na revista *Il Verri*, Milão, 1971, para só aparecer na Alemanha dez anos depois.

Blumenberg se contrapõe à pretensa condescendência favorecedora da retórica. Tratar-se-ia de uma falsa concessão porque seria uma balela que a retórica encontra seu oposto na ciência. Ainda que o argumento não valesse em termos gerais, Blumenberg tem razão em destacar o aspecto que destaca: "Também as teorias lutam implicitamente pelo 'consenso', como a retórica o faz explicitamente" (Blumenberg, H.: 1971, 113). E o pensador não se restringe à necessidade humana de o agente individual ter parceiros e constituir uma comunidade homogeneizada por suas crenças, pois logo apresenta um argumento mais forte: "Tudo que não é aqui coação, sai-se bem na retórica; a retórica implica a renúncia à coação" (ibid.). Um pouco antes afirmava de modo ainda mais abrangente:

> A diferença decisiva (com a ciência) está na dimensão do tempo; a ciência pode esperar ou se acha sob a convenção de poder fazê-lo, ao passo que a retórica pressupõe como elemento constitutivo da situação da criatura carente a coação à ação — quando não mais possa ser *ornatus* de uma verdade (ibid.).

Não é surpreendente que, desde a perda da teoria da argumentação de Aristóteles, seja a primeira vez que a retórica deixe de ser confundir com a ornamentação ou a prática da persuasão? Não que se negue que ela possa ser ornamental ou persuasiva, senão que esses dois propósitos derivam de uma razão comum: assim sucede porque, sendo o homem "uma criatura carente", está coagido a agir. Assim constituído, atua ou por violência ou pela... retórica. A fundamentação proposta tem a vantagem sobre a prática entimêmica de Aristóteles de não reservar à retórica um lugar necessariamente inferior. Cientista, autor de *artes* humildes, como o lembrado Cusano, inventor de sistemas ou criador de obras de ficção ou de plasticidade sonora, o homem é sempre aquele que, porque carente, está obrigado a agir.

Mas que dizer da retórica em sua prática mais comum de ornamentalidade ou persuasão? Simplesmente identificá-la com sua prática habitual é supor que a verdade se imponha por si; que a pura verdade independe do modo de se exprimir. A única verdade que escapa dessa obrigação é a que, já estando automatizada, traz consigo um acúmulo bastante de convencimento automático. Ora, se a condenação tradicional da retórica supõe que a verdade se impõe por si própria, o requestionamento da retórica exige o reconhecimento de sua relação substantiva com a palavra. A ela pois chegamos em melhores condições a partir do *topos* da "criatura carente".

Por sua pobreza de instintos e sua fragilidade de meios de ataque e defesa, o homem não pode se contrapor frontalmente à realidade. "O relacionamento humano com a realidade é indireto, complicado, diferido, seletivo e, antes de tudo, metafórico" (ibid., 115). Daí, aproximando-se de Kant, a quem no momento não cita, acrescenta: "Se o valor limite do juízo é a identidade, o valor limite da metáfora é o símbolo" (ibid., 116).

Ao tratarmos especificamente da metáfora, recorreremos ao &59 da Terceira Crítica. No momento, apenas recordemos a relação desenvolvida na parágrafo entre o conceito e o esquema — que é a apresentação direta daquele, sendo sua mediação demonstrável — enquanto o não conceitual se exprime pela apresentação indireta e *analógica* (Kant, I.: 1790, &59, nota, p. 713).

Acrescente-se ainda que, ao falar em símbolo, Kant acentuava seu caráter analógico. Não fala, por conseguinte, em metáfora, mas já sabemos que, desde a *Retórica* aristotélica, o analógico é o decisivo do metafórico.

3. Tempos modernos e legitimidade (um fragmento)

Explicou-se na introdução por que se consideraria apenas seletivamente umas poucas obras de Hans Blumenberg. Ao assim decidirmos, criávamo-nos um novo obstáculo: como o motivo para fazê-lo consistia em assim podermos nos concentrar na questão da metaforologia, desse modo, seríamos obrigados a não considerar alguns de seus principais enlaces. O que menos nos importava era o relativo à história da ciência pois não seríamos capaz de dizer qualquer coisa de aproveitável. Em troca, lamentava não tratar do *Arbeit am Mythos* (1979), sobre o qual tinha preparado o diálogo com a reflexão de Ernst Cassirer. Não continuo nessa toada pois um livro não é um muro de lamentações.

Dedicarmos o capítulo I a *Beschreibung des Menchen* por ser a obra que melhor sintetiza o que deve e em que mais diverge do pensador básico em sua formação nos obrigara a reduzir a reflexão sobre suas outras grandes obras, de que só se destacou um pequeno capítulo do *Höhlenausgänge* [*Saídas da caverna*]. A inter-relação entre conceitualidade e não conceitualidade não deixou de ser comprometida.

A solução apresentada no capítulo que se segue é apenas um mal menor: expor, esquematicamente, a primeira seção de seu primeiro grande livro: *Legitimität der Neuzeit*. Ao assim fazer, não tocamos em sua discussão de Carl Schmitt, provavelmente mais cativante para muitos leitores. Optamos por esse caminho porque o que teremos apresentado servirá de ponte para um tratamento posterior. Sem mais demora, passamos à seção escolhida.

O parágrafo inicial define o que se entende por secularização:

> [...] Um processo de longa duração, pelo qual se produz uma deterioração, tanto na vida privada como na pública, dos laços religiosos, das atitudes quanto à transcendência, das expectativas de um além da vida, das práticas rituais e de torneios verbais firmemente estabelecidos (Blumenberg, H.: 1988, 11).

Falar então de "legitimidade dos tempos modernos" supõe livrá-lo da acusação de haver apenas secularizado a cosmologia cristã. De onde a questão se põe? Por que nela se empenha o autor? No capítulo dedicado à *Krisis*, chamou-se a atenção para o fato de que o desprestígio de Husserl ante a dissidência heideggeriana se deveu, entre outras razões, à ênfase de seu rival em dedicar sua obra posterior, *Sein und Zeit* (1927), à *Destruktion* da tradição ontológica que, desde os pré-socráticos, paradoxalmente teria contribuído para a ocultação do Ser. Perguntávamos, noutras palavras, se a irradiação de Heidegger pelas universidades europeias e norte-americanas não teria tido a ver com a sensação de mal-estar, por extensão de ilegitimidade, dos tempos modernos — ilegitimidade que sintetizava as frustrações acumuladas desde a Revolução Francesa, passando pelo desastre socialista e concentrada na truculência racista do nazifascismo.

Sem se confundir com o processo, o excelente tradutor da obra para o inglês, Robert Wallace, observou que o tema, enquanto associado à secularização do legado cristão, substituído pela crença no progresso, se impusera pela filosofia da história praticada desde Voltaire e Turgot, vindo a Hegel, Marx e Comte (Wallace, R.: 1983, xiv). Durante cerca de dois séculos, à depreciação costumeira da Idade Média e à aceitação, em grau maior ou menor, da transformação por Descartes, correspondera a suposição de que, a partir dos tempos modernos, um tempo melhor estaria reservado ao homem.

Mesmo sem vir às frustrações políticas acima referidas, contra tal otimismo, mesmo antes da deflagração da Primeira Grande Guerra e, sobretudo depois de sua catástrofe, a crença otimista se convertera em depressão e vergonha. Até então aceita como positiva, a secularização da *moderne Zeit* passava a ser encarada como provocadora da ilegitimidade da decomposição dos valores. Ao se propor, portanto, defender os tempos modernos, Blumenberg se defrontava com um tema cujo interesse ia bastante além do meio acadêmico.

Embora fora da Europa a atualidade do *Legitimität* não fosse sentida de imediato,[3] à medida que, nas décadas seguintes à sua publicação, se difundia a globalização capitalista, a defesa empreendida por Blumenberg começava a repercutir. Daí, entre suas inúmeras traduções, contar-se uma mexicana e outra argentina — desconheço se há orientais.

Venhamos ao objeto escolhido. Seu primeiro grande adversário é o historiador e filósofo Karl Löwith. Durante o exílio a que o nazismo o forçara, escrevera o livro que o tornaria conhecido fora da Alemanha, o *Meaning of History* (1949). Ao ser editado em alemão, em 1953, o livro alcançou a repercussão próxima de um dogma, para quem "a consciência histórica dos tempos modernos proviria da ideia cristã da salvação ou, mais precisamente, da Providência divina e da finitude escatológica" (Blumenberg, H.: 1988, 35).

[3] Por ser a obra que tem suscitado mais estudos, destaque-se, de imediato, sua análise por Monod, J.-C.: 2002

Embora contasse a seu favor com inúmeras atestações empíricas — a ética moderna do trabalho como secularização da santidade, o próprio dândi exaltado a partir do submundo baudelairiano como encarnação do homem santo, a exatidão de cunho científico como a veste moderna da honestidade da reflexão religiosa etc. etc. —, Löwith aí não via senão comprovações superficiais porquanto o ponto de inflexão efetivo havia estado na passagem da estrutura cíclica do mundo pagão para a ação temporal linear. Portanto,

> Em virtude da disjunção fatal entre natureza e história, o acento se desloca do começo dos tempos modernos para o fim da Antiguidade, pois tudo que veio depois aparece como uma responsabilidade histórica de conjunto de o progresso como calamidade (ibid., 36).

Passa então a vigorar não só um deslocamento temporal mas de ordem valorativa:

> [...] Löwith legitima a secularização à medida que, para ele, é ainda um fenômeno pós-pagão e inerente ao cristianismo, portanto legítimo apenas dentro da ilegitimidade conjunta da conversão do cosmo em história [...] (ibid., 38).

É nesse momento que as duas argumentações em absoluto se separam. Como a última citação de Löwith assinala, o autor superpõe secularização e cristianismo, entendendo o primeiro termo em seu sentido etimológico — o que pertence ao *saeculum*, portanto ao mundo. Ao fazer-se parte do século, o homem deixa de ser cósmico; torna-se parte da história, ou seja, o homem seculariza-se com a história. Mas essa cadeia de conexões não o torna aderente ao progresso. Como escreve Blumenberg — e sua formulação não contraria a de Löwith:

> [...] Ao irromper na história, uma escatologia fala de um acontecimento que lhe é transcendente e heterogêneo, enquanto a ideia de progresso extrapola de uma estrutura presente em cada momento para um futuro imanente à história (ibid., 39).

A concordância cessa a propósito da passagem que se segue:

> Por um período curto ou longo da história, a escatologia pôde ter sido uma encarnação de esperanças — mas, ao advir a ideia de progresso, ela foi antes um agregado de apreensão e terror (ibid., 40).

A discussão se processa entre oponentes de peso. Conquanto discordemos de Löwith, e a discordância crescerá progressivamente, não se poderia dizer que sua postura tem a ligeireza dos exemplos que não lhe bastaram. Como se desprezasse a diferença entre os exemplos de que selecionamos uns poucos e a pesquisa realizada por Löwith, Blumenberg assume um tom de ironia que abrange a todos: "A propósito do progresso, os defensores da tese da secularização deveriam logo decidir se queriam converter em *terminus a quo* do progresso o juízo final ou a Providência divina" (ibid., 41). Isso, como prossegue a passagem, supõe o acordo da tradição estoica da Providência com a concepção cristã da mesma. Daí derivava que "a teologia histórica tenha apresentado o cristianismo quase exclusivamente como o resultado de sua ambiência helenista" (ibid., 47), quando, em vez de acordo, "o teorema da secularização só podia tornar-se atualizado em contradição com essa reintegração histórica [...]" (ibid.).

O debate não tem possibilidade de ser contemporizado. Por isso mesmo é indispensável destacar-se uma passagem mais longa:

> Só pode ser secularizado o que por sua origem ou especificidade pretende ser extrassecular. O esquematismo da transcendência pressupõe um dualismo decisório entre possibilidades, intenções, direções simultaneamente existentes. A não secularidade da situação bíblica de partida implica outro esquematismo: o interesse pelo mundo não é questionado por uma alternativa, senão que é impulsionado pela falta de sentido (*Sinnlosigkeit*) de que não há mais tempo para o mundo (ibid., 51).

Ou seja, a secularização do cristianismo seria absurda pois sua escatologia afirma que o fim do mundo está divinamente decretado. Dito de maneira mais aguda: "A expectativa imediata nega qualquer tipo de durabilidade, não só do mundo como também de sua própria duração, na qual ela se contradiria a si própria" (ibid., 52).

A esperança na redenção implica, para o cristianismo primitivo, o estabelecimento de uma vida dessecularizada. O dilema podia ser apenas amortizado com o retardo aguardado do fim do mundo. Desse modo, tal como Blumenberg conclui pelo exame das intervenções dos apóstolos Paulo e João, "os testemunhos da expectativa da redenção próxima tiveram de ser adaptados à perenidade do mundo e do tempo" (ibid., 53). [Na impossibilidade de transcrever a longa passagem, aconselha-se a leitura de toda a que começa por "Die Tendenz der Aufarbeitung jener eschatologischen Enttäuschung... werden mußten" (A tendência da exaustão da frustração escatológica...).]

Em síntese: na maneira de escapar do prenúncio do fim do mundo, os primeiros pensadores cristãos viam-se diante do dilema: após o exílio dos judeus na Babilônia, o pensamento apocalíptico estava obrigado a compensar "a decepção das expectativas históricas pela modelagem de uma margem especulativamente mais e mais rica do fluxo messiânico" (ibid., 53). Por outro lado, a própria expansão do cristianismo, fazendo com que seu crente convivesse com homens filiados a outras crenças, provocava que "o cristianismo primitivo chegasse à situação delicada de dever demonstrar a fiabilidade de seu deus, não pela realização de suas promessas, mas pelo adiamento dessa realização" (ibid., 54). Por isso os apóstolos, Paulo e João, em vez de se referirem ao fim do mundo como próximo, declaravam que "os acontecimentos decisivos da salvação já eram chegados" (ibid., 53). Blumenberg assim mostra, conforme já anunciara no estudo sobre a retórica, que sua prática pelos apóstolos nesse ponto não se distingue dos adeptos da ciência: ambos necessitam do consenso. (Só que essa prática é particularmente difícil de realizar-se no estudo da história da religião.)

Em síntese, em posição explicitamente contrária a Löwith, Blumenberg afirma que o cristianismo primitivo não conhece "uma secularização da escatologia, senão que uma secularização pela escatologia" (ibid., 55). Por conseguinte, afirmar que o progresso secularizar — no sentido de profanar ou diminuir — o legado do cristianismo em favor da historicização mostra-se uma afirmação sem sentido.

Terminemos o item com uma referência à passagem da parte anterior à que temos destacado. Ela importa por mostrar que, mesmo em um espaço diminuto, a questão da validez histórica das bases de um período se relaciona com a questão metafórica. Toda a discussão, feita de modo ainda mais rápido, prende-se à afirmação de Gadamer, que defende o uso do termo "secularização", particularmente no tocante aos tempos modernos:

> Ele confere à compreensão de si do que se tornou e do que é atual toda uma dimensão de sentido oculto, e desse modo mostra que o presente é mais amplo e significa mais do que ele sabe de si mesmo (apud Blumenberg, H.: op. cit., 24).

Iniciando sua posição de contestador, Blumenberg assinala que a afirmação é coerente com o padrão heideggeriano seguido pelo criador da hermenêutica contemporânea, pois "'a compreensão existencial da existência' (*das Seinsverständnis des Daseins*) é, para sua escola, o essencial para a existência e, 'em primeiro lugar e sobretudo', o oculto e suprimido" (ibid., 25).

Logo acrescenta Blumenberg:

> Tudo depende da questão de saber se a figura secular do que foi secularizado não deve ser a pseudomorfose ou, dito de outro modo, o não apropriado (*Uneigentlichkeit*) de sua realidade original (ibid.).

(Assim entendo os termos capitais da afirmação: "figura secular do secularizado" = o mundo moderno; "o secularizado" = o cristianismo; "pseudomomorfose" = "falseamento da realidade original".) O que vale dizer: o que a hermenêutica considerada toma por correto impede a seu praticante de justificar o processo pelo qual atinge o resultado precisamente desejado. Em consequência, impõe-se uma longa transcrição:

> Assim, ao contrário de todas as hipóteses dos historiadores dos conceitos etimologicamente orientados, não é necessário que haja uma continuidade de provas atestando o teor metafórico da "secularização".
> No entanto, a demonstração metafórica que, na história do conceito, esta metaforização só pode ser atestada tardiamente, que, por consequência, a "secularização" não foi utilizada por analogia com o conceito jurídico [de expropriação dos bens eclesiásticos, começado com a Revolução Francesa], esta demonstração teve um efeito tranquilizador porque uma metáfora que se refere aos bens sagrados internos ao cristianismo foi sentida como extremamente perturbadora. Uma metáfora sempre permanece um artifício retórico, desprovido de seriedade e sobretudo incapaz de levar a algum conhecimento (ibid., 26*)*.

Ter sido atestada tardiamente significa que a secularização não foi usada como analogia ao conceito jurídico, não deixando por isso de ter sido sentida como chocante. Embora assim tenha sido julgada e tenha tido tal efeito, era uma metáfora — que, conforme o raciocínio que está sendo contestado por Blumenberg — nada acrescenta ao conhecimento. Foi sim o que veio oculto do passado que tem um efeito revelador no presente. Portanto, a reafirmação da conotação inferiorizante da metáfora aparece ao lado da afirmação dogmática, i.e., que, antes de haver provas, sabe-se aonde há de se chegar.

É desnecessário acrescentar que o comentário sintético à passagem de Gadamer é secundário quanto ao cerne do item, antes importando como ataque ao desdobramento da frente heideggeriana. O que vale dizer, a defesa gadameriana da acusação à secularização operada pelos tempos modernos opera em uma disciplina que, dizendo-se interpretativa, *a hermenêutica*, exalta o oculto para a compreensão de certo fenômeno, os tempos modernos, partindo de um resultado que se conhece antes de que se extraiam as provas indispensáveis.

Deixamos para o fim do item a referência ao segundo interlocutor do Legitimität: Carl Schmitt. Entre seus livros de peso publicados na década de 1920 conta-se o Politische Theologie (1922). A edição em 1966 da primeira versão do Legitimität der Neuze*it* deve ter estado entre as razões que levaram o velho jurista, vencidas as dificuldades decorrentes de sua desastrada (e oportunista) colaboração com o nazismo, a escrever em 1969 o *Theologie Politik II*, editado no ano seguinte.

A exemplo do que sucede com grande parte da obra de Blumenberg, não poderemos aqui nos dedicar à discussão que se trava entre os dois autores, a partir da iniciativa do próprio Blumenberg,[4] porque, embora pudesse ser relativamente pequeno o número de páginas a serem escritas, a qualidade dos interlocutores exigiria o aumento considerável do item. O próprio modo como Blumenberg, autor que não primava pela cortezia acadêmica, se refere à tese de 1922, já diz do respeito com que a encarava:

> É metodologicamente notável na *Politische Theologie* que não conceda valor algum a este nexo de secularização, porquanto, como me parece, seria mais natural, em vista de sua "teologia política", elaborar uma relação de fundação inversa ao interpretar a fenomenalidade teológica aparente dos conceitos políticos como consequência da realidade absoluta das realidades políticas (Blumenberg, H.: 1988, 102).

Mas a surpresa de Blumenberg cessaria ante a efetivação da postura de Schmitt, para quem tratava-se de estabelecer a relação do teológico com o político por não aceitar a recusa do "estado de exceção" (*Ausnahmzustand*) pelo liberalismo político, portanto, no fundo, pela rejeição da consequência do racionalismo iluminista. Sem deixar de ver justificada a recusa de Schmitt, Blumenberg não diminui sua divergência:

> [...] É por certo correto dizer que a ênfase em casos limites e em estados de exceção ressalta uma função do Estado, que deve partir do fracasso do Iluminismo; mas isso não precisa significar que se deve retornar à conceitualidade anterior ao Iluminismo e repeti-la em sua forma "secularizada" (ibid., 102).

Em lugar do embate, preferimos não perder a oportunidade para o que basicamente nos importa: o tratamento do metafórico. Apenas

---

[4] Cf. Hans Blumenberg. Carl Schmitt. *Briefwechsel* 1971-1978, 2007.

aponto para o contexto da discussão: Schmitt, afirma Blumenberg, diz que os conceitos políticos modernos são conceitos teológicos secularizados, pois foram transferidos (*übertragen worden*) de sua fonte teológica para o campo da política. Transcreve-se a passagem sobre a qual trabalharemos:

> O exemplo é que "*o Deus onipotente se tornou o legislador todo poderoso*". Se a afirmação fosse correta, então poderia ser também sustentada a outra, segundo a qual, depois do fracasso do Iluminismo, os escritores conservadores da contrarrevolução teriam procurado "*apoiar ideologicamente, com analogias tiradas da teologia teísta, a soberania pessoal do monarca*". **Analogias não são precisamente transformações** (Blumenberg, H.: 1988, 103. O sublinhado é do autor. A frase em negrito, minha).

A contestação de Blumenberg se baseia em que Schmitt teria enfraquecido seu argumento pelo *uso da analogia*.

De minha parte, embora fosse tentado a relacionar o "absolutismo teológico" de Schmitt com sua rejeição do liberalismo, opto por me concentrar na alternativa exposta por Blumenberg quanto ao uso da metáfora. A saber: quando tem por ingrediente principal uma *analogia* — lembre-se a definição aristotélica e o comentário feito a partir de sua citação por Weinrich —, a metáfora é fraca. Quando, ao contrário, fundada em uma *transformação* (*Umwandlung*), ela é poderosa. Embora Blumenberg não se detenha na distinção, acrescento que entendo a metáfora transformadora como equivalente ao que o pensador chama de *metáfora absoluta*. Ou, de acordo com a anatomia antes apresentada, se todo metafórico necessita de uma base analógica, sua força depende de transtornar o núcleo sêmico do termo substituído. Para não deixarmos a questão que os interlocutores se levantavam, transcrevo a passagem do *Teologia política II* e o comentário do pensador:

> Um conflito é sempre uma luta entre organizações e instituições no sentido de ordenações concretas, uma luta entre *instâncias* e não *substâncias*. As *substâncias* precisam de antemão haver encontrado uma *forma*, elas precisam ter de algum modo se *formado*, antes que se possam contrapor como *partes beligerantes* (Schmitt, C: 1970, 106).

Daí Blumenberg, em síntese, extrai em concordância que "também a secularização não pode ser o resultado da privação de substância" (Blumenberg, H.: 1988, 106). E isso porque "a verdade está do lado da substância, (ao passo que), no nível das instituições, ela não pode ser transformada, mas sim integrada na medida de sua compatibilidade pública e, desse modo, enquanto título jurídico, desativada da insistência na autonomia privada" (ibid.). Conforme entendo a afirmação: como a suposição da verdade se põe do lado do terreno firme da substância, enquanto a teologia política, em vez de autônoma (como qualquer substância), depende de sua aceitação pelo ordenamento jurídico, sua passagem metafórica não poderia passar de uma analogia fraca. (Note-se como o argumento lança mão da diferença que fizemos entre a ideia de "verdade", como própria da "ciência dos primeiros princípios" (a filosofia) e a ideia de correção, específica da ciência.)

Chegados a esse ponto, teríamos o caminho aberto para vir à discussão, polida e respeitosa, que se trava entre os autores, a partir de sua correspondência [cf. Blumenberg. Schmitt. *Briefwechsel*, 2007 b]. Mesmo sem o desenvolver, não me dispenso de um tema que seria inevitável: como se explicaria que, ao longo da *Legitimidade*, haja apenas uma referência a Max Weber, e ainda assim indireta, pois através de um crítico à sua tese sobre a origem calvinista do capitalismo [*Über die protestantische Ethik und den Geist des Kapitalismus* (1920-1)]?

São os seguintes os dados esquemáticos da questão: o calvinismo encontrara na doutrina agostiniana da graça a justificativa para o trabalho. Mas o êxito no trabalho não assegurava que o fiel tivesse sido eleito. Com consequência, após Calvino, os pregadores calvinistas começaram a deparar com a decepção dos fiéis. Poder-se-ia dizer que eles sentem-se existencialmente "desencantados", enquanto a *Entzauberung* weberiana era manifestamente religiosa. Mas o desencantamento calvinista não significa abandono do trabalho, senão a constituição de uma ética que decorria de sua absoluta submissão. A justificativa religiosa fora de pouca duração; o gosto do lucro, a verificação da mais-valia, não tinha nada a ver com o suporte religioso. Com independência de como Weber interpretava o fenômeno, o capitalismo não derivou, diretamente, da secularização da reforma religiosa.

Apenas ainda um pequeno acréscimo: creio que a tese da *Legitimidade* além de não valer contra a tese weberiana sobre a origem do capitalismo, apresenta lacuna semelhante à posição de Husserl sobre a crise da ciência moderna. Como vimos, Husserl e Blumenberg divergiam porque o primeiro considerava que a referida crise decorrera de que a tecnização provocara o desprezo da teorização da ciência, enquanto Blumenberg afirmava que o abandono da teorização não decorria da patologização da ciência moderna, porquanto método e operações técnicas tendem por si a se autonomizar. Acredito que em ambos os casos Blumenberg não leva em conta o papel que desempenha a mais-valia, ou seja, a mola propulsora do capitalismo. O vetor "lucro" se autonomiza, no caso da lógica científica, de sua relação com a ênfase na tecnização e, no caso da origem do capitalismo, do lastro religioso do fiel. Em ambos os casos, as restrições apresentadas mereceriam um estudo independente.

4. Apreciações decisivas: Dirk Mende

Destacamos dois textos do mesmo pesquisador. O primeiro aparece em um livro coletivo, em 2009. Do segundo, em obra de sua única autoria, em 2013, onde tratava desde Schelling, passando por Heidegger e Derrida, até Blumenberg, consideraremos apenas a parte dedicada ao último.

Já o título do artigo que publica em 2009 indica seu tema e a razão de nosso interesse: "Technisierungsgeschichten. Zum Verhältnis von Begriffgeschichte und Metaphorologie bei Hans Blumenberg" [Histórias da tecninização. Sobre a relação entre história do conceito e metaforologia em Hans Blumenberg].

A proximidade de suas datas permitirá seu tratamento conjunto pelo desenvolvimento contínuo de uma perspectiva homogênea. Por esse motivo, partindo de uma afirmação no texto mais recente, não encontraremos qualquer contraposição com o que era central a "Histórias da tecnização".

No começo do capítulo que nos importa, Mende afirma que a mudança sofrida pela metaforologia, alegada pelo próprio Blumenberg, na abertura do "*Ausblick auf eine Theorie der Unbegrifflichkeit*" [Perspectiva de uma teoria da não conceitualidade], fora produto de um *Selbstmißverständnis* (autoincompreensão), pois, desde os *Paradigmen*, outras formas de não conceitualidade, como o mito e o símbolo, já eram tratadas, além das modalidades de metáfora. O analista concede, no máximo, que a diferença introduzida consistiria em considerar mais ampla e sistematicamente a correlação do não conceitual com a vigência do "mundo da vida". Os contornos da relação teriam se tornado mais nítidos, sem que se tornassem novos (Mende, D.: 2013, nota às pp. 223-4). Como ainda devemos considerar a metaforologia em *stricto sensu*, a informação deverá servir de alerta. Mas, na verdade, a restrição há de ser vista com cuidado. É certo que a fecundidade do campo aberto por Blumenberg já se evidenciava no "Licht als Metapher der Wahrheit" [A luz como metáfora da verdade] (1957) — a recorrência à luz levara Mende a estabelecer uma comparação com Derrida em que não nos deteremos por não ter sentido —, ensaio em que já era notado que "sempre admitindo não conceitos e antecedentes de conceitos (*Vorbegriffen*), a filosofia também recorreu a meios de articulação do não conceito e do que o antecedia, os recebeu e os constituiu, e se desligou de sua origem" (Blumenberg, H.: 1957, 139). Mas não é menos verdade que, no "Ausblick", não se propõe apenas uma relação mais clara com a *Lebenswelt* husserliana, porquanto é esse próprio conceito que será radicalmente modificado, assumindo uma dimensão dinâmica, historicizante, que não poderia se apoiar no "subjetivismo transcendental" de Husserl. Ora, sem a temporalização do "mundo da vida" como a metaforologia poderia alcançar a carga que terá em Blumenberg?

Como se essas razões não bastassem, seria primariamente arbitrário desconsiderar o impacto que terá sobre o autor a recusa de Joachim Ritter de incorporar a metaforologia ao dicionário da história dos conceitos, em cuja equipe, encarregada de sua preparação, Blumenberg estivera integrado. Mas como ainda consideraremos o episódio da ruptura com a direção do *Historisches Wörterbuch der Philosophie*, não insistimos na ressalva inicial de Dirk Mende — afinal, a qualidade de sua reflexão independe do grau de acerto de sua abertura.

O primeiro elemento a destacar concerne ao modo de condução diferencial da metaforologia quanto à conceitualidade. Mende frisa a passagem:

> O espaço da metáfora é aquele da conceituação impossível, da fracassada ou da não ainda consolidada. A norma da conceitualidade depende das orientações prévias, que, de sua parte, deve ser efetuada fora do campo da norma e de sua sistemática, mas que dela não constitui a mera antecedência genética, que se considera no processo (Blumenberg, H.: 1971 b, 171).

Pela fonte da publicação, destinada à preparação dos verbetes do *Historisches Wörterbuch*, verifica-se que a nitidez da distinção com a história dos conceitos indicava ou ainda inexistir qualquer desavença com o editor do *Dicionário* ou ter sido ele estrategicamente evitado. Sem conhecimento da cena concreta ali existente, não podemos declarar qual das hipóteses é a verdadeira. O fato é que a edição do primeiro volume do *Dicionário*, com o prefácio em que Ritter anuncia que o conselho editorial escusara-se de acatar a proposta metaforológica, é do mesmo ano de 1971. Permanecemos pois com a pergunta: seria por estratégia ou fruto do amadurecimento do projeto de Blumenberg que as áreas se definissem pela estrita separação, enquanto na publicação, no mesmo *Archiv*, dos *Paradigmen*, em 1960, a separação era reconhecida junto com a possibilidade de passagem de uma área para a outra? Pelo trecho destacado, antes se acentuaria, como o faz o próprio Mende, que "a metáfora acha-se no 'campo prévio da metáfora'" (Mende, D.: 2013, 224). Por conseguinte, a afirmação na mesma página que imputa à metáfora "uma função tanto no campo anterior como no posterior à conceitualidade" (ibid.) antes parece se justificar quer pelo texto dos *Paradigmen*, quer pelo que declarará o "Ausblick" posterior: "A metáfora também pode ser uma forma tardia" (Blumenberg, H.: 1979, 99).

Mesmo supondo a discrepância do texto de 1971b, Mende estava antes correto em notar que "a metáfora absoluta tem razão ao acentuar que, (sendo) a configuração mais distinta da conceitualidade, ela 'forma' a condição verbal-histórica de possibilidade da conceitualidade determinada" (Mende, D.: 2009, 89).[5]

Sem deixar de ser justa, a formulação apenas ressalta a relação de dependência da metáfora quanto ao conceito. Por isso mesmo a formulação é menos abrangente do que a caracterização das duas formas discursivas empreendida pelo próprio Mende, ao observar que elas têm incidências temporais diversas. Como já anotamos, a metáfora tanto pode se encontrar no "campo prévio" da conceitualidade como pode ser "uma forma verbal tardia", mas, à semelhança do que sucedia com o "juízo de reflexão" para Kant, pode também independer da área da conceitualidade.

---

[5] Como as colocações de Dirk Mende e a que progressivamente acentuaremos parecem destoar, observe-se que o pesquisador alemão está interessado em manter a relação que o próprio Blumenberg ambicionara entre a metaforologia e a conceitualidade. De minha parte, procuro acentuar que, além dessa inter-relação, as duas áreas atualizam *dois eixos da linguagem*, os eixos do que cabe no conceito e do que não se lhe permite, a não conceitualidade. Meu interesse em fazê-lo estará em relacionar a não conceitualidade com a *mímesis* e a teoria da ficção, mostrando, em última análise, como a concepção hierárquica da linguagem, que tem o conceito como culminância, é uma visão estreita e parcial.

Por conseguinte, se não nos contentarmos com a "*petite histoire*" da discordância de Blumenberg com Ritter, que o leva a excluir a metaforologia do *Dicionário*, por lhe parecer que "mais vale deixar de lado um campo a que não está em condições de fazer justiça do que se contentar a seu respeito com uma improvisação insuficiente" (Ritter, J.: 1971, I, IX), não deveremos dar aí por encerrada a questão da incidência da não conceitualidade.

Nos dois textos que temos destacado, Mende oferece duas interpretações, que, não sendo discrepantes, têm pesos desiguais. Escreve, no livro de 2013:

> Por um lado, as metáforas podem, por exemplo, ser usadas na ciência, interinamente, no processo de uma conceituação *ainda não* consolidada, no qual as descrições conceituais ainda não são de imediato possíveis, em virtude do conhecimento deficiente. Esses enunciados metafóricos ou modelos devem ser substituídos, em certo momento, por descrições conceituais. Por outro lado, também aqui se mostra o interesse característico de Blumenberg: a metáfora, em alguns casos, lhe aparece como o meio "sensível", menos endurecido tanto para o novo como também para a articulação da experiência do mundo da vida; contrastivamente, ele fala [no "Licht als Metapher..."] na "arquitetônica rígida dos sistemas" (Mende, D.: 2013, 224).

O caráter mais sensível da metáfora e o caráter determinante do conceito, potencialmente rígido, correspondente a dominâncias temporais distintas, tornavam viável cogitar-se de sua articulação.

Mesmo porque justa, a diferença não justifica a decisão de Ritter. É por isso preferível a explicação que Mende oferecia no "Histórias da tecnização". Ao passo que, para Ritter, metaforização e conceituação se punham uma ao lado da outra (*nebeneinander*), para Blumenberg, elas se encontram em uma situação de superposição (*übereinander*), ocupando a metáfora a posição de fundamento (*Untergrund*) (Mende, D.: 2009, 88).

A distinção, que já era possível intuir nos *Paradigmen*, era potencialmente desagradável ao editor, tanto pela maior complexidade com que se lhe punha sua tarefa, como por ela ser, de fato, muito recente. Mende escrevia com particular acerto: "A ambição metodológica da metaforologia consiste em descobrir na metáfora (absoluta) um campo prévio *regulador* da conceituação".

Dentro do contexto acadêmico em que a divergência se punha, a explicação espacial proposta em 2009 parecia mais sujeita a cautelas e restrições. Noutro contexto acadêmico, não subordinado às mesmas injunções institucionais, Jacques Monod podia oferecer uma explicação menos comprometida: o recuo e a consequente rejeição de J. Ritter se mostravam em alguém em que a concepção positivista difundida das ciências era passível de ser abalada. E, como o leitor perceberá pelo que já escrevemos acerca da concepção aristotélica da retórica, o que Husserl apresentará como crise das ciências europeias encontrava sua raiz na própria oposição aristotélica entre a formulação afirmativa do silogismo — sobre a qual constituirá sua *magma opera* — e a mais estreita do entimema. Ora, ao tomar o metafórico como o fundamento em que assentava o rigor do conceito, que era posto em dúvida senão a confiança clássica em certo uso da linguagem?! Daí a possibilidade que veremos estabelecer-se entre Blumenberg e o Wittgenstein das *Philosophische Untersuchungen* [*Investigações filosóficas*]. Por isso, embora admissível que, na origem remota do interesse de Blumenberg pelo metaforologia, tenha estado a presença do Vico da primeira parte da *Scienza nuova* e a recordação dos românticos (cf. Mende, D.: 2013, 224), é surpreendente que a curta observação tenha sido mantida, sem restrições, no texto do ensaio.

Esperando que outro pesquisador se interesse por desenvolver esse ponto, aqui apenas chamo a atenção para um leque de questões que exigiria o trabalho de equipes que tratassem das relações entre "pergunta e resposta", proposta por Gadamer e da temporalização radical a que Blumenberg submetia a *Lebenswelt* husserliana.

Em vez da invocação vaga, genérica e imprecisa do horizonte temporal com que Gadamer contenta-se em operar em *Wahrheit und Methode*, Dirk Mende bem sintetiza o avanço que é proposto pela última parte do *Legitimidade*:

> A ideia (*Vorstellung*) de uma "identidade" do lugar em que instala a nova metáfora baseia-se na lógica subjacente da pergunta e da resposta determinada pela metacinética visível nas metáforas absolutas: as metáforas absolutas são respostas aporéticas a questões irrespondíveis (Mende, D.: 2009, 101).

A passagem acima se torna ainda mais nítida pela conclusão final do artigo:

> Diante da tese da história do efeito de Gadamer, exposta em grandes traços, Blumenberg reconstrói a situação histórica da tecnização no plano das metáforas e

conceitos disponíveis, e a descreve como as condições histórico-semânticas da possibilidade de suas consequências (ibid., 107).

A reviravolta que a metaforologia assim projetada promete atinge não só a filosofia ou não só a dominância absoluta da ciência ou o privilégio de sua tecnização, como, em uma só palavra, o próprio conceito de história. (No caso desta última, porque a plasticidade temporal do "mundo da vida" e sua conexão íntima com a metafórica do tempo indagado impediria o historiador de fundar-se na exclusividade de fatos e na consulta dos arquivos.) Quaisquer que tenham sido as razões de J. Ritter e do editor que o sucedeu na composição dos treze volumes do precioso *Historisches Wörterbuch der Philosophie*, o entendimento mais eficaz de para onde apontava a seta metaforológica nos leva tanto a lamentar como a reconhecer a razão do temor de acatá-la. Serão hoje nossas condições mais propícias? Ao menos, por certo, em nos mostrar como a apreciação de Dirk Mende, principiando por seu respeito à acepção da metaforologia como mera ciência auxiliar da história dos conceitos, consciente ou inconscientemente, se liberta desse jugo. Se isso, fora do estrito solo das instituições efetivamente universitárias, é bem pouco, é também verdade que o legado de Blumenberg já não se confronta com as linhas intelectuais que, em seu país, o hostilizavam ou procuravam neutralizá-lo. É também verdade que a edição ainda não completada de seu legado, assim como suas traduções nas línguas metropolitanas, tornam sua presença mais visível,[6] no mundo intelectual. Mas será ilusória a sensação de crise e desbarato que atravessa o Ocidente e a globalização de seu modo de vida? Será verdade que as modificações que se fazem presente em nosso cotidiano não afetam o próprio entusiasmo por um novo modo de pensar e agir, por certo ousado e, como todo ele, de resultado incerto?

Restrinjo-me a reconhecer que o lugar de onde escrevo não propicia algum entusiasmo renovador, nem admite o mínimo vislumbre de como ele se manifestará.

4.1. Rüdiger Campe, a metáfora como produto semiacabado

Se seguíssemos a ordem cronológica de publicação, o ensaio de Rüdiger Campe deveria ter sido analisado antes. Mas sua abordagem

---

[6] Mesmo que sua bibliografia já não esteja atualizada, ao leitor será bastante útil o levantamento bibliográfico da autoria de Peter Behrenberg e David Adams (1999, 426-70).

posterior permitirá ver a maior complexidade da contribuição de seu compatriota e seu exame comparativo compreender-se melhor as nuanças daquele. Para que essa aproximação se torne mais nítida, preferimos tratar a abordagem de Campe em sua primeira versão em inglês, mais curta, do que será seu desdobramento em alemão (cf. Campe, R.: 2000 e 2009).

Principio por assinalar o que já fora desenvolvido por Mende (cf. Mende, D.: 2013, 99): o interesse provocado pelo destaque por R. Campe da caracterização linguística da metáfora absoluta como produto "semiacabado" (*Half-stuff*, *Halbzeug*). É decisiva, no caso, a consulta da versão alemã, porque o argumento que Campe desenvolve prende-se à especificidade do termo central, *Halbzeug*, empregado por Blumenberg nos *Paradigmen*:

> O que aqui apresento é de todo modo apenas um *Halbzeug*, e a perfeição e a inexauribilidade com que se pode tratar o "Ser" são, neste campo, inalcançável (Blumenberg, H,: 1960, 29).

A recorrência à passagem do original é imprescindível pelo que logo dirá Campe: *Halbzeug*, na acepção de matéria-prima cuja transformação industrial não foi completada, é um termo que, em alemão, não parece ter saído do jargão industrial — ao contrário do que sucede em português com seu correspondente. Assinalando que a ênfase de Blumenberg na questão da tecnologia, durante os anos 1950, deu lugar, na década seguinte, ao destaque da metaforologia, acrescentava o analista:

> A mudança para a metaforologia assinalava a preocupação crescente de Blumenberg com a descrição e a análise dos efeitos retóricos na construção conceitual, dentro das tradições epistemológica e filosófica (Campe, R.: 2000, 104).

A caracterização é justa, embora, como mostraria o cotejo com as abordagens de Mende, unilateral — correta para o período considerado, torna-se parcial porque o ensaio não observava que a metaforologia é mais do que um meio auxiliar para a história dos conceitos. Em vez de ressaltarmos a imprecisão, preferimos acompanhar Campe no comentário à passagem dos *Paradigmen*. Chama-se a atenção para um detalhe na aparência apenas intrigante: por que o termo "Ser" aparece entre aspas simples, declarando-se que o caráter de semiacabada da metáfora choca-se com "a perfeição e a inexauribilidade" com que se pode tratar o aspeado? O enigma é pouco enigmático. Suspeito que maioria dos leitores terá notado a ironia que a designação mal ocultava: o aspeado é o próprio *Sein* da Floresta Negra, embora dificilmente alguém terá notado a referência: *Halbzeug* é uma citação pela metade do & 15 do *Sein und Zeit*:

> Chamaremos o ente que comparece na ocupação o instrumento. [...] O modo de ser do instrumento pode ser evidenciado. Isso sucede tomando por fio condutor a delimitação prévia do que faz do instrumento um instrumento, a instrumentalidade (Heidegger, M.: 1927, & 15, 68).[7]

A conclusão de Campe precisa ter seu contexto ampliado. A formulação dos *Paradigmen* aparece no interior de uma discussão a propósito do que significa o termo "mundo". A pergunta *"Was ist Welt?"* (cf. Blumenberg, H.: 1960, 25) é respondida por "um complexo de citações" (Campe, R.: 2000, 106). À passagem do *Auswahl aus Teufels Papieren* [Seleção dos papéis do demo] de Jean-Paul, acrescenta-se trecho de um aderente de Heidegger, de que transcrevo o começo e o fim: "Que é propriamente o mundo [...] eis a questão que efetivamente move o pensamento de Heidegger" (Blumenberg, H.: 1960, 26).

Acrescenta então o analista: a questão do que seja o mundo é respondida por "uma coleção metafórica", semelhante às usadas no teatro, em uma taberna ou numa festa de máscaras. "Não há de fato um lugar definido e próprio em que a questão do mundo emerja e seja então respondida em metáforas" (Campe, R.: 2000, 107). Ora, conforme já sabemos de Blumenberg, as respostas das metáforas são indecidíveis; que assim decorre de serem elas próprias de um tempo anterior[8] àquele em que os conceitos são cunhados. Considere-se ainda:

> Além do mais, só produtos metaforológicos e o insistente retorno de fraseados e formulações permitem que a questão seja posta e seja delimitado o campo em que metáforas e anedotas podem ter o efeito de uma resposta (ibid.).

Em conclusão: como vemos pelo trecho do *Sein und Zeit*, *Halbzeug* é uma citação pela metade (como se deve saber, "halb" significa meio, metade) de Heidegger, de que se ironiza a empáfia, como se reitera o desprezo reservado às *téchnai*.

---

[7] Wir nennen das im Besorgen begegnende Seiende das Zeug. [...] Die Seiensart von Zeug ist herauszustellen. Das geschieht am Leitfaden der vorherigen Umgrenzung dessen, was ein Zeug zu Zeug macht, der Zeughaftigkeit.

[8] O cuidado diante da formulação será entender que a anterioridade da metáfora concerne ao *tempo lógico* e não ao *tempo cronológico*.

A refinada técnica irônica será usada com frequência por Blumenberg.[9]

Embora Campe precise que a ironia esteve em reduzir pelo meio o instrumento (*der Zeug*), transformando sua instrumentalidade em um gesto de desprezo ou numa peça cômica, sua plena significação só se evidencia pela aproximação de Arnold Gehlen: os instrumentos são inventados pelo homem porque, em sua falta, sua carência vital tornaria sua sobrevivência impossível (cf. Campe, R.: op. cit., 109).

Com o apoio da pesquisa de Gehlen, a ironia confronta a oposição habitual de Heidegger entre *theoria* e *téchne* e expõe a incrível vaidade do filósofo: "tecnização e retórica são capazes de modificar ou mesmo de constituir as modalidades temporais da história, por efeito de suas relações específicas com a ação comunicativa e o processamento da significação" (ibid.). "[...] A mudança histórica de uma metáfora provoca a metacinética dos horizontes históricos de sentido e das próprias maneiras de ver, dentro das quais os conceitos experimentam modificações" (Blumenberg, H.: 1960, 13).[10]

Utilizando o conceito estabelecido por Mende (cf. nota 32), podemos conceber a metacinética metaforológica, com o acréscimo da retórica e da tecnização por Campe, como promotora da continuidade daquele processo que flui sob a face diferenciada das épocas (cf. Blumenberg, H.: 1988, 541). Mediante tais componentes, o conceito de metacinética passa a ser decisivo para se entender a diferença, quanto à história e aos conceitos, das áreas que cobre. O que vale dizer, considerando-se que a caracterização da metacinética já era feita nos *Paradigmen* e já na *Legitimität* era conectada ao sentido de reenvestimento de papéis

---

[9] Ofereço apenas o exemplo mais categórico. É necessariamente longo: "Compreendemos realmente o que Heidegger queria dizer por sua questão da ontologia fundamental sobre o "sentido do Ser"? [...] A nova versão da questão do Ser evita o rodeio da anamnese platônica pelo conceito, fazendo da compreensão do Ser a essência da existência, sem dever dizer qual é sua "forma lógica". A inconceitualidade é aqui que fundamentalmente fazemos a experiência do que *não* é a compreensão do Ser. — Então a resposta à questão do Ser pode ser vista como a base de nossos tipos de conduta, como a própria ideia de sua essência e de suas implicações. Daí que o Ser é o cuidado (*Sorge*) da existência, a implicação do cuidado do tempo, a implicação do tempo do Ser. Uma tal resposta não se refere a nenhum dos objetos que conhecemos, nem à sua totalidade concebida como um mundo semelhante àquele em que vivemos. Que a existência seja um Ser-no-mundo significa justamente que o mundo deste Ser-em (*In-Seins*) não é constituído de "objetos", mas que não pode tampouco ser concebido por metáforas (Blumenberg, H.: 1979, 102-3).

[10] A caracterização das mutações que a metáfora sofre historicamente como processo metacinética, aplicada por Campe até a tecnização e a retórica, torna-se mais patente pela identificação por D. Mende da metacinética com o processo de "reinvestimento" (*Umbesetzungsgeschehen*), em que Mende se apoia em passagem da *Legitimidade,* no qual uma nova metáfora absoluta desaloja e ocupa o "lugar" de uma (Mende, D.: 2013, 100-1).

(*Umbesetzung*) conclui-se que, mesmo antes da ruptura com Ritter, a reflexão metaforológica já estava bastante avançada para que ultrapassasse sua caracterização inicial de auxiliar da história dos conceitos, encaminhando, em troca, para a articulação entre *Wirkungsgeschichte* (História do efeito) e *Diskursanalyse* (Análise do discurso), com alusão à qual Mende terminava seu estudo de 2009.

Dizendo-o de modo ainda não trabalhado, a associação já estava atuante em Campe: semelhante àquelas

> é a resistência comum a uma história como conceitos, assim como à filosofia da história. [...] A tecnização acelera o processo da história por fazer correr a significação, a retórica retarda os processos históricos por complicar as significações. Em cada caso, o processo não pode ser totalmente compreendido em termos de significação, nem a significação em termos de processo (Campe, R.: 2000, 110).

Em ampliação da tese de Gehlen, "a mudança conceitual, a tecnicização e a retórica são meios de compensar a inadequadação do objeto e do conceito no processo histórico" (ibid., 100).

Não custa entender, que o reparo, que ainda abrangia a Gehlen, enquanto praticante de um "absolutismo das instituições" (1971, 155), se desdobrasse de maneira intensa. E, dando um passo que Campe não percebeu em sua própria dedução, não é só a especulação heideggeriana que é ironizada, como, mais profundamente, a terminante oposição herdada dos gregos entre *theoria* e atividades práticas, de certo modo correlata, a que os cristãos estabeleceriam entre alma e corpo. Extremamente promissor, embora não efetuado, o passo está à disposição de todo pesquisador que penetre na temporalização que o ainda jovem Blumenberg estabelecera no conceito husserliano de *Lebenswelt* (cf. análise anterior sobre "Lebenswelt und Techinisierung...", 1959).

Em síntese, de acordo com o belo estudo de Rüdiger Campe, duas posições são assumidas já em 1959 por Blumenberg quanto à *Krisis*: (a) rompe a oposição, que se perde no horizonte dos séculos, entre natureza e técnica; "este mundo da vida é inerentemente pluralista e heterotópico. É um *plurale tantum* de mundos da vida" (Campe, R.: 2000, 116); (b) recusa que a tecnização seja uma patologia que afasta o teórico, em posição que Blumenberg considerava herdada de Descartes, e, acrescentemos, integrante do *éthos* aristocrático grego.

Em linhas gerais, Campe ainda adianta que a oposição entre filosofia e retórica era homóloga a estabelecida entre conceito e *téchne*, tão hipócrita e desastrosa quanto esta. Se suas distinções são inequívocas, serem elas estabelecidas peremptoriamente prejudicava não só seus participantes, como dava ensejo ao aparecimento de uma terceira via, a triunfante mais-valia, que as absorve e delas se aproveita (sem que Blumenberg a perceba). Campe termina por considerar que a falta de uma teoria da tecnologia tanto entre os sofistas, como na oposição vencedora da tradição platônica-aristotélica, é constatada por Blumenberg, que, no entanto, se contenta em denunciar a oposição.

Que parece haver ainda faltado a Blumenberg? Acrescentar que o caráter de produto semiacabado da metáfora absoluta seria correto enquanto a metaforologia fosse entendida como... auxiliar da história dos conceitos? Ou seja, enquanto a retórica, mantida em relação de cissiparidade com a metáfora, fosse entendida como inferior aos frutos da *theoria*. (Para levarmos a indagação adiante, descartemo-nos da ironia radiante contra o filósofo do Ser.)

Para que a definição de "produto semiacabado" coubesse à metáfora absoluta seria preciso que o conceito se confundisse com o que classicamente chama-se de *verdade*. Ao assim se fazer, considerava-se que um e outro, conceito e verdade, tivessem por fundamento a *ousia*, a essência, declarada por esta e enunciada por aquele. Daí a incômoda pergunta: tal identificação continuaria válida a partir do momento em que o conceito encontra sua máxima expressão nas ciências naturais? Explicando melhor: a verdade científica declara a essência do objeto de que trata? Muito embora baste um pouco de sensatez para negá-lo, vale demonstrar por que a identificação é descabida.

Um conceito, enquanto científico é verdadeiro enquanto não surge outro que mostre sua parcialidade ou insuficiência. *Em ciência, conceito é um enunciado temporalmente correto*. A ciência não lida com *substâncias, a forma concreta com que uma essência se manifesta*. A realidade científica é intrinsecamente transitória; ela é aceita e seguida até que se lhe mostre inadequada ante outra formulação. Daí podemos extrair: enquanto não verificadamente contestado, ou seja, enquanto permanece aceito, o conceito *é correto*. Propriamente, não lhe cabe o qualificativo de verdadeiro, pois o *verdadeiro* está ligado à cadeia de uma concepção substancial de mundo, por sua vez dependente do que *é*, da essência de algo. Por isso, a metáfora absoluta, enquanto enunciado do que não cabe no conceito, não é um produto semiacabado. Tudo, portanto, depende do conjunto como um fenômeno linguístico está sendo observado. Se se pensa na história de um conceito, as metáforas que tenham sido empregadas no esforço de chegar-se a ele são "matérias" semiacabadas. Mas o que é semiacabado no mínimo dístico de Ungaretti, chamado "Mattina"?

> M'illumino
> D'immenso

A manhã radiosa não é sequer de alguém, pois o que/quem se inunda de imensidade não é sequer um alguém. Se o minipoema tivesse um sujeito, ele seria alguém pasmo em ver (ver?!) o que as palavras declaram. O inconceituável não só não é semiacabado, como "a classe do indizível não é vazia (*die Klasse des Unsagbaren nicht leer ist*)" (Blumenberg, H.: 1979, 94). Porquanto, como diz a seguir: "Entre o mundo da vida e o mundo do estado de coisas (*Sachverhalte*) teórico não há portanto relação de justificação" (ibid.). O indizível diz o que não exprime. Não se trata de um infame jogo de palavras. Blumenberg nele pensa, referindo-se ao *Tractatus* de Wittgenstein: "*Há por certo o inexprimível. Este se mostra, é o místico*" (apud Blumenberg, H.: op. cit., 94). Aqui estamos a uma distância infinita do correto e do verdadeiro. A esta ilha coberta de névoa Blumenberg chama de "metáfora explosiva" (*Sprengmetaphorik*), restringindo-a à *via negationis* da tradição mística (ibid., 95).

Sem que possa aqui me estender, creio que a fronteira ainda é estreita. Gostaria de localizar a "metáfora explosiva" como uma espécie, por certo rara, do que chamei de *mímesis* da produção — uma anatomia verbal em que a base analógica é reduzida à expressão mínima, como no caso do onceiro do "Meu tio Iauaretê", cuja fala se tupiniza à medida que o personagem, sem mudança física, se oncifica. A metáfora torna-se explosiva quando não se restringe a transgredir uma organização argumentativa, e sim cria um enredo que antes seria tido por inverossímil.

Mas saio do "hipnotismo" que me permiti. Direi ainda apenas: a carga substancialista na preocupação sobre a linguagem nos torna mais rasteiros que o mais miserável seguidor de *facts and facts*. Teria tido uma oportunidade de caminhar por uma via estreita se houvesse continuado o diálogo estabelecido com Carl Schmitt. Na sua falta, me contento, pela referência a um comentário de Monod, em reatar o que já disse a propósito da secularização: que aí não se trata de uma passagem de substâncias:

> De um modo geral, o teorema da secularização põe o pensamento moderno na posição de *Kulturschuld*, de "dívida" ou de falta cultural ante a essa tradição de que ela pretendia se emancipar [...] (Monod, J.-C.: 2007, 126).

Resumo o que esteve sendo condensado, declarando: sem que se confundam as áreas semânticas da verdade e do correto, ambas enquanto decorrências de um mundo estabilizado correspondem a horizontes semânticos restritos — os termos são biunívocos, se não fossem restritos não poderiam ter uma certa área de abrangência; em sua antítese, se põem termos como "mundo", "vida", "homem", que "se instalam em horizontes totais" (*Totalhorizonte*):

> Quanto mais nos distanciamos da distância curta da intencionalidade realizável e nos instalamos em horizontes totais, que não mais se limitam e atravessam nossa experiência, tanto mais eficaz torna-se o uso de metáforas; nessa medida, a "metáfora absoluta" é um valor limite (Blumenberg, H.: 1979, 90).

Sem que possa prescindir de metáforas — exceto na filosofia analítica — a filosofia contudo nelas não navega a mar aberto. Ao contrário da ciência, onde a supremacia absoluta do conceito é indiscutível, ao contrário da ficção literária, onde a incidência e a modalidade metafóricas também são indiscutíveis, a filosofia necessita da "plurivocidade controlada" (Blumenberg, H.: 1966, 148). (Controlada, essa plurivocidade é mais larga que nas ciências humanas porque estas, em troca, precisam não ultrapassar um horizonte contíguo ao conceito estrito.)

Venhamos a uma última observação.

Ainda nos *Paradigmen*, depois de afirmar que, na metaforologia, "já estamos privados da possibilidade de encontrar, nas metáforas, 'respostas' às questões irrespondíveis", acrescenta a seguir: "A verdade da metáfora é uma *vérité à faire*" (Blumemberg, H.: 1960, 24-5).

J.-C. Monod nos presta um serviço ao verificar que a frase deixada em francês é uma citação de Merleau-Ponty, ironicamente deslocada de seu contexto. Em *Les Aventures de la dialectique*, em polêmica com Sartre sobre o engajamento político, escrevia: "[...] *Sartre ne parle pas de la révolution, car la vérité à faire, en langage marxiste, c'est justement la révolution*" (Merleau-Ponty, M.: 1966, 166). O acréscimo irônico consistia em que Sartre dava uma falsa entonação ao falar metaforicamente na *"vérité à faire"*, tornando-a análoga à revolução. A analogia era tão caricata quanto a que se estabelece ao se entender o correto como sinônimo de verdadeiro.

4.2. *Felix Heidenreich: a inconceitual*idade

Embora com *Mensch und Moderne bei Hans Blumenberg* (2005), Hendenreich, junto com o já citado Jean-Claude Monod, seja o autor de um dos dois livros mais abrangentes sobre Blumenberg, para nosso propósito é preferível seu ensaio, "Inconceptuabilité — Penser en images, penser en concepts".

Talvez o topos mais frequente nos que têm estudado o filósofo nascido em Lübeck seja o que o aproxima de Herder e Gehlen: tomar o homem como uma "criatura carente" (*Mängelwesen*). Sem se referir ao *topos*, a primeira afirmação a destacar no ensaio de Heidenreich dele deriva:

> As *funções* do *mythos* e do *logos*, da imagem e do conceito, são equivalentes; as duas engendram distância quanto a uma realidade à qual o sujeito está entregue e deve dominar (Heidenreich, F.: 2010, 78).

Pois a primeira caracterização humana é sem dúvida paradoxal: somos, como dizia Gehlen, *Weltfrei*, livres para o mundo, porque não temos um território próprio e delimitado, como cada outra espécie animal o possui. Estamos prontos para a aventura, não porque sejamos necessariamente desbravadores, senão porque a realidade nos é hostil. Por isso, por distintas que sejam as formas discursivas, desde a afirmação religiosa, passando pela criação poemática, até a mais restrita pesquisa em um laboratório científico, todas tanto têm um denominador comum — derivam de uma falta de seu agente, assim como tendem a se encarar hierarquicamente. O homem é conquistador porque precisa de abrigo e o abrigo é, por si, apenas refúgio ou lugar de descanso.

Heidenreich resume o largo espectro de respostas provocado por nossa carência apontando para os exemplos da conceitualidade, culminância operacional de *logos* (como razão e como palavra), e da ficção, com seu domínio da imagem, portanto da não conceitualidade:

> O conceito, entendido como tomada de distância, que não só substitui o toque pela demonstração, mas o ver pela nomeação, substitui o que está presente de maneira importuna pelo que é ausente e disponível (ibid., 79).

No seu extremo oposto, "o mito como ficção e simulação é, por conseguinte, racionalidade sem dedução" (ibid.).

Dispostos nos extremos de uma atitude de início motivada como reação e defesa, a plasticidade, própria da criatura carente, atua para que ela se capacite a formas de atuação assim diversificadas. Não nos perguntamos por que, desde o início do pensamento ocidental, o polo da conceitualidade, primeiramente enquanto disposição do pensamento metafísico, depois teológico e, a partir dos tempos modernos, com o predomínio das ciências, tenha sido considerado a modalidade discursiva suprema? Para o olhar leigo ou infantil, ser capaz de usar um conceito tem algo de mágico. Não parece acidental que a hierarquia das respostas discursivas humanas e privilegiadora da conceitualização só haja encontrado o pensador que as nega sistematicamente depois da falência da crença no progresso contínuo. Tampouco é ocasional que o sistematizador oposto a tal hierarquia dos discursos haja encontrado no pensamento de Husserl seu grande motivador. Como já devemos saber, a distância entre o que Blumenberg extrai da fenomenologia clássica e o sonho de seu autor, que via na linha de seu pensamento a recondução da filosofia à supremacia que ela perdera, era bem maior do que o próprio Blumenberg chegou a declarar. Basta ressaltar as consequências derivadas da reviravolta que dará ao conceito de "mundo da vida". O próprio Heidenreich não precisava explicitamente nomeá-lo. Pôde, ao contrário, dispor das duas últimas passagens citadas para a explicação que medeia entre o conceito e a não conceitualidade:

> [...] As imagens de pensamento que orientam nosso pensamento, as metáforas, sobretudo as metáforas absolutas, são "fósseis condutores", que podem conferir a nossos trabalhos históricos uma profundidade até então desconhecida (ibid., 81).

Da formulação direta e simples, alguns elementos devem ser destacados. Tratar arqueologicamente as metáforas como "condutores fósseis" (cf. Blumenberg, H.: 1979, 87) já implica a historicização do "mundo da vida". Enquanto fósseis, as metáforas transmitem a um outro tempo um sentido que, tenha sido ou não automatizado, permanece deslocado quanto ao sentido usual. (Leve parêntese: enquanto se costuma pensar que o *Grande sertão: veredas* de Guimarães Rosa seria o correspondente latino-americano do *Ulysses* joyceano, seu contato é superficial: o irlandês neologiza até chegar ao extremo do *Finnegans*, Rosa procura o vaqueiro, o homem das brenhas, para tirar de sua boca palavras moribundas, se não já mortas para as populações urbanas, as metáforas fósseis que, para certos letrados, seria da reserva dos filólogos.) A metáfora absoluta — pense o leitor brasileiro no texto rosiano — incorpora uma remota camada arqueológica ao presente. Na falta de sua exploração, temos expressões que apenas "falam", sem que nada digam. Assim, na linguagem corrente no Brasil, embora a grande maioria de suas classes médias nada tenha de religiosa, as expressões "ai, meu Deus", "graças a Deus", "queira Deus" etc. continuam constantes, indicando um tempo em que a alusão ao divino indicava uma esperança de amparo. Pela mesma razão, a explicação hermenêutica ganha uma possibilidade de verticalização histórica contraposta à aproximação de sobrevoo em Gadamer, que ainda lhe permite considerar válida a afirmação de que a arte "imita a natureza". Por fim, a presença arqueológica provocada pela indagação metaforológica impede que o termo "retórico" mantenha a inevitável má conotação que a tem acompanhado.

Dentro do propósito de esclarecer aspectos sobre os quais Heidenreich já chamara a atenção, o próximo destaque se relaciona ao ensaio "Ausblick aus eine Theorie der Unbegrifflichkeit" [Perspectiva para uma teoria da não conceitualidade]. Já vimos Dirk Mende declarar que a afirmação de a metaforologia haver sofrido uma virada (*Kehre*) era um engano cometido pelo próprio Blumenberg. Já dissemos que, embora o analista esteja correto em declarar que a formulação dos *Paradigmen* já era bastante abrangente, vai além da medida ao supor que, mais adiante, o pensador apenas teria tornado mais clara a relação da não conceitualidade com o modo como passara a entender a *Lebenswelt*. É por isso preferível a formulação de Heidenreich:

> A metaforologia não é apenas concebida como um complemento científico acessório da história dos conceitos. Ela se encontra integrada em um programa mais englobante de uma teoria da não conceitualidade, que, em última análise, deve considerar "o mundo da vida" de que o pensamento não conceitual se nutre (Heidenreich, F.: 2010, 83).

A divergência entre os analistas — se não é apenas uma questão de uma formulação mais feliz ou menos — não é decisiva. Embora não decisivo, importa entender que o amadurecimento da sofreu o impacto do corte provocado pela decisão de Joachim Ritter. Prova-o a diferença das formulações no pequeno texto da "Perspectiva", que, por sua data, 1979, não tem mais nada a ver com o projeto do *Dicionário*.

Acompanhemos Heidenreich em suas considerações sobre o "Ausblick".

"Como o não conceitual torna-se conceito?" (Heidenreich, F.: 2010, 84). A melhor maneira, diz ele, de nos inteirarmos da metamorfose consiste em aproximar o indizível, de Wittgenstein, o inconsciente freudiano e o caráter de *aletheia* de Heidegger. O indizível do primeiro é contíguo à teologia negativa da *coincidentia oppositorum*. Quanto ao inconsciente de Freud, há de se ler a *Theorie der Unbegrifflichkeit*. Da aproximação, recolhemos a frase a ressoar em Heidenreich: "O conceito não é capaz de tudo que a razão requer" (Blumenberg, H.: 2007, 11/45).

Na passagem escolhida está um Freud próximo de Kant. E a proximidade não é aleatória. Veremos adiante o que por enquanto apenas se enuncia: a recuperação do metaforológico, com ele, da retórica, está relacionada à distinção dos juízos demonstrativo e reflexivo. O desprezo da tradição pelo campo do metaforológico e por sua incidência discursiva teve a ver com a sobre-estima metafísica da razão, essa servindo para a justificação essencialista do homem e, depois, para a fundamentação da teologia cristã.

Por motivo que o leitor compreenderá, reservamos maior espaço à terceira aproximação, intentada pelo analista. Pois sabedores do estoque de pesadas ironias ao autor do *Sein und Zeit*, há de parecer estranha que sua concepção do Ser possa ter sido uma das fontes da metáfora absoluta.

Dando um tom polido à caracterização da marca heideggeriana, escreve Heidenreich:

> Em sua oposição ao positivismo das ciências da natureza, o próprio Heidegger se posiciona não só alem do domínio do conceito como ainda além do domínio de todas as imagens e "imagens do mundo" (Heidenreich, F.: 2010, 87).

Mas, como já vimos, se o *Sein* não cabe nem no conceitual, nem no imagético, que sentido o termo pode assumir? Os bons modos do intérprete não lhe permite justificar sua declarada terceira fonte. Para não repetirmos o exame já feito, apenas acrescentemos: ante a questão de não se apresentar nenhum dos dois eixos da linguagem, para penetrar na expressão "ontologia fundamental", "fazemos fundamentalmente a experiência que a experiência do Ser *não é*" (Blumenberg, H.: 1979, 103).

A terceira fonte indicada por Heidenreich, portanto, apenas não funciona. Se a indizibilidade torna-se dizível pela metáfora "explosiva", que Blumenberg-Wittgenstein explicavam pela via mística, a heideggeriana antes se assemelha ao Cantinflas da empáfia. A indizibilidade, como Wittgenstein nos fizera entender, é passível de dizer pela torção processada dentro da constituição metafórica. Reiteremos: para que o metafórico faça sentido, precisa em algum momento remeter a alguma analogia e não se confundir com a pura transgressão. Do contrário, sem dispor de nenhuma margem de redundância, ele perde todo esteio para ser decodificado. A mera obediência sintática pode dar essa aparência. Mas, por si, a sintaxe apenas estabelece uma ordem na empiria; se dela um conceito não se apossa ou a "coincidência dos opostos", enquanto figuração da *coincidência*, não a sugere, o "sentido do 'Ser'" é uma ordenação fantasmal.

O exame da terceira fonte de Heidenreich nos importou para avançarmos um pouco no que já fora dito.

Declaramos, em suma, que os dois eixos da linguagem, a conceitualidade e a metaforologia, se diferenciam pela distância de que, respectivamente menor ou maior, precisam para a realização de uma intencionalidade. O conceito, em sua acepção plena, i.e., científico, supõe uma intencionalidade passível de ser operacionalizada, mediante um curso (ou distância) menor. Estabelecido o conceito de antibiótico, torna-se explicável o uso nativo de certas ervas, então reconhecidas como medicinais. A qualidade do conceito — permitir o conhecimento da composição de algo e, por conseguinte, sua manipulação — implica a determinação de uma distância para a realização de sua meta. A metaforologia se põe em situação duplamente oposta: não permite responder a uma pergunta, portanto, não é operacionalizável; a seguir o seu percurso é tanto maior quanto mais avançada (ou transgressora) ela for. Daí Blumenberg definir a metáfora absoluta como "valor limite": em vez de uma distância determinada, portanto contável, portanto curta, ela aspira a "horizontes de totalidade". O piloto que pretendia chegar à Lua, tinha preestabelecida a distância do satélite; a distância era curta quer porque contável, quer porque só lhe interessava esse percurso. Ao contrário, ao me perguntar por horizontes sem limites a exemplo de "mundo", "Deus", "vida", "alma", minha indagação é por totalidades, para as quais, até porque não há resposta satisfatória, não há maneira de estabelecer percursos ou distâncias. Em consequência, minha intencionalidade estará sempre em aberto. Como a metáfora, ela está sempre no processo de uma viagem.

Terminemos este item com um adendo. Ao discutirmos a "Aproximação antropológica à atualidade da retórica", vimos que Blumenberg suspendia o desprezo ou o olhar no máximo condescendente que se lhe costuma conceder. Em seu lugar, notava um ponto comum com a ciência: ambas precisam constituir um consenso. Em segundo lugar, que ela se põe em lugar da violência. Mas a repulsa do "sentido do Ser" heideggeriano nos fez lembrar de um terceiro elemento. No mesmo ensaio, o pensador declarava: "Onde as evidências falham, a retórica cria instituições" (Blumenberg, H.: 1971, 110). Ora, essa propriedade tanto pode ser positiva como negativa. No caso em que era lembrado, a tal ponto um pensador como Heidegger moldou mentes e constituiu correntes, que seja por seu prestígio, seja pelos ataques que o veio retórico pode insuflar em seus adeptos, dispõe de instituições para propagá-lo e/ou defendê-lo. Queremos com isso dizer: assim como afirmamos que os eixos da linguagem são responsáveis pela constituição de ordens discursivas, estas não têm justificada nem sua costumeira constituição piramidal, nem hão de ser tomadas como necessariamente benéficas e positivas.

5. Primeiras peças: os *Paradigmen*

A decisão tomada de considerar os *Paradigmen* depois de Dirk Mende, Rüdiger Campe e Felix Heidenreich nos permitiu ser bastante econômicos, pois algumas das teses principais foram discutidas a partir daqueles intérpretes. Em troca, pontos por eles não abordados poderão ser discutidos. O primeiro deles concerne ao caráter da obra de Blumenberg em geral.

Sem que se discuta sua incrível erudição ou o incômodo causado entre seus adversários ou não simpatizantes, é pertinente a observação de sua singularidade:

> [...] É evidente a diferença entre uma "filosofia" entendida no sentido de um conjunto de posições metafísicas e um tipo de reflexão como a de Blumenberg, feita essencialmente de comentários sobre outros textos e largamente consagrada às variações dos planos de fundo intelectuais que dão aos conceitos e às imagens suas significações sucessivas. [...] Cabe pensar que este é o quinhão de um pensamento "pós-metafísico" (Monod, J.-C.: 2007, 60).

Talvez esta seja uma das raras ocasiões em que o abusado prefixo "pós" tenha procedência. A conclusão é aceitável ao ser relacionada com o final dos *Paradigmen:* "A metafísica com frequência se nos revelou uma metafórica tomada ao pé da letra; a dissipação da metafísica volta a dar à metafórica seu lugar" (Blumenberg, H.: 1960, 193).

Se, no entanto, guarda-se a antipatia pelo "pós", antes vale recorrer ao título com que Odo Marquard justificava a homenagem *in memoriam*: a obra de Blumenberg representa a "liberação do absoluto" (1999).

A intitulação de Marquard não faria sentido em termos religiosos: não há nada de extraordinário em que um pensador pós-kantiano mantenha-se afastado de uma comunhão de fiéis. Entendo liberação na acepção leiga: do ponto de vista ocidental, o absoluto se constituiu, desde os pré-socráticos e, sobretudo, com a tradição platônico-aristotélica como compensação por nossa falibilidade. Se dispomos da arte da linguagem e, por ela, podemos converter o ausente em modo de presença e atingimos o domínio do que não vemos, confundindo nosso poder de territorialização por uma suposta superioridade, em troca assim passamos a crer, se não na imortalidade, na duração alcançada além de uma frágil finitude. Mediante os sistemas metafísicos, criou-se a cosmologia estática dos gregos, sendo a concepção do Deus imóvel, pois tão perfeito que qualquer ação sua seria um contrassenso, seu ponto radical. Porém a herança mais duradoura daquela estaticidade é a concepção das coisas do mundo como investidas de uma *ousia*, visualizável na forma estável da *substantia*, de que estão os entes revestidos.

A liberação do absoluto que Blumenberg atinge não significa a adoção de alguma modalidade de niilismo. Ela se exerce, para utilizar o título de Haverkamp, pelo "escândalo da metaforologia", iniciado com o tema de sua *Habilitationschrift*: ao tematizar a *ontologische Distanz*, expunha-se à luta contra o tortuoso *Holzwege*, com que, no mesmo ano de 1950, Heidegger procurara afastar de si o passado próximo de que, agora, queria distância. Haverkamp o sugere, referindo-se ao já aqui comentado "O mundo da vida e a tecnização"(1959), em que Blumenberg "descreve o horizonte de uma situação problemática, para a qual a *metaforologia* propunha uma resposta metodológica" (Haverkamp, A.: 2009, 39). Daí sua reflexão singularizar-se pela busca de oferecer uma resposta inusitada, e longe de destrutiva, para a situação contemporânea.

O que, de fato, tenha ele alcançado é passível de ser discutido a partir de dois modos de consideração: (a) pela análise das inter-relações efetivadas em sua obra — inter-relações da metaforologia com a história da ciência moderna (*Die Genesis kopernikanischen Welt*), com o discurso do mito (*Arbeit Am Mythos*), com a autonomia da razão (*Die Legitimität der Neuzeit*), com a história da filosofia (especialmente em *Höhlenausgänge*), com o *topos* do livro (*Die Lesbarkeit der Welt*) etc., e sem contar o que ainda permanece inédito —, que já sabemos que não poderia caber no que aqui está sendo feito; (b) pelo modo mais modesto de tratar do ensaio melhor formatado da primeira fase da metaforologia, os *Paradigmen*.

Havendo aparecido no *Archiv für Begriffsgeschichte*, por sua data (1960), constata-se que o autor fora convidado a participar da equipe do *Archiv* quando mal se tornara catedrático da Universidade de Hamburgo (1959). É mais do que provável que tivesse sido então convidado por Erich Rothacker que o dirigia. É também de supor que o falecimento de Rothacker, em 1965, tenha tido implicações no desententimento de Blumenberg com Joachim Ritter, o efetivo editor do *Wörterbuch*. Já sabemos que o rompimento torna-se público com o prefácio do editor ao *Dicionário*. Mais nos interessa chamar a atenção para ensaio da figura que estudamos publicado ainda nos *Archiv*, já em 1971, as "Beobachtungen an Metapher" [Observações sobre a metáfora].

Se a exploração do texto relativamente longo não difere consideravelmente dos *Paradigmen*, uma passagem, contudo, avulta porque releva o limite do vasto interesse envolvido no projeto metaforológico. Pouco conhecido, o trecho precisa ser divulgado:

> A tarefa de precisar o próprio metafórico no interior da linguagem não visa à sua possível revalorização estética, tampouco à manutenção ou ao estímulo da plurivocidade, mas antes a um fator de manutenção da consistência do metafísico. Porque aqui a metáfora oferece a homogeneização do contexto de orientação e a sua compreensão a partir dela. Ela torna mais evidente como conjunções diversas podem ser reunidas e relacionadas. A função de uma metaforologia assim pode assegurar a univocidade de um conceito hermenêutico ou apoiar a

busca de correção de sua univocidade ainda não confirmada. A metaforologia não tem, por isso, algum aspecto estético, *porquanto justamente não tolera a plurivocidade, senão que aceita a univocidade da linguagem científica* (Blumenberg, H.: 1971 b, 191, grifo meu).

O parágrafo contém alguma estranheza porque, entre as raras informações biográficas do autor, está a de que esteve, junto com Hans Robert Jauß e Wolfgang Iser, entre os fundadores do grupo *Poetik und Hermaneutik*, que, entre 1963 e 1996, constituiu o grupo de maior prestígio intelectual nos círculos associados à literatura na Alemanha Ocidental, servindo de modelo consistente de inter-relação com teóricos, historiadores da literatura e filósofos.

Blumenberg não apenas participara nominalmente de seu estabelecimento, como fizera parte de alguns de seus colóquios regularmente realizados ou mesmo chegara a ser um dos organizadores do segundo, realizado em Colônia, em 1966.

Provavelmente, este aspecto ainda não alcançou maior saliência porque o interesse sistemático por Blumenberg ainda não foi explorado por algum especialista em algum campo literário. Como o interesse central que move este ensaio é explorar a não conceitualidade como um eixo de tanta importância quanto o conceitual, a afirmação acima confirmou a suspeita criada por algumas de suas contribuições à coleção dos dezessete volumes do *Poetik und Hermeneutik* (1969-1998) que seu maior interesse não se estendia ao terreno da experiência estética. Mas este não é o aspecto mais importante da constatação. Desde logo, ela faz com que não se exorbitem as consequências de sua ruptura com a feitura do *Dicionário histórico dos conceitos*. Se é verdade, como mostra o cotejo dos ensaios publicados em 1960 e 1971 nos *Archiv*, os *Paradigmen* e os "Beobachtungen", com o "Ausblick" (1979) e o ainda por vir *Theorien der Unbegrifflichkeiten*, o afastamento do *Dicionário* deu dimensões bem mais amplas à metaforologia, por outro lado, essa ampliação faz com que se perceba não só a maior complexidade do eixo não conceitual, como que cresçam as dúvidas sobre as certezas que a linguagem poderia assegurar. O que vale dizer, o afastamento da estrita área da história dos conceitos fará com que a remodelagem efetuada sobre a *Lebenswelt* aproxime o pensador mais intensamente das dúvidas de Wittgenstein — mesmo em suas restrições ao estético, Blumenberg esteve próximo do filósofo austríaco. Além do mais, o privilégio concedido ao relacionamento da metaforologia com a linguagem estritamente científica é passível de gerar dúvidas acerca de sua posição sobre a metafísica. Não é que haja sinais de que mude sua concepção dela como um corpo cercado por metáforas, devendo manter um certo equilíbrio entre elas e seu leito filosófico, muito menos que diminuísse sua distância quanto ao ficcional. Mas as dúvidas sobre o desenvolvimento da "liberação do absoluto" (Marquard) não passavam a acolher com mais intensidade a influência do desconfiado vienense?

Encerramos aqui uns prolegômenos e venhamos aos *Paradigmen*, de que apenas havíamos começados a tratar.

Assinale-se, em primeiro lugar, o caráter do ensaio como um todo: é ele formado por uma junção de "casos", que formam seus dez capítulos. O livro tem, portanto, um caráter pragmático, menos porque o autor fosse filiado ao pragmatismo do que pela função preparatória de temas a serem tratados e verbetes a serem constituídos, conforme a tarefa da equipe à qual o pensador se integrava. Tal caráter prático, por outro lado, se conjugava às preferências pessoais do autor. Assim o primeiro capítulo, sobre "A metafórica da verdade 'poderosa'", concentra-se na questão da verdade menos por ela se referir à sua não explicitação absoluta nos diversos sistemas filosóficos do que, mais propriamente, para encaminhar a relação de Deus com os homens, ressaltando a suposta comunicação da verdade pelo Criador. A origem sobrenatural da verdade seria, ao mesmo tempo, uma segurança na conturbada vida das criaturas e a comprovação de que a onipotência zelava pela ordem do mundo.

A temática desenvolvida chama a atenção por evidenciar a relevância da teologia para o fundador da metaforologia. Dentro deste ângulo, destaca-se, na indagação de Tomás de Aquino, a relação estabelecida pelo escolástico entre cognição e verdade; dito de modo mais preciso, como o enunciado derivava de uma encenação metafórica, a que Blumenberg chamava de "modelo implicativo" (Blumenberg, H.: 1960, 20). Assim, quando Tomás declara, em *De veritate*, que a "cognição é um certo (*quidam*) efeito da verdade", a frase, que parece "despojada de imagens [...] orienta-se por um claro plano de fundo metafórico" (ibid.). A anotação provoca um acréscimo mais importante:

> [...] Não é preciso que as metáforas, em sua função aqui designada, se manifestem na esfera de expressão verbal; mas um conjunto de enunciados forma de súbito uma unidade de sentido, se se puder hipoteticamente descobrir a

representação metafórica condutora, sobre a qual este enunciado pode ser "comprovado" (ibid.).

Para o presente ensaio, o interesse particular da passagem está em que, embora o autor não cite *La Métaphore vive*, comprova sua interpretação do entendimento aristotélico acerca da metáfora: não é ela engendrada por um termo, senão que proposicionalmente; tem, portanto, um caráter predicativo e não nominal.

Do capítulo seguinte, frisemos a primeira caracterização que oferece da metáfora absoluta:

> As metáforas absolutas "respondem" àquelas questões supostamente ingênuas, *sobretudo irrespondíveis*, cuja relevância consiste muito simplesmente no fato de que não são elimináveis, pois não as *pomos*, senão que as encontramos *postas* no fundo da existência (Blumenberg, H.: 1960, 23).

Três aspectos aí ressaltam: (a) enquanto respostas a questões em geral ingênuas e, sobretudo, irrespondíveis, as metáforas absolutas se confundem com as manifestações do "mundo da vida", partilhando com estas do caráter de pré-filosóficas; (b) a irrespondibilidade da metáfora absoluta tanto lhe permite que seja uma etapa preparatória do enunciado científico quanto que se lhe contraponha. No segundo caso, se aproxima do juízo de reflexão, embora com ele não se confunda; (c) sem equivaler à centralidade que neste tem a experiência estética, é sem reservas a proximidade da metáfora absoluta com o símbolo kantiano, pois o & 59 da Terceira Crítica o definia como "segundo a transmissão da reflexão sobre um objeto da intuição a um conceito bastante diverso (*ganz andern Begriff*) do juízo de reflexão, ao qual talvez nenhuma outra intuição possa corresponder diretamente" (Kant, I.: 1790, & 59, 714).

Por conseguinte, em acréscimo ao caráter de irrespondibilidade da metáfora, observa-se que ela estabelece uma correspondência por antítese com o conceito. Em termos kantianos, é bastante sabido que o conceito cabe ao entendimento, assim como à razão, enquanto não voltada para um objeto empírico, cabem as ideias. Se o conceito é tornado sensível pela *esquema, as ideias* são sensibilizadas pelo *símbolo*.

Abandonando o desenvolvimento irônico a que se prestara o desenvolvimento da metáfora como produto semiacabado — *Halbzeug* —, aproveitemos a propriedade da metáfora de não se prestar a uma resposta para reiterar a diferença, que já fizemos, entre *correção* e *verdade*, apenas acrescentando: o conceito, mesmo porque responde a uma pergunta, é/

pode ser correto. A verdade, enquanto propriedade de uma concepção substancial das coisas do mundo, não cabe nem ao conceito, nem à metáfora. Se não queremos praticar alguma metafísica, em vez de nos perguntarmos onde — além dos contextos usuais ou cotidianos — há *verdade*, o sensato será acompanhar o capítulo, o mais longo do livro, nos desdobramentos que apresenta das diferentes concepções de verdade. E por não ter sentido apenas glosar o que já está aí dito, destaque-se apenas a consequência da condenação cristã da *curiositas*, que se dispunha entre os pecados por supor a procura de um além que a Providência interdita (*hinauswill*) (Blumenberg, H.: 1960, 33). Daí a situação verbal diversa que se desenvolve na abertura dos tempos modernos, quando "a metafórica da potência da verdade se inverte na representação da violência" imprescindível ao homem para conquistar a verdade (ibid., 34). Prova viva da modificação temporal sofrida pelo "mundo da vida", "o conhecimento se transforma em uma ação fortemente armada" (ibid., 35).

Terminemos o curto acompanhamento, recuando ao final na Introdução:

> (As metáforas absolutas) têm história em um sentido mais radical que o conceito, pois a mudança histórica da metáfora faz aparecer a metacinética do horizonte do sentido e do modo de ver históricos, dentro dos quais os conceitos experimentam suas modificações (ibid., 13).

Enquanto "deslocamento tectônico", a metacinética evidencia a razão de Blumenberg, bem assinalada por Rüdiger Campe, em acentuar a resistência que ela "oferece à história dos conceitos e à filosofia da história" (Campe, R.: 2000, 110). A observação de Campe, de sua parte, faz com que se perceba que o conflito entre a maneira como a história dos conceitos foi realizada, no recente *Dicionário*, e o que indica a passagem acima citada da "Introdução" revela que, salvo se esta tiver sido escrita posteriormente aos capítulos dos *Paradigmen*, a divergência entre o colaborador rejeitado e o editor é anterior à declaração da beligerância, em 1971. A compreensão desse aspecto é decisiva para que o referido conflito não se restrinja aos bastidores da *petite histoire*.

Limitemo-nos a desenvolvimentos que sejam capitais. Do capítulo VII, ressalto uma anotação que contraria o juízo de Dirk Mende, segundo o qual a metaforologia já estaria pronta nos *Paradigmen*. Ora, no seu início, o capítulo acentua que, no momento da redação, ela ainda se concebia como tarefa parcial da história dos conceitos e, como esta mesma, havia de ser compreendida, em sua totalidade, como auxiliar da história da (cf. ibid., 14). A menos que o capítulo tenha uma data anterior, a noção de disciplina duplamente auxiliar punha a metaforologia numa posição bastante abaixo daquela que se lhe concederá, a partir do estatuto da metáfora absoluta. Em suma, a leitura da coletânea dos capítulos de 1960 há de ser feito com extrema cautela porque parecem revelar um *work in progress*, que não esperaria o ano de 1979, quando aparece a "Perspectiva de uma teoria da não conceitualidade", para que se desgarrasse de uma função subalterna. Só quando contarmos com uma edição rigorosamente crítica, que disponha das várias versões e das obras por ventura ainda inéditas, teremos acesso ao perfil o quanto possível exato das mudanças do projeto. Só então poderemos saber quando uma certa concepção da linguagem lhe serviu de esteio para a antropologia filosófica que propõe.

Para a investigação a que aqui nos dedicamos, é capital o capítulo intitulado "Um corte terminológico transversal para a representação da verdade".

Se, na *Poética* aristotélica, o verossímil desempenhava um papel, não idêntico ao do necessário, mas de incontestável consistência, posteriormente à perda da autonomia grega seu peso decrescerá, quer pelo desaparecimento da teoria da retórica, quer pela redução desta à função persuasiva ou ornamental. Por outro lado, a tolerância que a verossimilhança encontrava no ocaso da Idade Média resultava da doutrina que tornava a verdade exclusividade do divino: "Um excesso de transcendência do verdadeiro conduz à autarquia do verossímil" (Blumenberg, H.: 1960, 125). A reviravolta se intensifica à medida que a teologia se defronta com o avanço da concepção científica. A iminente inversão de paradigmas entre o teológico e o científico explica a formulação aforismática: "A verossimilhança logicizada torna-se um instrumento do espírito da critica" (ibid., 136). O que implica uma atitude mais fecunda do que o desdém decorrente de a verdade ser tida como inatingível pelo homem. Como dirá em comentário a Leibniz: "[...] A consciência da necessidade de logicização do verossímil (junta-se) à exaustão imparcial de suas implicações metafóricas" (ibid., 130). A admissão de sua dubiedade conduzirá Pascal a presumir o que será conhecido como o cálculo das probabilidades, e, antes mesmo do projeto da *Encyclopédie*, que Diderot tivesse a formulação magistral:

Segundo o cálculo das probabilidades (*Selon les lois de l'analyse des sorts*) [...] não devo me surpreender que uma coisa suceda quando é possível, e que a dificuldade do acontecimento seja compensada pela quantidade dos lances (Diderot, D.: 1746, 22).

O último capítulo dos *Paradigmen* se intitula "Simbolismo geométrico e metafísica". Blumenberg observa que os movimentos analisados nos capítulos precedentes que levam da metáfora ao conceito e do conceito à metáfora são índices de que o que temos chamado de eixos da linguagem não formam campos estanques e fechados. Sem a necessária competência na matéria, limitamo-nos a observações superficiais. A exemplo da que acentua "o emprego de signos e figuras *matemáticas* em contextos filosóficos" (Blumenberg, H.: 1960, 168). De tal uso decorre que "o movimento circular e a forma esférica, enquanto figuras cósmicas fundamentais, sejam desde Platão e Aristóteles a encarnação da cosmicidade do cosmos, de sua plenitude e racionalidade" (ibid., 169). O que vale dizer, a impressão imagética serve de matéria metafórica e, por ela, se põe a serviço de uma explicação propensamente conceitual do cosmo. E tal comunidade de recursos, o metafórico e o tendencialmente conceitual, "é um índice seguro de uma necessidade mais profunda que a *simbólica*" (ibid.). Seu intercâmbio então se põe na primeira linha de combate entre concepções opostas, como a platônica contra a de Demócrito, "a forma esférica do cosmo platônico (servindo de) bastião contra o *apeiron* (o infinito) de Demócrito [...]" (ibid., 170).

Se a limitação profissional não nos permite desenvolver as consequências da notada simbiose, contentemo-nos com seu resultado primário: a filosofia antiga justificava sua posição ímpar porque, em sua prática efetiva, tinha o metafórico como um vetor que, transpassando seu limite de *enunciado sem resposta*, a dispunha a serviço do conceitualizável.

Homologia semelhante, cujo desenvolvimento é interditado por idêntico limite de quem aqui escreve, seria observável nas relações entre o humano e o divino.

Não sendo por masoquismo que atento para situações que não saberia desenvolver, a razão de trazê-las para aqui há de ter com a caracterização do pensador que temos examinado. Recordemos então a nota biográfica que, no início deste capítulo, extraímos do texto de Jürgen Kaube. Víamos que o conhecimento teológico de Blumenberg era acompanhado da terrível explicação do motivo que o tornara um descrente. Se com ele não sucedeu o que, em caso semelhante, seria o mais esperável — o desinteresse pelo conhecimento teológico acumulado —, em seu lugar se interpôs um raio de distância, que, mantendo-o afastado da prática religiosa, não o impediu de reunir o teológico às suas outras fontes de erudição. A teologia pôde assim se manter ao lado do interesse pelo pensamento científico, pela legitimação de seu tempo moderno, pela história, pelo mito, constituindo todo esste acervo a maneira como o autor manteve sua linha de indagação filosófica. O que seria razão de distância se converteu numa inusitada configuração de proximidades. É graças a ela que vemos revigorada toda uma filosofia da linguagem, a servir de respaldo para a retomada de uma abordagem filosófico-antropológica.

6. "Perspectiva para uma teoria da não conceitualidade"

Embora já tenhamos nos referido ao pequeno texto de 1979, seria imperdoável não dedicar maior atenção a ele.

De imediato, importa acentuar que já não se prioriza a metáfora como *Vorfeld*, campo preparatório para a conceituação. "Poder-se-ia dizer que se inverteu a direção do olhar: ela não é mais antes de tudo relacionada à constituição da conceitualidade, senão que *também às ligações que a enraízam no mundo da vida*, o qual é considerado como o respaldo motivador de toda teoria, embora tal respaldo não esteja sempre presente" (Blumenberg, H.: 1979, 87).

Também valeria dizer: a metáfora ajuda o analista a refazer o caminho da enunciação, obstaculizado pela presença da linguagem especializada. Em um exemplo, (que não poderia estar na obra de Blumenberg): a insistência no "conceito" de "caráter nacional", na primeira versão do *Raízes do Brasil*, decorria da ênfase metafórica na *terra*, com que os românticos brasileiros procuravam firmar a especificidade da expressão literária nacional, livrando-a da acusação de inexistente porque o país não dispunha de uma língua apenas sua.[11] Em âmbito internacional, seria o caso de indagar se a metáfora do *Blut und Boden* (sangue e solo), de tão trágicas consequências, não se relacionaria remotamente com a resistência, registrada por Tácito, das tribos germânicas à expansão romana. Formulação mais apropriada estaria contida nos termos:

[11] Cf. "Radicalismo e conservadorismo em Sérgio Buarque de Holanda", de Luiz Feldman, texto inédito.

Se, com a fenomenologia, se considera a consciência como uma estrutura de realização intencional, à medida que é ela "afetada" por textos, então cada metáfora ameaça a sua "concordância normal" (Blumenberg, H.: 1979, 88).

O que vale dizer: ao menos enquanto não esteja em vias de tornar-se congelada — i.e., aceita e usada sem se perceber seu lastro imagético próprio —, a metáfora introduz na prática da comunicação um elemento heterogêneo, perturbador da interação automatizada. Dois passos são então sugeridos:

1. A produção constitutiva da consciência consiste em atenuar as discordâncias, reencontrar a concordância dos dados enquanto dados de uma experiência, assegurando que a consciência obedece à realidade e não a ilusões (ibid.);
2. É sob a força de pressão reparadora da coerência ameaçada que o elemento a princípio destrutivo *converte-se* em metáfora (ibid.).

A explicação é não só convincente como, sem que o autor se manifeste a respeito, explica a reserva e a suspeita generalizadas que, comumente, cercam a metáfora, salvo quando ela já está tão diluída, que não é mais reconhecida como tal.

***

Elemento perturbador da conversa sem sobressaltos, a metáfora perde os dentes quando sua especificidade é perdida. Como a orientação de Blumenberg é pró-conceitual, não sendo reequilibrada por um efetivo interesse também estético, o enunciado acima lhe é suficiente. Dentro desses limites, a função da metáfora é formulável, nas palavras de Montaigne, como o meio que nos oferece *le visage du monde*. Ou, nos termos progressivamentre trabalhados pelo próprio Blumenberg, "a metáfora [...] conserva a riqueza de sua origem, que a abstração deve denegar" (ibid., 90).

Entendo que a abstração antagônica à metáfora tanto deriva da busca pelas ciências de restituir a concordância da experiência embaraçada pela ação metafórica, como da ação mesma do conceito. Nos dois casos, a metáfora é "integrada à intencionalidade por uma astúcia de reinterpretação" (ibid., 88). Reiterando a base de formulação já citada: a utilização de metáforas está em relação direta com a visada de "horizontes de totalidade" (ibid., 90), em contraste com o emprego de conceitos, definidos pelo horizonte estrito (unívoco) e necessariamente estreito a que se ajustam. Blumenberg recorre a um verso para melhor se explicar

> *Der Wald steht schwarz und schweigt*
> (Escuro, o bosque se cala)

A expressão "horizontes totais" seria inadequado se tão só valesse para a poesia. O argumento leva por certo em conta a *Toposforschung* de E.R. Curtius, mas nela não se encerra. A pesquisa do *topos*, no caso do verso, integrada ao "livro da natureza", pertence à categoria do indizível, porque o metafórico, já não se restringindo a servir de agenda para a formação de conceitos, "não poderá deixar de se integrar ao horizonte mais amplo de uma teoria da não conceitualidade, pois também a classe do indizível não é vazio" (ibid., 94). A defesa do indizível, enquanto integrante dos "horizontes totais", faz-se contra Wittgenstein. Se é aqui negativa a alusão ao filósofo, referido pelo *Tractatus*, isso não impede que seja crescentemente afirmativa sua presença, nesta segunda fase da reflexão metaforológica. A declarada duplicidade da reação de Blumenberg não deve surpreender: sua busca de averiguar as trilhas da não conceitualidade seria prejudicada fosse ela orientada, por sua própria inclinação pró-conceitual, quer na acepção filosófica, quer teológica, com exclusão da experiência estética. Para não nos estendermos pelo campo teológico, em que não tenho qualquer domínio, desenvolvo o argumento em plano apenas abstrato. Para Blumenberg, é inaceitável confundir-se o indizível com o místico, como faz o *Tractatus*, pois isso equivaleria a declarar que "entre o mundo da vida e o mundo das circunstâncias teóricas não poderia haver relações afirmativas" (ibid., 94).

Já em termos prático-concretos, o indizível pode se tornar a máscara para o que quer se manter dogmaticamente. Tais atitudes tão distintas a propósito do indizível não significam o endosso nem da negação wittgensteiniana, nem tampouco da estratégia sacerdotal, senão que dão lugar à apreensão de um tipo particular de metáfora absoluta: a já observada metáfora explosiva.

Como se vê pelo leque diversificado de respostas, a historicização do "mundo da vida" mostra-se, para Blumenberg, como a via eficaz para que, considerando a metáfora pelo aspecto da intencionalidade — seu papel de dissonância e desarmonia dos bem-arrumados constructos expressivos —, se entendessem suas incidências diferenciadas. Nesse leque de usos ainda falta referir-se o seguinte: ao declarar que "a analogia é o realismo da metáfora" (ibid., 99), Blumenberg assinala uma maneira de neutralizar a própria metáfora. Relacionando a afirmação com o que já escrevemos sobre a indispensabilidade de uma base analógica para a compreensão do metafórico, deveremos moderar a afirmação: a analogia desempenha esse papel neutralizador da metáfora caso admita sua substituição pelo termo que ela substituiu, conforme previa a *Poética*, precisamente em 57 b 16-24.

Destaque-se uma última passagem: "A inconceitualidade quer mais do que a 'forma' de processos ou de estados; ela quer a sua configuração (*Gestalt*)" (ib., 101). Para que a distinção faça sentido será preciso que se enfatize a ideia de "forma" conotar uma estaticidade relativa, ao contrário de *Gestalt* (configuração), em que ressalta a dinâmica plasticidade que circula entre seus componentes. A distinção será fundamental para que o segundo eixo da expressão não corra o mínimo risco de confundir-se com o deslumbramento da estetização.

7. A mosca na garrafa

"Fliegenglas" é o penúltimo capítulo da sétima e última seção do *Höhlen-ausgänge* [Saídas da caverna], o derradeiro livro publicado em vida do autor.

A alusão ao mito platônico é óbvia e, no livro, é frequente a referência ao filósofo grego. Mas o leitor de Blumenberg, sabedor que, em suas frases, a frequente ironia é ultrapassada pela sutileza das formulações, perguntar-se-á se, entre uma e outra, aqui não se intercala uma velada referência autobiográfica.

Posta, a pergunta não encontrará resposta. Ora, sendo esta uma das caracterizações da própria metáfora, a suspeita não muda de dimensão: arrolado como um dos textos acerca da metaforologia, "A mosca na garrafa" acentuaria a distância que já dissemos especificar a posição do autor quanto ao que escreve. Reduplicação que, configurada no horizonte fechado de uma garrafa, parece remeter à sua experiência durante o nazismo.

A hipótese por certo pouco agradaria a alguém zeloso da impessoalidade, como era o autor. Na verdade, a eliminação da hipótese não faria falta alguma no argumento que aqui se desenvolve. Ela, entretanto, reitera uma impressão considerável: "A mosca na garrafa" metaforiza o objeto da própria teoria; é uma sutil ironia sobre a própria condição do agente metafórico. Daí a extrema proximidade com o Wittgenstein das *Philosophische Untersuchungen*.

Como proximidade? O pequeno capítulo menos teoriza sobre o significado metafórico do que aborda seu íntimo relacionamento com as experiências de exaustão e de exclusão. Conduzir a metáfora à experiência da exaustão significa não confundir a metáfora com a condição de formulação verbal, para convertê-la em ícone da situação do "mundo da vida". Lembrando outra vez o título do ensaio de Marquard, "Entlastung von Absoluten" [Liberação do absoluto], por grande que seja a relevância da metáfora no entrelaçamento com a conceitualidade, ao caráter de absoluta da metáfora acrescenta-se sua disposição terrena, sensível, mortal. Fazê-la transpassante de seu próprio umbral significava torná-la mundo, não só enquanto *Erfahrung* (experiência), mas como algo pessoalizado, *Erlebnis* (vivência). Entendido nesse rumo, "Im Fliebenglas" torna oblíqua a experiência estética. Se essa, em sua plurivocidade, pouco interessava a Blumenberg, enquanto condição para a presença da arte, que *cria a distância do eu* (*schafft Ich-Ferne*) (Celan, P.: 1961, 49), obliquamente a ela, a metáfora, em sua condição de espécie verbal, permanece dela "próxima e a salvo das perdas: a linguagem" (Celan, P.: 1958, 38). Blumenberg rara vez se referira a Celan. Por isso não podíamos considerar menos discutível sua presença na indistinção da metáfora com experiência. Dizer que por ela ainda saíamos de alguma perda supõe que a verdade ainda guarda algo da versão otimista do *logos* grego. Se a linguagem concebe o pensamento para refletir — e não só para nomear —, é ela, mais do que os traumas e os transtornos pessoais, o lugar pelo qual manifestamos nossa exclusão do absoluto.

Por certo, a linguagem assegura a oposta inclusão, resultado da intencionalidade, daqueles com que nos comunicamos e, com o outro, a revelação de alguma coisa, a *inventio*. Todos esses resultados porém não eliminam a exclusão primordial, a garra da inconfundível solidão. A exclusão é resultante da indecifrabilidade do tempo interior, *schafft Ich-Ferne*, o indecifrável de si próprio para o próprio sujeito.

Só o gosto do iludir-nos nos leva a pensar que nos conhecemos. Ainda assim, por mais dolorosa que seja a relação entre linguagem e exclusão, e seja biunívoca a relação entre linguagem e exclusão, só em estritos termos lógicos a última palavra está traçada. A situação elementar da vida, simplista apenas em sua aparência, é embaraçada. A partir das *Philosophische Untersuchungen,* Wittgenstein analisava o caso de quem acreditava estar recluso sem notar que uma porta permanecera semicerrada. O estado de reclusão é formulado no fragmento que fixa a equivalência entre "o ideal em que assenta nosso pensamento e aquele em que estamos assentados":

> O ideal de nosso pensamento fixa-se de maneira constante. Não podes sair dele. Estás sempre de volta. Não há algo fora. Fora falta o ambiente da vida. De onde vem isso? A ideia se põe sobre nosso nariz como os óculos e o que vemos por eles. Não nos vêm à mente tirá-los (Wittgenstein, L.: 1953, & 103, 296).

Não seria possível concretizar-se a proposta por Wittgenstein pela situação do camponês do *Processo* diante da porta da catedral? Ele não é impedido de passá-la porque teme a recusa do guardião, mas porque não pede para fazê-lo.

Ao lado da reclusão em um ideal, há outra variante: a que resulta da ausência de ideal. Wittgenstein não a desenvolve e tampouco Blumenberg. Mas isso não os impede de aventá-la. Ela será até mesmo mais corriqueira. Será por isso menos dolorosa? Talvez se possa declarar que a anterior é decorrente de uma obsessão lógica e a segunda de uma ilusão biológica: que um jovem pense que a "indesejável das gentes" indefinidamente nele não se fixará.

Os pensadores citados se restringem aos casos enumerados. A linguagem, porque promete o encontro além de si, termina por nos mostrar semelhantes a moscas que se debatem no interior de uma garrafa. Estamos, em suma, excluídos. Porém, mais do que isso, somos reclusos. Assim sucede pelos ideais que perseguimos — admitamos chamar assim a própria reclusão. Mas não há ainda um caso não considerado? Suponhamos outra versão da cena do camponês kafkiano. Digamos que não lhe importa a presença do guardião. A reclusão estaria evitada? Ou a saída da metáfora contra a metáfora da reclusão humana não consistiria e se reativaria em que ele se tomasse como uma mosca cujo voo não fosse impedido por garrafa qualquer?

Possivelmente, alguém já deve ter pensado na assunção do estado de absoluta ingenuidade como saída para a prisão humana. Mas ela pode ser levada a sério? É verdade que, a partir da descrição da conformidade humana, conforme o entendimento que Blumenberg oferecera da intencionalidade não perturbada pela metáfora, bem se poderia conceber que o ingênuo total se confundiria com a criatura absolutamente automatizada.

Duas objeções logo protestam. Por maior que seja a "concordância normal" no proceder de alguém, por mais que alguém se isente do transtorno do metafórico, não parece concebível que alguém consiga manter seu estado adâmico. Se isso fosse possível, estaria isento da reclusão e do isolamento, até mesmo porque nunca pretendera sair de sua caverna.

Se assim for possível, será por este alguém não estar investido do mínimo reconhecimento do estado de solidão. Então parece que a suposta terceira via não passaria de uma fantasiosa arbitrariedade. Pois a solidão absoluta, equivalente à ingenuidade absoluta, só seria imaginável se não houvesse a mínima consciência da mortalidade. Mas só chegar a conceber esse limite já justifica que Blumenberg declare que a reflexão de Wittgenstein o levou além do mito platônico da caverna. "Ele não mais precisa manter os presos sujeitos à sua situação" (Blumenberg, H. 1989, 767).

Sem que tenha trazido um material novo para a teoria da não conceitualidade, "A mosca na garrafa" tem a rara qualidade de acentuar que Blumenberg compreendeu que sua metaforologia dava condições de percepção de algumas de nossas desastrosas constantes: a macabra hierarquia das ordens discursivas, o menosprezo da técnica enquanto modo de fazer e não de saber, ao lado da empáfia dos conceitólogos, da arrogância mais recente dos *high-tech* e a constituição dos infames desequilíbrios sociais pelo desprezo dos construtores de "colheres de pau", dos tantos meios que contribuem para a permanência de uma sociedade racista.

Tudo isso ele fez.

8. A teoria da não conceitualidade

Organizado postumamente por Anselm Haverkamp, a *Theorie der Unbegrifflichkeit* é o reverso da reflexão anterior e a continuação do que o *Ausblick* processara. Mesmo por isso se lamenta que o autor não tenha ido além de uma coleção de fragmentos. Não que sejam incompletos. Ao contrário, sua formulação curta e simples parece mesmo contrariar um certo tom esotérico, que já levou alguém a comparar suas obras mais extensas aos ensaios de Walter Benjamin.

Aproveitamos ser este o único livro do autor lançado no Brasil para tornar menor a extensão do comentário. Sinal dessa decisão é o que se diz de imediato: entre as várias definições propostas para a metáfora absoluta destaca-se a que aparece no terço final: ela manifesta "uma insuperável resistência ao contexto" (Blumenberg, H.: 2007, 113/65). O decisivo não está nem no ultrapasse da fase de colaborador do *Dicionário* de Joachim Ritter, nem quando, nas pegadas do último Husserl, mostrava o metafórico como um distúrbio que havia de ser absorvido para que a intencionalidade não se confundisse com a atuação de uma concordância normalizada. Se a fase em que a metaforololgia era definida como meio auxiliar para a história dos conceitos era explicável pela expectativa de fazer seu projeto integrar-se em uma produção de impacto, a segunda tem consequências intelectualmente muito mais amplas. Desde logo porque explica a razão do desnível multissecular entre o conceitual e o não conceitual. A razão mais séria é contemporânea do que vem a dizer sobre a metáfora. Defini-la — por certo, não a trivial — por sua resistência ao contexto significa afastá-la da mera dominância da analogia. Tornando mais explícito o que já dissemos e assinalando haver sido Ricoeur quem nos alertara para a questão, a máxima resistência da metáfora significa a impossibilidade de, não sendo entendida analogicamente, não poder ser substituída pelo termo que substituíra, i.e., não confundir com o ornamental. Em vez de identificada com a analogia, a metáfora é transgressora. Mas a precisão assim alcançada ainda não é suficiente. Ao contrário, tomada ao pé da letra, a metáfora assim equivaleria a um desvario proposital, pois só o desvario provocado se confunde com a pura e simples transgressão do estabelecido.

Como sair da dificuldade? Pelo entendimento que, à semelhança da *mímesis*, cuja realização não se confunde com a pura diferença quanto a um referente — muito menos, como se afirma recentemente, sem relação qualquer com qualquer referente —, a metáfora tampouco é idêntica à pura transgressão. Nesse contexto, qualquer ameaça de pureza se confunde com a barbaridade. Aristóteles tinha razão ao caracterizar o *mímema* pela combinação de verossimilhança e diferença. Como já explicamos, o *vero-simile* — o semelhante ao que uma coletividade considera verdadeiro — é a condição para que o receptor disponha de uma pista para penetrar no que o *mímema* lhe propõe. Do mesmo modo, a transgressão metafórica precisa manter um *Restbestand*, um resquício. Transgressora, a metáfora se distancia do analógico. Deste, entretanto, mantém um resto, que serve de orientação para seu receptor.

A metáfora então se define como uma *concordia discors*, como uma discordância que, para comunicar, necessita dispor de uma parcela de concordância quanto à comunidade a que visa. Volte-se ao exemplo que atrás examinamos: o "Mattina" de Giuseppe Ungaretti.

O contato de um título com um dístico é suficiente para estabelecer o circuito entre o *vero-simile* e sua magistral transgressão. Alguém se atreveria a traduzi-lo por um "isso quer dizer"?

Reiteramos a mínima passagem porque permite que a leitura de Blumenberg, ultrapassando seu menor interesse pelo estético, verifique que seu alcance não se restringe ao campo em que mais trabalhou. A abordagem da composição de um poema comprova que sua análise é tão fundamental quanto a das experiências em que mais se empenhou.

Tome-se como exemplo a questão da liberdade em Kant:

> Não há uma consciência da liberdade, experiência alguma da liberdade, construção alguma da liberdade e, em consequência, no sentido estrito do termo, nenhum conceito de liberdade. Ela é, no entanto, a condição de possibilidade daquelas coisas pelas quais sabemos que há diferença entre o bem e o mal, pelas quais podemos ser criaturas éticas. Se houvesse experiência da liberdade, não haveria mais *eo ipso* qualquer possibilidade de experiência, pois o valor do determinismo é a condição de possibilidade dos objetos da experiência. Para a razão prática, como condição de sua própria possibilidade de ser na consciência, a existência da liberdade torna-se um *postulado*. [...] Por isso então não é um conceito, pois um tal pensado não pode por si mesmo ser compreendido como antecipação que viesse a ser preenchida pela intuição (Blumenberg, H.: 2007, 86-7/D 44).

A *liberdade* é, portanto, um *noumenon* negativo. Se o positivo, traduzível como essência, não era capaz sequer de se aproximar do conceito científico — pela distinção já sabida entre permanência da *ousia* e correção sempre provisória do científico — o *noumenon* particular da liberdade depende de sua disposição contrária, i.e., de sua urgência prática, fundamento da ética, sem a qual nenhuma sociedade sobreviveria. Ao assim suceder, não só se torna claro por que à sociedade não basta o entendimento, por complexo que seja, de seu arsenal conceitual, como por que a oposição milenar entre *theoria* e *téchne* fundamenta a hierarquia de modalidades discursivas e de atividades profissionais de que se alimenta a desigualdade social.

Tratamos atrás de como a experiência estética supera seu vazio não pela *Form*, senão que pela *Gestalt*. Volto à questão por uma volta mais extensa. O realce do conceito sempre esteve ligado à seriedade do trabalho, à precisão de responder às necessidades humanas. Automaticamente, com isso, as áreas do prazer e da fruição eram submetidas, se não confundidas, com o campo do ócio, permissível aos que usufruíam do êxito operacional dos conceitos, quando não dos meros preconceitos. Ora, chegado ao fim da tarefa que consumira sua vida, Blumenberg observa que "*o êxito do conceito é ao mesmo tempo a subversão de sua função*".[12] "A renúncia da contemplação favorece o *retorno da contemplação*" (ibid., 66/27). Assim argumenta tendo em conta que "o conceito, o instrumento de liberação da representação não imposta do presente, é ao mesmo tempo o instrumento de aspiração por um novo presente, mas, desta vez, não forçado senão que buscado" (ibid.).

A inferência será entendida de modo falso se associarmos conceito e necessidade, fruição e metaforicidade, pois tais associações serão corretas apenas como ponto de partida, deixando de sê-lo porque, no curso da resposta ao necessário, de que o conceito o deriva, o metafórico ou desempenha seu papel como "campo prévio" do conceito, ou no contexto temporal do "mundo da vida". Em vez, portanto, de entendermos o "equilíbrio" entre renúncia da fruição e estímulo para seu retorno, consideramos viável considerar apenas que as áreas da necessidade e da fruição são passíveis de se interpenetrar, como interpenetráveis são os dois eixos da linguagem. Dessa inter-relação é aceitável acrescentar-se que "a metáfora penetra no contexto estético, ou melhor, como a estética, em seu conjunto, deriva do substrato metafórico e mítico" (ibid., 67/D 28).

De sua parte, dessa inter-relação entre necessidade e fruição deriva um aspecto que não deve ser ignorado. Refiro-me à discutida relação entre experiência/ficção estética e realidade. Observa o autor:

> A ficção estética, entendida como o grau mais baixo de uma realidade só passível de ser tolerada por um atrelamento à prevenção, apresenta-se como um estágio que facilmente reivindica o menos possível de realidade, talvez sem que

---

[12] Corrijo a tradução do *Teoria da não conceitualidade*: em vez de "retorno" (*Umkehrung*), leia-se "subversão".

saiba que realidade devesse ser ela. A situação de alívio do espectador não será suportada ou não deverá ser suportada se a troca de realidade e ficção converter-se no pressuposto de uma certa retórica, que exige o fim da arte porque crê poder trocar a realidade por ela própria (ibid., 67-8/29).

O desenvolvimento recebe um tratamento inesperado e profundamente atual. Referindo-se a um certo acontecimento em que Breton interveio, Blumenberg chama a atenção para o fato de que a superposição da arte com a realidade, procurada literalmente por surrealistas e hoje reativada pelo neodadaísmo do último Duchamp, por Warhol e semelhantes, mais recentemente, pelas frequentes *instalações*, em vez de expor um campo novo para a arte, é um caminho fácil para sua inclusão no mercado de bens.

Contra o que Blumenberg propusera há pouco, em vez de a necessidade encaminhar para a fruição, ela então encaminha para o divertido divertimento. Pois a diferença — cujo sentido literalmente corresponde ao que Aristóteles chamava de necessário (*anankè*) —, que insistimos em tomar como o componente fundamental dos objetos de arte verbal e pictórica, se confunde com a condição para que, mediante uma certa distância quanto à realidade, seja criada uma perspectiva não só prazenteira, mas transgressora. Ou seja, para uma espécie de experiência reflexiva.

A referida distância é decisiva para que o receptor tenha condições de compreender que o que chamamos de *realidade* não é algum lugar fixo ou conceito supremo, para o qual haveria de convergir o melhor da arte humana, senão que apenas um imprescindível conjunto de convenções que regula a convivência dos membros de uma certa coletividade. Ao assim entendermos, a arte deixa de correr o risco de se confundir com a reiteração do esperado; de se confundir com o deleite do confortável.

Rio de Janeiro: agosto de 2013-setembro 2014

APÊNDICE

AUTOCONSERVAÇÃO E INÉRCIA PARA A CONSTITUIÇÃO DA RACIONALIDADE MODERNA[1]

Hans Blumenberg

Há conceitos que, para a formação histórica, têm a mesma significação que, para a formação geológica, os fósseis importantes. Para o começo dos tempos modernos, o conceito de autoconservação tem essa relevância. Já W. Dilthey, no ensaio de 1893, expressamente apontara[2] para a sua posição central no *sistema natural* do século XVII sobre a autonomia e o racionalismo construtivo, muito embora, pela tese acerca da origem na recepção da Stoa, tenha impedido sua possível autenticidade. Dieter Henrich chamou claramente a atenção em uma curta nota[3] sobre a conexão entre a dissolução da tradição escolástica e a desmontagem do princípio teleológico: "O impulso de autoconservação é a contrainstância extrema de toda a teleologia antropológica. Pois é o único impulso de movimento subjetivo, que, por força de sua definição, não tem qualquer finalidade. Na psicologia, ele é o precursor da força de continuidade de Newton (*vis inertiae*), aquela força que liberou definitivamente a física da teleologia aristotélica do 'lugar natural'. As buscas de um fundamento da ética, que se seguiram a Hobbes, estão todas a ele relacionadas [...]". Não obstante se afirme nessa tese o "impulso de autoconservação" biopsicológico como precursor do princípio de inércia — e assim permanecia válida a metafórica orgânica da tradição estoica —, a incompatibilidade com a afirmação da descendência de Dilthey é reconhecível no fato de que o neoestoicismo leva adiante e conserva em grande medida o teleologismo, que, conforme

---

[1] Tradução de "Selbsterhaltung und Beharrung. Zur Konstitution der neuzeitlichen Rationalität". In: *Subjektivität und Selbsterhaltung. Beiträge zur Diagnose der Moderne*. Hans Ebeling (ed.). Frankfurt am Main: Surhrkamp, 1976, pp. 144-207, por Luiz Costa Lima. Dos textos latinos por frei Joseph Sigès; supervisão de Doris Offerhaus.
[2] *Weltanschauung und Analyse des Menchen seit Renaissance und Reformation* (Ges. Schr. II, 283-292).
[3] "Der Begriff der sittlichen Einsicht und Kants Lehre vom Faktum der Vernunft". In: *Die Gegenwart der Griechen im neuren Denken*, Tübingen, 1960, p. 91.

a tese de Henrich, deve ser precisamente eliminado do conceito de autoconservação. R. Spaemann procurou então aprofundar o conceito de autoconservação como *inversão da teleologia*.[4] Mas essa inversão se mostra como a mera redução da distinção originária da metafísica aristotélico-escolástica entre *actus primus* e *actus secundus*. Segundo essa redução, toda atividade não é mais a elevação secundária de uma existência prévia para sua perfeição possível senão que, como atividade, é exclusivamente relacionada a essa existência como resultante de sua conservação. Conservação não é mais o mínimo dos pressupostos para toda ampliação, *realitas* não mais a mera condição para a *perfectio*, senão que a essência do fim possível daquela ampliação, e, assim, de todas as realizações e ações. Tal redução conclui na fórmula de Spinoza, conforme a qual *realitas* e *perfectio* são o mesmo.

Campanella, a quem Spaemann remete, ainda o formulava dentro da ética tradicional: *Conservatio igitur summum bonum est rerum omnium* (A conservação é, portanto, o bem supremo de todas as coisas). A conservação é reduzida ao "bem supremo" — mas que tipo de conservação? A teoria de Campanella do amor de Deus dá a resposta: esse amor, que se funde com o amor a si (*Selbstliebe*) na identidade, equivale àquele *qui dat nobis esse et conservat et perpetuare* (que nos dá o ser e conserva e nos pode conservar). Torna-se assim claro que, pelo centramento do interesse vivo na conservação do mesmo, a produção dessa conservação vem de fora e é passivamente acolhida; que, portanto, *conservatio* ainda pertence bastante ao contexto contingente medieval. Daí não se abre um caminho para o mero desdobramento ou crescimento por Spinoza, para quem o amor de Deus não é a condição da conservação senão que manifestação da autoconservação como essência daquilo que o ente já tem em si como seu *modus* e não precisa sequer produzir.

A história do conceito da "autoconservação" não se obtém de maneira bastante nem pela recepção estoica, nem pela redução à teleologia e à doutrina do *actus* aristotélico-escolástico. Se, como Dieter Henrich, vê-se o processo histórico-conceitual correr sobre a *vis inertiae* (força da inércia), deve-se considerar que o conceito de força tem aqui ainda

---

[4] *Reflexion und Spontaneität. Studien über Fénelon*, Stuttgart, 1963, 53 ss. (No presente volume: 79 ss.) Em Fénelon, a cuja interpretação é aplicado o recurso da história dos conceitos por Spaemann, encontra-se o campo de expressão da "conservação" (*Erhaltung*), (junto ao qual, "*conservare*" figura antes de tudo como o intransitivo "*perseverare*"), e também o escolástico "*inclinatio*", que era antes de tudo "*inclinatio ad quietem*", a teoria do movimento: *L'inclination pour être heureux, n'est donc qu'une suite de l'inclination qu'on a pour conserver son être et sa vie.*

apenas um papel metafórico. Já a primeira lei do movimento de Newton relaciona o conceito das forças apenas negativamente ao *perseverare in statu suo* (permanecer no seu estado) e exclusivamente de modo positivo ao *statum suum mutare* (mudar seu estado). Só essa é a posição metafísica de Spinoza, expressa em termos físicos. Não é tão só um novo princípio racional entre outros, mas sim o próprio princípio da nova racionalidade.

Ocasionalmente, textos secundários, mesmo porque são preparatórios, ajudam a perceber com mais força a situação. A partir de um deles — além do posterior a que aludirei —, levanto o problema histórico-conceitual da relação entre a recepção antiga e a destruição escolástica.

I

O artigo "Conservation", no quarto volume da *Encyclopédie française* de 1754, foi escrito por Formey. Esse francês, nascido em Berlim, pertencia à equipe, que, pela primeira vez no século XVIII, administrou e organizou a ciência. A sua mente, que era a cabeça mais ativa da Escola de Leibniz e Wolff, tinha elaborado, independente de Diderot, o plano de um dicionário universal. Ao se lhe apresentar o empreendimento francês, seu trabalho preliminar restringiu-se ao plano de sua tradução para o alemão. O secretário permanente da Academia Prussiana, o autor do sétimo volume da "Belle Wolfienne", ridicularizado por Rousseau, nos notas ao pé de página da *Émile,* surge como coautor da *Encyclopédie française.* A forma do artigo "Conservation" é característica do eclético indeciso, que ainda acrescentava a Leibniz e Wolff uma dose de Hume, sem poder dissimular o equilíbrio que buscava estabelecer entre as autoridades.

Em sua argumentação, o artigo parte de posições metafísicas muito convencionais e deixa apenas reconhecer pela ênfase que sua função não corresponde mais à proveniência de sua argumentação. O termo *conservatio* é usado transitiva e não reflexivamente. Preservação é a obrigação primária das criaturas, que, por assim dizer, não podem se satisfazer a si mesmos, razão por que são dependentes da ação de Deus: *On voit bien que toute créature a besoin d'être conservée.* Essa situação elementar tem duas possibilidades de interpretação. Uma é, para o autor, a doutrina representada por Descartes da *création continuée*. O mundo não só se originou do nada, senão que a cada instante de sua existência deve ter sua estabilidade protegida contra a recaída no nada. Essa constante atividade criadora é comparada com a imaginação humana, cujas imagens têm apenas existência e presença, como a imaginação é ativa e recebida no *Dasein*. A comparação encerra o pensamento comum da obra de arte como manifestação duradoura da imaginação, em analogia à criação do mundo. O que, no primeiro momento de sua existência, é condicionado pelo ato criador, permanece em cada momento seguinte de sua existência ante a carência de uma necessidade interna. A indiferença de todo o real à sua existência requer para sua duração um fundamento externo a ele, assim como, no modelo da teoria aristotélica do movimento, o corpo que se move requer para cada momento do curso a causalidade coordenada da *vis motrix* (força motora). Talvez nos pareça estranho que, nesta formulação, a posição escolástica da *creatio continua* seja representada por Descartes, mas isso caracteriza admiravelmente a dissolução de todo o pano de fundo medieval na história moderna das ideias no século XVIII. O modo como Formey se conduz com seus materiais lembra a necessidade metodológica de valorizar pelos efeitos a escolha de suas autoridades. Por isso Descartes torna-se, para os tempos modernos, amplamente representante das posições tardo-medievais, como aparece antes de tudo na disputa, na França, entre cartesianismo e newtonianismo. Também para a compreensão de Spinoza é instrutiva essa indicação sobre a presença daquele elemento medieval em Descartes.

Em sua terceira "Méditation", no curso da autoanálise da consciência humana, Descartes começa sua prova de Deus em encontrar o conceito de uma criatura, que não é capaz de atribuir a si próprio a sua própria existência. Mas, ao se relacionar esse processo mental com a mera origem única e temporal, constrói-se uma consciência que, por falta da lembrança em seu começo, acredita que sempre existiu e para a qual a questão de seu criador permanece ignorada. Essa objeção, puramente descritiva e assumida quanto à condição de consciência, leva Descartes a recorrer à ideia de *creatio continua* e, na verdade, por meio de uma teoria atomística do tempo, segundo a qual cada momento de existente é contingente quanto ao precedente e ao que se lhe segue.[5]

---

[5] *Meditationes* III 31 (éd. Adam-Tannery VII 53): *quoniam enim omne tempus vitae in partes innumeras dividi potest, quorum singulae a reliquis nullo modo dependent, ex eo quod paulo ante ferim non sequitur*

A reflexão fundada no fato de que eu ainda exista de modo algum implica que deva agora existir. Para isso antes deve ser fornecida uma causa, que a mim, neste momento de algum modo me crie de novo — a expressão: mantém-me na existência não diz outra coisa. Essa interpretação é comprovada como a consequência da pontualidade do tempo presente do *cogito ergo sum* cartesiano. Ela declara expressamente que *creatio e conservatio* comprovam-se apenas como diferentes aspectos da mesma coisa: da natureza do tempo decorre que a duração de um objeto necessita da mesma causalidade (*vis, actio*) como seu começo no tempo. Em consequência, tão só a uma criatura pode ser atribuído que também ela seja a causa de si mesma, ou seja a Deus. A consciência meditante nada encontra de uma força que lhe pudesse garantir a certeza de agora existir, assim como a certeza de existir no futuro: nada de uma vis *per se existendi* (força por si existente).[6]

Descartes oferece essa consideração apenas para assegurar sua prova de Deus e, desse modo, o caráter dado do mundo físico externo. Ao mesmo tempo, porém, é por ele prefigurado algo que será crucial para a história do conceito de "autoconservação": ou seja, considerá-lo independentemente da condição de autocriação (*causa sui*). Dito de outro modo: Descartes mostra que tipo de contradição é possível aos pressupostos escolásticos, por ele ainda admitidos, quanto à conservação passiva do mundo. Pode-se ver claramente que Spinoza se mantém dentro desse travejamento e o modifica em uma determinada direção.

Formey, o pastor da comunidade reformada francesa de Berlim, investe um interesse bastante diverso na teoria da *creatio continua*, que lhe é oferecida por Descartes. Para ele, o ponto decisivo é teológico, expressão sistemática do máximo domínio de Deus sobre suas criaturas e do mínimo poder dessas sobre si mesmas: *Nous ne sommes rien de nous-même. Dieu est tout*. Quão distante essa ponta teológica está distante da genuinamente cristã deixa-se ver em que a metafísica da *conservatio* inverte abertamente o pensamento escatológico fundamental: não

me nunc debere esse, nisi aliqua causa me quasi rursus creet ad hocv momentum, hoc est me conservet [Pois todo o tempo de minha vida pode ser dividido em uma infinidade de partes, cada uma das quais não depende de maneira alguma das outras; e assim, daquilo que um pouco antes fui, não se segue que eu deva ser agora se não for que neste momento alguma causa me produza e me crie, por assim dizer, de novo, ou seja, me conserve].
[6] Ibid., p. 32: ... *si quae talis vis in me esset, ejus procul dubio conscius essem*... (... se tal poder residisse em mim, certamente deveria estar consciente disso...). Como o *cogito* nada mais é do que "consciência", deve ser "consciente" de suas possibilidades ativas; por isso todo o processo mental do conceito escapa do tempo, sem consideração pela existência de corpos físicos — pois o tempo é tomado como um puro dado "interno" da consciência.

é no fim de toda a história que uma ação violenta de Deus contra o mundo destrói sua existência ou o transforma, senão que o mundo a cada momento perece, porquanto ele não é preservado pela explícita interdição da vontade divina. O aniquilamento é sua tendência imanente, conservação é o contraste transcendente. *Nous avons besoin à chaque moment, non d'une simples permission qu'il nous donne d'exister, mais d'une opération eficace, réelle, et continuelle qui nous preserve de l'anéantissement.*

Formey no entanto não cala as consequentes surpreendentes dessa posição metafísica para a autocompreensão dos homens. Com hábil malevolência, oferece algumas citações dos artigos "Pyrrhon", "Pauliciens" e "Manichéens" do *Dictionnaire* de Pierre Bayle para mostrar a impossibilidade da liberdade humana e a autorresponsabilidade, dados os pressupostos da metafísica da contingência. Se cada ato da criação deve ser, conforme sua possibilidade, ao mesmo tempo um ato do criador — a teoria do *concursus* mostra-se apenas como uma especificação da tese da *creatio continua* —, com o que a teodiceia torna-se impossível. Esse argumento é mais uma vez instrutivo porque acentua não o interesse antropológico, senão que o teológico-metafísico. Ironicamente, o artigo de Formey aparece um ano antes do começo da crise de toda indagação da teodiceia, provocado pelo território de Lisboa e pelo uso literário que Voltaire fez do mesmo.

Esse interesse na possibilidade da teodiceia parece aproximar-se da posição alternativa que aqui surge com o nome de Pierre Poiret (1646-1719). Não nos deve neste caso chocar que o espírito enciclopédico, por ele objetivamente apresentado, de qualquer modo se ligasse a um nome não representativo da autenticidade do pensamento. Em todo caso, ante a ausência de originalidade filosófica, esse erudito propagador, contemporâneo da mística para senhoras (Antoinette Bourignon, Jeanne Marie Guyon), era um dos influentes opositores do cartesianismo. Em sua obra, em sete volumes, e muito traduzida, *Economie divine* (1687), supunha-se de maneira peculiar a economia racional da vontade divina. Formey acolhe sua lição: já na criação, Deus concedera às criaturas a capacidade de fazer com que sua existência prosseguisse por si mesma. A condição para tanto consistia em que Deus lhes permitia que, em sua existência, não se consumasse a revogação do ato escatológico. A *conservatio* do mundo é a postergação, simetricamente associada, do ato de extermínio da criação.

Também essa posição tinha seu lado bizarro: ela consistia em que a preservação da premissa do poder infinito é ainda mais adequada do que um poder constantemente exercido sob a forma da *conservatio*. Uma vez então introduzido o argumento metafísico da contingência, com o qual se conclui desde a estrutura essencial do finito até a sua incapacidade de ser ele mesmo alcançado na existência, com essa afirmação ao mesmo tempo limita-se o poder criador, porquanto lhe é negada a faculdade de por si mesmo subsistir na existência e assim de, em suma, formar a criatura que se conserva. Essa restrição da onipotência seria contudo apenas permitida se o conceito de uma criatura criada e que a si mesmo se conserva trouxesse consigo uma contradição. Aqui, Formey estabelece claramente a conexão com a problemática da teodiceia, que antes de tudo lhe interessava. O postulado da plenitude da criação requeria que fosse concedida às criaturas uma *force permanente*, que, no primeiro momento, estabilizasse o realce do nada, de modo que a explicitação da revogação impunha que o mundo tivesse um fim.

A comparação com o mecanismo de um relógio que, nas mais diversas formas e mais distintas diferenças, acompanha as ciências do homem dos tempos modernos, também cabe aqui: *Le monde est une horloge, qui étant une fois montée continue aussi longtemps que Dieu s'est proposé de la laisser aller.* Apesar da metáfora da relojoaria — e sem que o autor pareça dar-se consciência da contradição —, explicita-se a consistência dessa posição com a liberdade humana como sua vantagem decisiva: *La liberté de l'homme n'est nulle part aussi bien établie que dans cette opinion.* Confere-se também, conforme esse aspecto, a possibilidade da teodiceia: Deus só é responsável pelo primeiro momento da criação, por sua qualidade genuína, ao homem cabe sua história posterior. Parece-se assim voltar ao começo da tradição da teodiceia cristã com o "*de libero arbitrio*" de Agostinho, em que a liberdade humana aparecia com o mal menor em relação às consequências gnósticas de um duplo princípio absoluto do mundo.

Por certo, o acento se deslocara; o artigo de Formey se apoia na separação da responsabilidade divina pelo mundo através da autorresponsabilidade humana, no sentido da responsabilidade que recaía sobre si. O homem continua o culpado pelo mal do mundo, mas o é antes de tudo por conta da unicidade do ato divino de criação e, de seu lado, enquanto criatura criadora: *Il est créateur de ses actions*. A clara intenção de Formey é essa ligação da teodiceia com a antropologia, da apologia de Deus quanto ao mal moral e a apoteose do homem quanto a seu lugar diante do mundo. O *Dieu est tout* da exposição cartesiana põe-se simetricamente aqui como consequência ante *l'homme est tout*. No começo da relação da teodiceia com a liberdade humana, o interesse de Agostinho estava exclusivamente na justificação do mal físico no mundo com ajuda do mal moral do homem e, desse modo, se procedia a liberação de Deus; agora a responsabilidade pelo mal por assim dizer é o preço irremediável para que ao homem também seja imputado o bem que suas ações causam no mundo.

Do parágrafo que o enciclopedista dedica às suas dificuldades se infere que ele vira essa consequência mas não bem a medira. Como já expusera a interpretação de Poiret no artigo, o poder criador eleva-se sobremaneira na origem do mundo, ao mesmo tempo que a providência divina se converte em um acompanhante insignificante, cuja relevância, antes de tudo absorvida, acompanha o curso do mundo e o homem preocupado com o bem-estar de si próprio. A divindade quase apenas atua por concessão, por conceder o adiamento da destruição do mundo e, dessa maneira, liberar a sua história imanente. *Tout ce qu'il a à faire, c'est de ne pas le détruire*. O Deus dessa "economia", depois da criação, encontra-se no mais absoluto descanso, e dele apenas sai quando quer surpreender os homens por um milagre extraordinário. Dentro da *Encyclopédie*, como o instrumento mais alto do Iluminismo, que considerava ser o milagre o mais violento dos escândalos, esse pensamento causa estranheza. Mas aqui sua menção tinha a função argumentativa bem determinada de que a possibilidade de alcance do milagre igualmente significava que a duração da existência do mundo não constituía um milagre. A possibilidade do extraordinário exigia que o fundo do bem estivesse regulado. Na admissão do milagre, formula-se a concessão que deve bastar para que se revele transponível o abismo do nada, entre a criação e o que devém. Agrada ao autor e ao leitor do artigo que o caráter prazenteiro do começo e do fim distantes do mundo e da intervenção ocasional por motivos particulares se apresentassem como o preço menor para a insegurança terrível daquele momento do mundo para opor, pela representação da *création continuelle*, um conceito seguro, mas não demasiado ousado, da autoconservação do mundo, como dom do Onipotente. O risco da *Encyclopédie* estava exatamente no que interessasse nela e agregasse em torno dela o maior público possível, mas, ao mesmo tempo, encontrasse a representação geral da heterogeneidade desse público e a medida do razoável ou até do suportável por ele.

Acrescenta-se ao artigo de Formey um adendo do editor, que tanto resignado como ironicamente equilibra o resultado dos esforços metafísicos antiteticamente exibidos no artigo. No fim da curva, se está de volta, assim se estabelecera, ao mesmo ponto de que se partira e em que se permanecera, e que devia ser bastante. Essa ironia muito se relaciona com o método de exposição de Formey, que trabalha conforme o padrão dos tropos dos céticos, na medida em que ambas as concepções antinômicas, apesar de todo o realce que lhe é prazenteiro, são tão irreconciliáveis como vacilantes. O que é insuportável para o pensamento presente nesse modo de exposição, i.e., que o homem seja mantido na existência, perde peso no espaço da *Encyclopédie*, cujo interesse, em grande medida, se dirigia aos esforços do homem *em manter-se a si próprio em vida* (*im Dasein*). É a propósito representativo um artigo subscrito pelos editores, "Culture des terres", em que é expressivamente posta de início a ideia da autoconservação como o princípio de dedução da ordem natural da conduta humana no mundo: *L'idée de conservation est dans chaque individu immédiatement attachée à celle de son existence...*

O adendo, com um asterisco anteposto, composto por Diderot, trata o tema "Conservation" sob o aspecto da moral. É por isso estranho que o artigo pouco trate das deduções desse princípio já elaboradas desde Hobbes e Spinoza. A lei da conservação é uma das leis naturais básicas, pois sua superação ou sua transgressão deveria ter por consequência a anulação de todas as outras. Dessa maneira a lei da conservação está para as outras leis da natureza na mesma relação que a existência de um objeto quanto às suas demais qualidades; essas são possíveis apenas sob o pressuposto daquela: [...] *elle est par rapport aux autres lois, ce que l'existence est par rapport aux autres qualités*. Transposta para o campo da moral, a lei natural significa que cada um deve conservar sua existência tanto quanto possível — para consigo mesmo, para seus amigos, para seus parentes, para a sociedade. Essa ampliação por meio de um "para", faz com que o dever de autoconservação se inclua em uma interpretação teleológica, como antes nunca se havia formulado. Por algumas das relações apontadas, que o homem infrinja a lei da autoconservação introduz um pensamento de justiça: porquanto tais relações obrigatórias não advêm da natureza, então as escolhemos livremente, as assumimos e não mais depende de nós abandoná-las, sem que se cometa injustiça, sem o consentimento dos afetados. Esse pensamento mantém deste lado a insatisfatória interpretação teleológica da lei natural, embora a contraparte contratualmente compreendida figure o momento da racionalidade nua, no sentido do contrato de submissão de Hobbes. De onde porém é tomada a articulação, a manter também contratos inexprimíveis, talvez antes se revele no regresso, no fim do artigo, ao ideal tradicional do *"honnête homme"*. De todo modo, conservar-se não é só uma possibilidade própria a todas as criaturas, senão que é um mandamento para aqueles que contraditam a sua própria autoconservação. Daí deriva como fundamento primeiro de todas as ações que elas devem estar em consonância com a autoconservação — e com a conservação dos outros, como é outra vez acrescentado: *Fais ensorte que toutes tes actions tendent à la conservation de toi-même, et à la conservation des autres; c'est le cri de la nature: mais sois par-dessus tout honnête homme.*

II

Apesar de sua indiferenciação do conceito de conservação, na verdade tendenciosa, e de sua sujeição ao contexto teológico, o artigo na *Encyclopédie* de Formey inequivocamente ressalta a ambiguidade da *conservatio* como "atividade" exógena e endógena. Mas antes de tudo é claro que a conservação, no sentido endógeno, é pensada como contraconceito de conservação, no sentido exógeno. Já a manutenção do termo *conservatio* é característica para a formação antitética do conceito. De seus pontos de vista, tanto Spinoza como Newton consideraram que *perseverare* era o termo adequado para a formulação mais geral do princípio de conservação — *o efeito de cada causa persiste*. Newton emprega o termo em sua definição 3, para determinar a *potentia resistendi* atribuída à matéria e na explicação da definição 4 da *vis impressa*: *Perseverat enim corpus in statu omni novo per solam vim inertiae* ("pois só pela inércia um corpo mantém o novo estado que adquire"). E Spinoza articula o termo *perseverare* com o conceito de *conatus* (esforço), cuja dificuldade não é inferior ao conceito de força. Ante o termo *perseverare*, a designação de *conservatio* dava a possibilidade de marcar precisamente a importância de uma contraposição a um elemento fundamental da tradição. A tese, a ser aqui defendida e que se podia considerar como que preparada pelo artigo na *Encyclopédie*, dispõe o conceito de *conservatio sui* contra a tradição da *conservatio* transitiva como valor extremo da *creatio continua,* fundamentalmente contra a concepção geral da contingência na escolástica. Dessa maneira, contudo, é questionada a tese central de Dilthey sobre a origem estoica do conceito de autoconservação, então restrita ao retorno determinado ao arsenal da formulação antiga e à metáfora orientadora de caráter orgânico. Tal retorno ao material antigo ademais identifica a camada do termo em que se articula a alternativa para o sistema escolástico da contingência. Não devemos confundir esse fenômeno com o que se chama "influência" e que, no uso histórico, deve *esclarecer* um certo dado segundo seu conteúdo e não só conforme sua forma lexical. Mas em parte alguma o pensamento antigo tinha lugar para o conceito de autoconservação, na definição dada, que só pôde ser motivado pelo realce do problema no sistema escolástico.

A Idade Média legou uma pergunta que a Antiguidade em suma desconhecera; pusera a questão, a produzira autenticamente porque acreditava ter uma resposta — a resposta provocou a necessidade da pergunta. A resposta era a afirmação delirante de uma dependência constante, a mais interna e radical, do mundo quanto a Deus, que não só devia ser seu único criador, não só seu monarca e administrador, como, no sentido mais estrito, aquele que o conservava. Pela construção consequente dessa resposta, originavam-se na Idade Média os conceitos altamente específicos de *creatio continua* e de *concursus divinus*. A Idade Média obrigava-se a pensar, contra o patrimônio de sua recepção da metafísica antiga, o *nihil*, por assim dizer, como o estado metafísico normal e a *creatio ex nihilo* como o milagre que constantemente se impõe contra essa normalidade. O retorno à origem da contingência não podia ser a reconstrução do incontestável antigo; da pergunta, desde então radicalizada, a nova resposta, no sentido da afirmação de sua racionalidade, também tinha de ser mais radical. O material disponível pela recepção da Stoa não satisfazia essa exigência.

Da tradição estoica, no curso de sua retomada por Vives, Telesio, Giordano Bruno e Justus Lipsius, advêm por certo dois elementos: desde logo, a interpretação orgânica da autoconservação como da totalidade da conduta dos seres vivos, incluindo o animal do mundo que chamamos de cosmo, e, nesta conexão, a necessidade de falar de

213

"forças", por certo, de falar da natureza, como faz Campanella com os *vires se conservandi* (forças que se autoconservam), assim como pode-se dizer que a vida é a essência daquelas funções inibidas pela morte. Por outro lado, a ligação da autoconservação com a teoria dos afetos, de que a *conservatio sui* é vista como raiz, sendo a *constantia* a sua transposição ética.[7] Nenhuma dúvida era posta pelas verificações de Dilthey do material estoico em Spinoza, por meio de Telesio e da escola filologênica holandesa por ele liderada; mas essas ajudas de formulação não continham a mínima dúvida sobre a captação mais rigorosa dos pensamentos fundamentais e para a projeção de uma racionalização mais ampla.

Para isso, com efeito, Hobbes já dera parcialmente um exemplo, mais precisamente, a propósito do conceito de Estado: a transgressão do *status naturalis* pelo contrato de sujeição não é mais comparável a uma conduta de autoconservação instintiva, senão que é a consequência da determinação formal da razão pela liberdade de contradição da conduta racional como uma conduta de tal ordem que, em suma, não possa entrar em conflito com a conservação da pura existência. Para poder demonstrá-lo, o estado de natureza já deve se mostrar como um conceito de direito; i.é: ser antes de tudo formulado como um estado de direito. A conservação é aqui o conceito fundamental, que proporciona consistência à teoria, e não a suposição de um impulso dos diferentes modos de conduta que se permite derivar de uma energia primária. A autoconservação não é a unidade orgânica da existência humana, que a razão instrumentaliza como meio de subsistência senão que é a norma racional de um processo. Assim o conceito racional de um direito não será de tal ordem que por ele a possibilidade de direitos venha a ser ultrapassada. Um sistema de direito deve ser construído como autoconsistente, e isso a ponto de inibir o *status naturalis*.

De acordo com nosso conhecimento histórico do material estoico, essa ligação entre os princípios da autoconservação e da contradição

---

[7] Quem queira mostrar que, em alguma parte já nos antigos se verificam os fundamentos *in nuce* da ciência da natureza, não precisará dar muitas voltas ou também antes de tudo poderá encontrar uma forma primitiva no princípio da conservação, pois neste reside, como Kant formula, a "possibilidade de uma verdadeira ciência da natureza". Um exemplo inesquecível é dado pela pesquisa de P. Natorp, que encontra no conceito de bem em Platão um equivalente da *ideia de conservação* e que antes de tudo compreende, desse modo, o conceito de cosmo do *Fedro*: *A ordem do mundo diz da conservação do mundo em seu elemento fundamental*. [...] *Cada coisa em particular deve estar tão ordenada, ou seja, conservar-se a si mesma, como se impõe para a autoconservação do todo pela ordenação sistemática desse todo* (Platos Ideellehre, Leipzig, 1903, p. 148).

pode ter um tênue começo em Zenão; na animada e dominante recepção da Stoa do século XVI, realizada sobretudo através de Cícero, não se mostra nenhuma comprovação disso. Nem Vives e Telesio, nem Giordano Bruno chegaram, a partir da representação orgânica básica da autoconservacão, a uma concepção formal. Ser o termo "autoconservação", e, antes de tudo, a relação entre parte e um certo todo descrito como tendência à integração e reintegração constantes, que insere a força de atração, ainda não explicada, da massa maior quanto à menor, em um esquema orgânico (como sucede em Giordano Bruno[8]), não é esboço algum da *construção do universo pela razão*.[9]

Mesmo Francis Bacon, em que antes de tudo se poderia ver algo como a transição entre Giordano Bruno e Hobbes, não chega à construção racional. Apesar de sua polêmica contra a finalidade aristotélica, sua teoria do movimento permanece determinada por pressupostos teleológicos. Na verdade, desvincula o "movimento natural" do *locus naturalis*, porquanto os lugares no espaço apenas devem ser algo pensado e não se há de lhes atribuir efeitos reais; mas o movimento rumo ao lugar natural é substituído pelo princípio da autoconservação das grandes massas pela união das menores, daquelas separadas.[10] A *conservatio* transitiva escolástica repercute em a conservação ser fundamentalmente a do todo, só secundariamente e, por assim dizer, a modo de ajuda, das partes. Esse *motus congregationis maioris* (movimento em prol de maior densidade) não é o "efeito" da grande massa senão que o resultante do esforço das pequenas massas "no interesse de sua autoconservação".[11] O *consensus mundi* (harmonia do mundo) é o princípio de explicação do movimento, portanto um termo especialmente estoico, que Bacon expressamente recusa como critério de verdade, mas que aqui acata como metáfora do estado físico das coisas. A consistência do corpo é também apresentada, enquanto relação de poder de algumas de suas partes sobre outras, e este ímpeto de ordenação se mostra no movi-

---

[8] A respeito, cf. do autor *Die Legitimität der Neuzeit*, Frankfurt, 1966, pp. 561 ss.
[9] Dilthey, op. cit., 283.
[10] *Novum organum*, II, 48; WW I, 346: *Per hunc motum terra stat mole sua, moventibus se extremis suis in medium; non ad centrum imaginativum, sed ad unionem* [É por este movimento que a terra depende de seu próprio peso, enquanto seus extremos se movem em direção ao meio, não a um centro imaginário, de modo a se manter unida].
[11] Ibid., p. 340: *... in novem illis motibus, de quibus diximus, corpora tantum naturae suae conservationem appetere videntus...* [Nos nove movimentos precedentes, os corpos parecem visar à mera conservação de sua natureza].

mento seguinte de submissão como *motus politicus*.[12] — Só em Bacon o potencial metafórico da autoconservação estoica emerge plenamente, graças à sua afinidade específica com a formulação orgânica, bem como político-jurídico.

Põe-se aqui fatalmente a pergunta sobre o que da Stoa, como material autêntico, de fato passou para o curso da tradição. A premissa da concepção estoica da autoconservação consiste em que ela é uma atividade, um processo. Em vez da constância estática do modo de ser aristotélico, se expunha uma estrutura dinâmica. Coesão e firmeza do corpo físico fundam-se no ciclo abrangente do *pneuma*: (espírito) não só organismos, como também a pedra e a madeira estão postos neste elemento muito fino que neles circula, como ligado por uma cadeia que se distendesse do centro do corpo até sua superfície e retornasse ao centro. Cada coisa da natureza reproduz, sob esse aspecto, o cosmo.[13] O *tonos* (tom) cósmico é uma maneira de empenho do cosmo contra o vazio (*kenon*) que o circunda, para que tal vazio, por assim dizer, não o absorva ou o desfaça. Essa importante mudança da cosmologia aristotélica, que, além da última esfera, não admitia espaço vazio algum, levantava pela primeira vez o problema da autoconservação do cosmo, talvez como a propósito da suposta destruição dos mundos na física de Epicuro. Assim a autoconservação como característica universal de todas as entidades físicas devia ser uma atividade, porquanto os estoicos partilhavam da premissa platônica do *Sofista* (247 DE), segundo a qual todas as determinações do ente hão de ser compreendidas como atividades ou como sofrimentos.

A matéria, contudo, não é mais uma parte apenas passiva, depois que a disjunção entre razão e necessidade, entre *nous* e *hyle* (mente e matéria), tenha sido abandonada, e o *logos* não é mais postulado como algo inseparável da *hyle*.[14] Isso tinha por consequência que o impulso elementar derivado da autoconservação devia ser encontrado no substrato da matéria. Isso seria um esboço possível para a identificação por Spinoza da *realitas* com a *perfectio*. Mas não será admitido como

---

[12] Ibid., p. 344: ... *per quem partes in corpore aliquo praedominantes et imperantes reliquas partes fraenant, domant, subigunt, ordinat, et cogunt eas adunari, separari, consistere, moveri, collocari, non ex desideriis suis, sed prout in ordinis sit* [pelo qual as partes predominantes e diretoras de qualquer corpo refreia, reduz e regula as outras e a força a se unir, separar, manterem-se em repouso, movimentarem-se ou assumirem uma certa posição, não a partir de qualquer inclinação delas mesmas senão que de acordo com uma certa ordem].

[13] *Stoicorum veterum fragmenta*, ed. v. Arnim, II, 458; I, 497.

[14] Ibid., II, 307

determinação racional senão na teoria do afeto geral da autoconservação como a determinação mais geral do homem, da criatura viva e da matéria no nono livro de *De natura rerum* de Telesio.

A cosmologia estoica conservava, em uma parte essencial, a concepção aristotélica, a saber, o realce físico do centro do mundo. Claramente, sob a instigação das teses epicúreas aceitava-se uma centralização de todos os processos do mundo neste centro e a autoconservação era exposta como o constante "giro para dentro" do cosmo, como ela se manifesta fenomenicamente no movimento da queda, como o primeiro movimento natural.[15] O todo se conserva à medida que constantemente se apropria de suas partes; sua duração não é mais a eternidade, como em Aristóteles, senão que uma "produção" imanente do próprio todo e que nele se consome, que se materializa por todo elemento dotado de fogo, que tanto constitui a configuração do mundo como a exaure em sua forma desgastada. O modelo aristotélico do movimento cósmico pelo motor imóvel é formalmente mantido, mas invertido no diagrama para a imanência: o centro é o imovível, que move tudo o mais de modo que, como alvo pontual de tudo que se move, não deixa espaço para que algo se mova senão que permanece apenas uma travessia imaginária do todo para si mesmo. Ou seja, por meio desse modelo giratório, figura-se o cosmo como um ser vivo, a ser descrito como o grande animal (que, no fundo, deve ser o equivalente do fenômeno da gravitação). O centro do mundo como centro do espaço vazio sem fim, do puro nada, no ponto mais extremo, é equivalente ao ponto de referência da autoconservação, da compactação extrema e da segurança. O todo é constituído de tal modo que consuma constante e dinamicamente essa relação com seu centro.[16]

A questão é como essa cosmologia se comporta quanto à ética estoica. A pergunta leva por isso ao núcleo da história do conceito da autoconservação nos tempos modernos porque ela aqui tanto se assemelha com sua ética e política, à medida que essas incluem o princípio da autoconservação, que, de sua parte, tornou-se paradigmático para o princípio físico da inércia. Ora, temos igualmente no fundador da escola, Zenão, a fórmula básica ética e bastante abstrata do "viver em harmonia". Do ponto de vista do desenvolvimento tardio da ética estoica, essa fórmula é vista como um esboço, e, na verdade, como um

---

[15] Ibid., II, 550
[16] Ibid., II, pp. 554, 549.

esboço para a tradição do conceito essencial de natureza. Pois "viver em harmonia" significa desde logo apenas ainda "viver em harmonia com a natureza". Evidentemente, contudo, essa não é a interpretação genuína da fórmula de Zenão, pois, se concordamos com Willamowitz em tomá-la no sentido individualista que assumia em Schiller (de acordo com a condessa Terzky): *cada caráter idôneo tem o direito de estar em harmonia consigo mesmo*,[17] também pode ter o sentido bastante formal de estar em paz consigo. A velha e abstrata fórmula é por completo um princípio de autoconservação por ser a constância possível da vontade em face do que é o seu próprio pressuposto: o momento formal não deve fazer com que se adultere a constância aqui considerada como uma certa "natureza" ou como interpolação na natureza, que a harmonia extraia seu princípio de um autêntico dote trazido da primeira infância e transformado em visível. Do mesmo modo, nesse caso, a harmonia projetada com a "vida conforme à natureza" dos peripatéticos não restabeleceu a afinidade desfeita pela tradição.

A frase de Sêneca *semper idem velle atque idem nolle* (*sempre querer e não querer é a mesma coisa*)[18] pode ter sido o vínculo particularmente afirmativo para a *morale par provision* que retorna com Descartes e é ilustrada pela alegoria do viajante extraviado na floresta, ao qual apenas pode ajudar que sempre siga a direção que tenha tomado, pois assim poderá usufruir da vantagem de que toda floresta é finita.[19] Mas essa determinação formal da *résolution* derivada de um falso princípio é, em Descartes, apenas o recurso de uma moral provisória, cuja superação definitiva devia exatamente consistir em que uma conduta objetiva, evidenciada por uma física definitiva, garantisse o benefício mais alto

---

[17] E vom Wilamowitz-Moellendorf, *Der Glaube der Hellenen*. Darmstadt, 2. ed., 1955, II, p. 291.
[18] Sêneca: *Ep. Mor.* 20, 5 (= ep. 109, 16). A 20ª "Carta a Lucilius" permite reconhecer que uma compreensão formal do "viver em concordância" (*homologumenos zen*) distinguia a ética da "vida conforme à natureza" de toda outra ética, e, assim, Zenão se distingue de Crisipo e de todas as fórmulas posteriores. Faltava contudo à ética de Sêneca de *una regula*, do *unus omnium actionum color*, do *ut ipse ubique par sibi idemque sit* (20, 2) (uma só regra), o princípio de que (todas as ações são de uma só cor), que um homem é semelhante a si mesmo sob todas as condições e sempre é o mesmo homem — um momento racional decisivo para a superação da positividade. Quando ele se representa a objeção de seu destinatário, a ação irrevogável deve no entanto também ser correta, contesta ele, esta *exceptiuncula* (pequena restrição) é absolutamente desnecessária, pois apenas o justo poderia sempre agradar: *non potest enim cuiquam idem semper placere nisi rectum* (porquanto homem algum pode sempre apreciar a mesma coisa, a menos que ela seja correta. Aqui, Sêneca está quase a ponto de — sem que chegue a fazê-lo — inverter o mandamento da homologia, de tal modo que a possibilidade daquele *semper idem velle* (sempre querer a mesma coisa) se convertesse para todos em critério para a comprovação do que é sempre querido ou, como no caso de Hobbes, na possibilidade de reinvindicar o direito natural como critério para a necessidade dos direitos civis.
[19] Descartes, *Discours de la méthode* III, 3.

e mais seguro para a autoconservação e a autossatisfação. O conceito estoico de natureza, ao contrário, impunha a exigência da conformidade a um princípio teleológico, como se reconhece pela doutrina do *prote oikeosis* (apropriação original) da criança. A figura do impulso original (*prote horme*) oferece a norma ética de uma conduta, capaz de uma estabilidade interna e, assim, pode-se manter a si mesma. O que Zenão pode ter pensado e se deixa reconhecer no emprego de uma expressão puramente lógica para o contrário de seu ideal do *machoménos zen* (viver em contradição), de qualquer modo, é na tradição e na recepção da Stoa esmagado ou ocultado pela sobrecarga de seu conceito de natureza e de sua capacidade supostamente sempre realizável. A fórmula secundária, já interpretada, recobrira seu achado primário: o que apenas deve-se achar no princípio na naturalidade imediata de sua consequência imanente, é instado pelo ideal ampliado em um modo de paralelização constante à natureza e, dessa maneira, fixado em uma interrogação heterônoma sempre renovada. O retorno à autoconservação como a raiz da doutrina geral dos afetos procura reduzir o princípio da conformidade com a natureza a um mínimo econômico, que, ao mesmo tempo, oferecia à oposição constante ao epicurismo a vantagem da subtração do princípio do desejo. Mas precisamente esse mínimo econômico se mostra com a determinação de sua origem, ou seja, da descrição dos modos de conduta e ações, e não dela se origina.

Se se considera o problema da recepção estoica conforme o efeito das fontes e a expressividade das fórmulas, Cícero é como o nosso mais importante respaldo para o que se pode precisar como os começos dos tempos modernos. É para tanto significativo que a grande estima de Cícero conecte-se estreitamente com a crítica da escolástica e de sua ligação com Aristóteles. Cícero mostra claramente que a autoconservação, no sistema de escola das filosofias helenísticas, é antes de tudo um comparativo negativo com todos os princípios eudemonísticos e hedonísticos da ética, e, desse modo, por assim dizer, propicia a pesquisa, pela economia do princípio dado da evidência física da necessidade do desdobramento do catálogo do espaço e primazia da *virtutes*. A *constitutio prima naturae* é de antemão um radical antropologicamente dirigido, significativamente com um elemento supranumerário de cunho voluntarista: *omnis natura vult esse conservatrix sui, ut et salva sit et in genere conservetur suo*[20] (todo organismo natural visa a ser

---

[20] Cícero: *De finibus bonorum et malorum* IV, 7, 16.

aquele que conserva a si próprio, para assegurar a sua própria segurança e sua conservação em seu próprio gênero). Esse princípio estoico da autoconservação como uma vontade compreende não só o indivíduo senão que o gênero e, desse modo, se acrescenta à afirmação aristotélica da constância das formas do ser. Mas justamente esse componente gerativo mostra que a expressão para a vontade não é aqui ocasional, pois a autoconservação como atividade é compreendida como um processo determinado por intermédio de um fim. Em consequência, a discussão do estoico Catão com Cícero avança da vontade para o centro, da *natura* à *ars*, à *vivendi ars* como o cerne do que pertence à natureza para o trabalho suplementar e condutor que se desintegra, segundo o dualismo de corpo e espírito, em duas especificações, em que não tarda muito na arte da autoconservação corporal, senão que chega às artes da autoconservação espiritual, que agora se manifestam como o catálogo tradicional das virtudes. A natureza proporciona ao menos o princípio de dedução para tudo que, de sua parte, não é mais natural: todo o artificial, tudo que é determinável pela vontade, relaciona-se ao fim que, em geral, a natureza busca.[21]

Mesmo se Cícero intenta superar e corrigir o modo das escolas estoica e epicúrea pelo sistema de seu mestre Antiochos de Askalon, ainda censura o preceito fundamental da natureza que os jovens seguem: o *primus appetitus*. Mas também isso é formulado de tal maneira que, no plano das criaturas, não seria o afeto do amor-próprio manifestação de um princípio de autoconservação cósmico senão que aquele afeto é a circunstância elementar incitada pelos atos de autoconservação: *Omne animal se ipsum diligit ac, simul et ortum est, id agit, jut se conservet, quod hicei primus ad omnem vitam tuendam appetitus a natura datur, se ut conservet atque ita sit affectum, ut optime secundum naturam affectum esse possit*[22] (Toda criatura viva gosta de si mesma e desde o momento em que nasce procura assegurar sua conservação pois o primeiro impulso a ela conferido pela natureza para sua proteção na vida é o instinto de autoconservação e em favor da manutenção de si próprio na melhor condição possível, de acordo com sua natureza). O impulso de autoconservação pode compreender duas expressões da razão governante da natureza, mas, de sua parte, não ser razão pois se apresenta

---

[21] *De finibus* IV, 8, 19.
[22] *De finibus* V, 9, 24

de maneira mais pura ali onde ele mesmo ainda não se compreende e se mostra.

Aqui a diferença com Hobbes se torna bastante clara: a autoconservação como impulso acaba no estado da exploração constantemente periclitante de todos os direitos naturais; a autoconservação como razão se verifica nestes direitos em geral para recuperá-la conforme a medida da vontade legislante. A fórmula que Cícero põe na boca de M. Pórcio Catão é remanescente da formulação abstrata de Zenão do princípio estoico da unanimidade e alude à afeição do animal por *ipsum sibi conciliari et commendari ad se conservandum* (por si mesmo e ao impulso de se conservar a si mesmo), a que no entanto se acrescenta uma discussão sobre a instrumentalidade, ou seja, a *conservantia eius status* (conservação de seu estado presente).[23]

Em suma, embora a Stoa tenha posto o problema categoricamente e o tenha introduzido por fórmulas constantes, também não abandonou a posição aristotélica da constância eidética, senão que apenas a ampliou com a ajuda da metafórica do organismo do mundo sobre o todo: *mundus eundem habitum ac modum servat*[24] (o mundo mantém o mesmo caráter, os mesmos limites). O que se liga à ideia de conservação com o *logos* do mundo estoico é o pressuposto de um padrão definido, por assim dizer canônico.

III

A Idade Média interpretou o problema da conservação por um aspecto bastante diferente. A questão não era a confiabilidade do mundo, do cosmo que se mantém ante o espaço vazio ou ante o caos material (*hyletisch*). Trata-se agora da tenaz insistência na dependência por antonomásia do mundo quanto a seu criador, na generalização do momento da criação a partir do nada em uma indigência constante do que foi criado quanto à sua conservação. Não se precisa comprovar que esse pensamento não pertence ao contexto do conceito bíblico da criação, constituído como prévia para a história e não como cosmológica. A Idade Média encontrou, em primeiro lugar, no conceito de contingência, a explicação radical do pensamento da criação; naquele conceito

---

[23] *De finibus* III, 5, 16.
[24] Sêneca: *Ep. Mor.* 79, 8.

cuja origem, na história da metafísica, é um dos poucos de cunhagem especificamente cristã, conquanto procedesse da latinização da lógica aristotélica. A contingência define a constituição de um mundo criado do nada, e destinado à destruição, mantido em sua existência pela vontade divina e concebido por um ser incondicionado e necessário. A metafísica aristotélica, na verdade, considerara a oposição fundamental entre possibilidade e realidade, mas não entre possibilidade e necessidade, a partir da teoria das modalidades lógicas; o deus capaz de mover-se do aristotelismo (*der Beweggergott*) é suficientemente definido como realidade pura (*actus purus*); a necessidade cabe-lhe apenas numa consideração regressiva como o princípio do processo do mundo; não é um *ens necessarium*; e de modo algum *causa sui* (causa de si mesmo).

Se se leva em conta como a alta escolástica considerava sistematicamente possível interpretar a doutrina teológica da criação em termos da teoria aristotélica do movimento, e se se concebe a conexão entre o criador e a criação conforme o princípio do *omne quod movetur ab alio movetur* (tudo que se move, deve ser movido por outro), torna-se de imediato inteligível a dependência do conceito de contingência quanto a esse axioma. A proposição aristotélico-escolástica, cujo conteúdo físico tem por fim a afirmação da causalidade concomitante ao movimento, pode ser formulada como o princípio transcendente da conservação do mundo: cada momento de um movimento exige uma particular causalidade movente. Deve-se observar em qual sequência sistemática esse princípio do movimento serve às necessidades de prova da escolástica. Antes de tudo, ele possibilita um conceito de Deus ajustado às exigências de demonstração da escolástica: sob o pressuposto do princípio do movimento, demonstra-se a causalidade concomitante, conforme o modelo do motor imóvel, no livro XII da *Metafísica* aristotélica. Toda a dificuldade, contudo, está em fazer com que o conceito de Deus definido por essa função seja suplementarmente equipado com o atributo da criação do mundo.

Aquele *primum movens immobile* de Aristóteles implicava um mundo que sempre existira, ao menos uma matéria prévia. A *causa efficiens* aristotélica induz um substrato de mundo *ad esse hoc* (ser esse), mas não implica que fosse *ad esse simpliciter*.[25] Ser isso assim, contudo, não depende, conforme a suposição manifestada por Tomás, da causa

---

[25] Tomás de Aquino: *Summa contra gentiles*, II, 6.

atuante senão da suposição do substrato material prévio. Se se pensa esse substrato reduzido a zero, *eo ipso* a causa eficiente converte-se em causa criadora; a *causa efficiens* não só fundamenta o mundo em seu *actus* senão que também em sua potência. A criação então seria um ato do motor imóvel, pelo qual o que há de se mover não só ainda não é de antemão senão que, no ato de mover-se, deve ser produzido como sua condição necessária. Não se trata aqui de expor a falácia desse raciocínio, dados os pressupostos do sistema aristotélico-escolástico; no sentido aristotélico, *movere* significa acima de tudo *facere aliquid ex material* (fazer algo da matéria), mas não *producere res in esse* (produzir uma coisa em seu ser), no sentido do *ex nihilo* radical.[26] O esclarecimento dado no final da operação intelectual: *Creatio non est motus* (a criação não é movimento) pouco altera o processo geral da argumentação se esse se baseia na premissa de que a criação é um modo de valor limite da causalidade do movimento. Está-se aqui na dependência de que esse conceito de movimento, que exprime um predicado insuperável da realidade do mundo, é a alavanca para a execução da e, desse modo, da tese da autoconservação impossível de um ente em um momento qualquer de sua existência.

No uso do termo "movimento", a escolástica claramente supera Aristóteles, que o admitia apenas para as três categorias de quantidade, qualidade e lugar, e assim queria que estivesse expressamente excluída a primeira categoria, a substância. Desse modo considerava que a origem de um ente como tal e com respeito à sua determinação essencial nada tinha a ver com o esquema do "movimento". Para traspassar esse limite, devia ser levantado o problema da *conservatio* e ser ele ajustado à concepção de *movens* e *motum* (do que se move e é movido). Mas também desse modo a modesta exigência de prova, que Aristóteles pusera[27] de outra maneira em seu fundamento do movimento, crescia acentuadamente. Aristóteles ainda não se fiava na mesma "evidência" da linguagem, que levara os escolásticos à univocidade do passivo latino *moveri* (ser movido), a partir da ambiguidade do meio-passivo do grego *kineisthai*, de modo que esse pudesse se limitar à análise hipoteticamente fundada em conceitos, para evidenciar que cada ser que é movido *moveri* demanda um *movere* (algo que se move).[28] Se o

---

[26] *Summa contra gentiles* II, 16, arg. 3-40.
[27] *Física* VII, 1; VIII, 4.
[28] Tomás de Aquino: *Summa contra gentiles* II, 6.

"movimento", no sentido amplo de "mudança" (*motio*), deve também significar que algo pode surgir do nada, que pode haver algo em vez do nada, mostra-se inevitável a conexão com o dogma da criação. Ora, do conceito de natureza de Aristóteles derivava o fundamento importante de considerar com prudência o caráter exógeno do "movimento", pois, para ele, a *physis* (natureza) era seu princípio (*arché*); já os escolásticos compreenderam o termo *principium* nas traduções latinas no sentido absolutamente genuíno de que aquele "movimento" poderia ser um *consequens* dessa natureza. Não se supunha, contudo, que o primeiro motor fosse essa natureza, senão o criador (*generans*) dessa natureza. Aqui, um risco considerável obviamente ameaçava o conceito fundamental e sua função. Então cada movimento natural (em oposição ao violento) tem seu princípio na natureza (*forma*), tanto entre os corpos "pesados" quanto nos "leves" da física aristotélica: *Licet enim formae simplices non sint moventes, sunt tamen principia motuum; ad eas enim consequuntur motus naturales, sicut omnes aliae naturales proprietates*[29] (Pois embora as formas simples não sejam moventes, são de todo modo princípios de movimentos, porquanto os movimentos naturais resultam delas, assim como todas as outras propriedades naturais). Isso se conecta à discussão sobre se o céu, graças à sua natureza, poderia se mover; Tomás o negava, porque cada movimento natural deveria ter o descanso como meta e assim é impossível que o movimento por si mesmo fosse produzido pela natureza, por assim dizer, como seu fim.[30] Que as rotações dos corpos celestes sejam movimentos contínuos e "sem meta" opõe-se à sua subsunção ao conceito de "natureza" como princípio do movimento: *Non igitur motus caelestis principium est sola natura* (Por isso, o princípio do movimento celeste não é simplesmente a natureza do corpo). Desta maneira a introdução de um motor intelectual das esferas por fim justifica todo o sistema dos motores cósmicos, que culmina no motor imóvel. Torna-se perceptível, nesta passagem, toda a dificuldade de conceber-se a conservação do estado de movimento com os meios oferecidos por esse sistema. Pois todo "movimento" é, por assim dizer, instrumental — um meio para um fim, o caminho para um alvo —, e o que não se pode justificar por uma posição de repouso alcançado ou alcançável, no mínimo não se pode explicar ao menos em

---

[29] *Summa contra gentiles* III, 23, arg. 4.
[30] Ibid., arg. 5: *Impossibile est igitur quod natura intendat motum propter seipsum*. É assim impossível para a natureza sempre tender ao movimento por conta do movimento.

termos de uma "natureza". Enquanto os corpos celestes se mostram indiferentemente quanto a cada *ubi* (onde), todos os movimentos naturais são limitados, segundo uma distância finita pelo alcance do seu *locus naturalis*. Mas também para esses movimentos naturais dos *gravia* e *levia* vale a pergunta se são movidos por sua natureza apenas (*sola natura*). Se Averróis tinha respondido a essa questão ao dizer que a disposição elementar para se mover em direção ao *locus naturalis* é o "motor", para Tomás o motor é o *generans*, por conseguinte o criador, que expressamente aqui recebe o termo reservado para a Trindade: *moventur per se a generante, quod facit ea essa gravia et levia...* (... são movidos por si pelo criador que os faz pesados e leves).[31] Portanto, o que no aristotelismo era encarado como pertencente apenas à geração orgânica, era aqui usurpado pela cosmologia. É claramente um cristianismo que se afasta de Aristóteles, um cristianismo que procura retraçar os movimentos naturais no contexto da criação. Com isso, mostra-se por fim todo o problema da conservação, porquanto Deus, à medida que põe as naturezas das coisas como seus princípios de "movimento", também define a conduta delas, para as quais lhes concede a *virtus*, bem como a cobra[32] (... *sicut continue tenens virtutem in esse*) (... também continuamente como sustentando seu próprio ser). A ideia do movimento natural reduz a função do motor à de gerador (*generans*), que contém em si aquilo que é movido pela natureza apenas de seu princípio interno, de que decorre a consequência do "movimento". Mas Tomás salta outra vez com agilidade sobre essa restrição, de modo a afastar a causalidade da criação e da conservação da perigosa proximidade com a metáfora orgânica da criação. Deus é *causa virtutis collatae, non solum quantum ad fieri sicut generans, sed etiam quantum ad esse, ut sic posit dici deus causa actionis inquantum causat et conservat virtutem naturalem in esse* (... a causa do poder conferido, não só como gerador no seu tornar-se, mas também em seu ser; e assim Deus pode ser dito ser a causa de uma ação, tanto por causá-la, como por manter o poder natural de seu ser). O incômodo *generans* — mesmo que seja uma modificação insignificante, um equivalente lógico — repercute no *causat et conservat*. Desse modo, porém, a articulação entre *natura — virtus — actio naturae* é sobredeterminada como consequência e a causalidade imanente é deformada

---

[31] In VII *Física* VIII, 8.
[32] *De potentia* q. 3a. 7: *Et hoc modo Deus agit omnes actiones naturae, quia dedit rebus naturalibus virtutes per quas agree possunt...* [Deus causa todas as ações da natureza por dar a todas as coisas naturais as forças pelas quais elas se habilitam a agir].

em transcendente. Aristóteles, na verdade, viria a se tornar o ponto de referência da autorrepulsão e do antagonismo à ciência dos tempos modernos; de maneira mais exata, contudo, dever-se-ia declarar que, nos pontos decisivos, o lugar de referência do antagonismo muito simplesmente se manifesta no pseudoaristotelismo da escolástica.

O axioma da causalidade concomitante, inferido da física aristotélica, foi antes um elemento sistematicamente indispensável de sua extravagância teológica, a que já os autores da patrística não eram estranhos.[33] Na alegorese da história da criação de Agostinho, o pensamento da constante necessidade da natureza por Deus era um momento de excesso piedoso: quando explicava o descanso de Deus, depois dos seis dias de trabalho, dizia que isso apenas significava que Deus não mais criaria outras espécies de criaturas, mas de modo algum que "descanso" quisesse dizer que se negava à *administratio* do já criado.[34] Suas palavras sobre a *gubernatio* das coisas criadas, sem a qual tudo de imediato se destruiria, relacionava-se ao estado de um mundo formado e ordenado, e não simplesmente ao retorno da *creatio ex nihilo*. E isso porque o termo *conservatio*, que aqui não é usado, é incomparavelmente mais radical, por sua tendência à criação contínua. Em suma, Agostinho apenas repelia a analogia do demiurgo: ao terminar sua obra, o arquiteto pode dela se retirar, sem que pusesse em perigo sua estabilidade e assim o podia fazer tanto melhor nela trabalhara como arquiteto. Essa analogia, tão usada nos tempos modernos para o relojoeiro cósmico, aqui não se relacionava com o dia de descanso da divindade. A *continuatio operis* é, com efeito, entendida como consequência da vontade de criação, mas não como a reiteração constante do ato de criação, mesmo se aqui se escute falar de *omnipotens atque omnitenens virtus* (o poder de fazer e conservar todas as coisas), ela é causa para a existência de cada criatura [*causa subsistendi est omni creaturae* (causa da subsistência de cada criatura)]. A forma e a essência das coisas (*species, natura*) se desfariam se Deus delas retirasse seu poder administrador e regente; mas a consequência não seria o nada senão que o caos de uma natureza cega, entregue a si mesma. O resultado, que ainda não é equivalente ao pensamento da "criação constante", é de se compreender neste sentido: *ita mundus*

---

[33] Para a diferença entre "causalidade concomitante" e "causalidade transmitida", cf. do autor, *Die Genesis der kopernikanischen Welt*, Frankfurt, 1975, pp. 162 ss.
[34] *De Genesi ad litteram* IV, 22-3.

vel ictu oculi stare poterit, si ei deus regimen sui subtraxerit (O mundo poderia realmente permanecer assim se Deus retirasse seu governo). Apenas a formulação paradoxal do "movimento imóvel", como aquele que há de ser compreendido como a estabilidade concedida às coisas,[35] proclama a ligação tardia desse pensamento com a física aristotélica e com seu conceito de movimento. Deus podia com certeza deixar de criar, mas não pode, por um momento, deixar de operar; precisamente, essa diferença é superada pela doutrina da *creatio continua*. Ao mesmo tempo, porém, a eliminação dessa diferença requer uma nova interpretação da passagem bíblica sobre o descanso de Deus, depois da obra da criação ou, no mínimo, ela não é mais coberta pela exegese agostiniana. No século XIV, quando, em conexão com a doutrina que se expandia da causalidade transferida (*impetus*), se tiver ocasião de voltar ao dia do descanso divino, já se dispunha da metáfora fascinante do relojoeiro do mundo. A perspectiva do relógio mecânico não só tornava plausível a possibilidade do impulso imanente, que, no entanto, continuava dependente do levantamento dos pêndulos ou do aperto da mola, senão que, sobretudo, a regularidade possível da obra entregue a si mesma, que a imutabilidade exigida dos movimentos celestes, agora sem a suposição de inteligências moventes, parecia exigir para a constituição do tempo (e não só para a medição). A fundamentação cósmica da absoluta homogeneidade do tempo, no Livro XII da *Metafísica* de Aristóteles, era o argumento decisivo para a superação da esfera das inteligências moventes pelo motor imóvel. Justamente, pelo comentário desse texto aristotélico, Joseph Buridan suprimia a indispensabilidade da constante movência divina: ... *ipse cessavit a movendo, et per impetum illis sphaeris impressum semper postea duraverunt illi motus* [... Ele mesmo deixava de se mover e esses movimentos durarão para sempre depois, como resultado do ímpeto impresso sobre essas esferas).

Há para a escolástica uma outra conexão entre criação e conservação, derivada do atributo divino da onipotência. Para essa argumentação, Tomás de Aquino, manifestamente, serviu-se da insatisfação com a metafórica política tradicional de administração, direção e governo. Para

---

[35] Ibid., IV, 23: *satis apparet recte intuentibis, hunc ipsum incomparabilem et innefabilem, et si posit intelligi, stabilem motum suum, rebus eam* [sc. *sapientiam*] *praebere suaviter disponendis; quo utique subtracto, si ab hac operatione cessaverit, eas continuo perituras* [É suficientemente claro que aqueles que considerem o material apropriadamente que Seu movimento incomparável, inefável e — se tal coisa pode ser compreendida — móvel graciosamente a partilha (i.e., sabedoria) às coisas sendo dispostas e que uma vez que ele pare, uma vez que cessa de produzir este efeito, elas instantaneamente perecerão].

tanto é de se ressaltar que Tomás recorre metaforicamente à alegoria mais alta da tradição filosófica ao comparar a conservação das coisas em sua existência à iluminação da atmosfera pelo sol, que é a imagem para a sincronicidade, requerida por Aristóteles, do movente e do que se move: *Hunc autem effectum causat deus in rebus, non solum quando primo esse incipient, sed quandiu in esse conservantur, sicut lumen causatur in aere a sole, quamdiu aer illuminatus manet. Quamdiu igitur res habet esse, tamdiu oportet quod deus adsit ei secundum modum quo esse habet*[36] (E Deus provoca esse efeito nas coisas não quando elas começam a existir, mas por todo o tempo que elas são mantidas na existência, assim como o sol ilumina a atmosfera por todo o tempo que ela permanece iluminada. Durante todo o período da existência de uma coisa, portanto, Deus deve estar presente para ela, e presente de um modo a manter-se no rumo que a coisa possui em sua existência). A imagem da atmosfera iluminada pelos raios solares ressalta o momento da atualidade, de uma naturalidade e confiabilidade normalmente suposta na alvorada e no crepúsculo. Desse modo, o voluntarismo associado ao conceito de criação recua para o segundo plano. Apesar de toda a aversão, de resto perceptível, de Tomás contra a metafórica da luz, aqui é quase inevitável a alegoria com o sol. Mesmo Ockham a recolherá, embora com o propósito determinado de demonstrar uma descontinuidade entre Deus e o mundo, que se dirige contra as conclusões demasiado pesadas da máxima *movens et motum debent esse simul* (movente e movido devem existir simultaneamente), ou seja, contra a conclusão *ergo est in omnibus rebus* (Por isso, Ele está em todas as coisas), que conduz a *conservatio* à identidade spinozista. Exatamente porque *movens* e *motum* não devem se tocar, Ockham recorre à alegoria do sol: *sol immediate causat lumen in aliquo corpore hic inferius, et tamen non est praesens isti corpori*[37] (O sol imediatamente causa luz em alguns corpos aqui abaixo e, não obstante, não está presente nesse corpo). Para uma metafísica voluntarista é importante que a vontade de conservação divina não se ponha como função da onipotência nas cercanias da natureza e que não se interprete *conservatio* como *praesentia*.

A imagem adequada da luz produzida intencional e arbitrariamente não é o raio do sol mas o relâmpago. Ele desempenhará um papel significativo na metafórica do Iluminismo, como expressão de uma ameaça

---

[36] *Summa theologica I q.* 8 a.1.
[37] I. Sent. Q. 37 B.

superada. Leibniz que, no apêndice da *Teodizee*, expressivamente interpretava a doutrina da conservação como uma criação continuada e, para isso, recorria[38] à alegoria do sol, usava a imagem do relâmpago para a dependência das mônadas — *nascuntur per continuas divinitatis fulgurationes* (elas nascem das contínuas fulgurações da divindade). Desse uso metafórico, lembra-se Abraham Gotthilf Kästner, em seu ensaio de 1770, "Über die Lehre von der Schöpfung aus Nichts und derselben praktische Wichtigkeit" [Sobre a doutrina da criação do nada e da importância prática da mesma]: *Imagine-se como se Deus, em momentos alternados, quisesse e não quisesse que houvesse uma criatura. Assim de um momento para o outro faria nascer e perecer. E se, para isso, nos servimos da comparação citada, que foi apenas esboçada dentro dos limites indicados, uma imagem para tais alternâncias seria a da luz que, de um momento para o outro, brilha e desaparece na atmosfera. Tal aparição seria muito bem chamada relâmpago.*[39]

O problema que se manifesta nessa cobertura metafórica está na impossibilidade de conceber o conceito voluntarista de conservação de outro modo do que, por assim dizer, atomisticamente, em um modo que é realizado por partículas de tempo. A interpretação radical da *creatio continua* anula justamente o momento da continuidade e põe em seu lugar uma sequência, se bem que extremamente muito condensada, de atos isolados, que apenas sugerem a aparência da solidariedade substancial, à semelhança de como o transcurso de um filme esconde a descontinuidade de seu substrato imagético.

Kästner observou metódica e brilhantemente que as metáforas não eram aqui meros adornos de linguagem. Compreendeu que o verbete "Leibniz", no nono livro da enciclopédia francesa de 1765, repete a metáfora do relâmpago de Leibniz. Deus como unidade ou substância

---

[38] *Causa Dei asserta per justitiam ejus* (1710), & 9 (Philos. Schriften, ed. por C.J. Gerhardt, VI, 440): *Actualia dependent a Deo tum in existendo tum in agendo, nec tantum ab Intellectu ejus, sed etiam a Voluntate. Et quidem in existendo... a Deo conservantur; neque male docetur, conservationem divinam esse continuatam creationem, ut radius continue a sole prodit, etsi creaturae neque ex Dei essentia neque necessario prominent* [Os seres reais dependem de Deus para que existam, assim como para que ajam dependem não só em seu intelecto, mas também em sua vontade. A existência deles depende de Deus e são mantidos na existência por Ele. Assim é uma doutrina saudável aquela que afirma que essa divina conservação na existência é uma criação continuada — comparável aos raios continuamente emitidos pelo sol — embora as criaturas não derivem da divina essência, nem emanem necessariamente. A última restrição elimina o risco contido nas conotações naturais da alegoria solar, sem com isso fazer algo comparável à metáfora do relâmpago].

[39] *Gesammelte poetische und prosaische Werke*, Berlim, 1841, III, 8-10. Kästner assim fundamentava que Leibniz houvesse usado a alegoria do sol: *Leibnitz por certo lera os escolásticos, assim como Virgílio lera Ennius*. A evidente indecisão metafísica de Leibniz acerca da diferença entre a metafórica do raio solar e do relâmpago não é observada por Kästner.

simples aparece como a origem de todas as mônadas criadas, que são, por assim dizer, os raios, que, *par des fulgurations continuelles,* dele emanam (*qui en sont émanées*). Com razão, diz Kästner que o autor, por conta da interferência das metáforas usadas por Leibniz, poderia não o ter compreendido. A emanação neoplatônica não é consistente com a iluminação voluntarista e a forma do tempo presente da conservação constante não pode ser enunciada pela forma de tempo passado da origem.[40]

Uma vez perdida a compreensão, o desentendimento se hipertrofia. Quando Bailly, em 1769, em uma obra premiada pela Academia Berlinense, em memória de Leibniz, retorna ao artigo da *Enciclopédia*, desdobra o pensamento apoiando-se em um conhecimento que o próprio Leibniz ainda não podia ter tido. Ou seja, fala da "matéria elétrica" do relâmpago e faz as mônadas rasgarem-se do seio de Deus, como raios saídos de uma nuvem.[41] Kästner se diverte com esse estágio final de uma interferência metafórica, que se desdobra autonomamente: o orador da comemoração, i.e., Bailly, converte *o criador em uma nuvem de tempestade, e nos expõe ao perigo de sermos atingidos por seus raios que penetram em todos os corpos*. Considere-se que, nessa história da metáfora, trata-se originariamente do problema da conservação. Assim esse chiste paradoxal se assemelha a um sintoma de que a problemática da *conservatio* se dissolvera, do mesmo modo como a violência da tormenta parecia ter se tornado inofensiva com o para-raios.

IV

Na discussão do problema da *conservatio*, não só o aristotelismo teologicamente cunhado e subserviente, como o ortodoxo da Faculdade das Artes e da fidelidade averroísta vão além de Aristóteles. No caso da *conservatio*, Aristóteles é citado com o respaldo relativamente escasso da *Física* II, 3 (195 b 16-25). Ali, contudo, a discussão é apenas sobre a causalidade concomitante, e assim sobre a estrita sincronicidade das

---

[40] Na passagem referida de seu artigo, o enciclopedista (IX, 375 B) expressamente fundamenta o uso de *"fulguration"* com base na origem genuinamente platônica do pensamento de Leibniz: *"Nous nous sommes servis de ce mot fulguration, parce que nous n'en connoissons point d'autre qui lui réponde. Au reste, cette idée de Leibniz est toute platonicienne, et pour la subtilité et pour la sublimité"*.

[41] *Éloge de Leibniz*, Berlim, 1768, p. 24: *Dieu, principe de toutes les monades, émanés de son sein par une espèce de fulguration, semblable à l'éclair, qui, s'échappant du nuage entrouvert, repand sur la terre les particules électriques, et en pénètre tous les corps.*

causas eficiente e concreta com os processos por elas provocados para a duração desse processo. Serve de exemplo o médico que, no sentido estrito da realização de sua capacidade, só é médico enquanto tem diante de si um paciente definido, em um definido tratamento. O médico e o construtor de casas são compreendidos como conceitos de relação, cujo conteúdo só pode ser plenamente atualizado na relação efetiva com o objeto. Quando o construtor termina seu trabalho, retorna à sua mera potencialidade. No debate teórico-causal, que agora interessa ao homem medieval com vistas ao mundo, a pergunta pela durabilidade da construção não desempenha papel algum.

A esse texto relaciona-se a *Quaestio* II, 13, de um comentário da *Física* — há muito atribuído a Siger de Brabant, do ponto de vista da dignidade do texto, sua autoria entretanto, não importa.[42] Aqui, não em conformidade com o texto aristotélico, indaga-se se a causa primeira poderia permanecer, enquanto pura realidade, "causa primeira", se o provocado unicamente por ela também poderia existir sem um efeito posterior. O problema deriva da necessidade do efeito, tendo em conta a sua própria continuidade. Não se receia a inversão do embasamento aristotélico para o postulado simultâneo da causalidade concomitante: *effectus in actu non est sine causa in actu* (Não há efeito no ato sem uma causa no ato). O construtor, quando estabelece a relação com seu objeto, é *causa in actu;* quando assim não sucede, é *causa in potentia*. Mas, ao contrário, a efetividade de um objeto produzido não exige a permanência continuada de todas suas causas, mas apenas da causa primeira suficiente. A argúcia argumentativa está na afirmação da simetria que se estabelece levemente no texto entre *et e converso* (e inversamente), na verdade, não sem um certo encanto verbal: por nosso comentador, é a relação afirmada entre *domificator* e *domificatio* (o construtor e a construção). Por essa relação, de fato, o problema mal é posto: Aristóteles falava do construtor e sua obra acabada, o escolástico fala do construtor e do processo de construção, que, com efeito, não podem ser pensados antes da mecanização, *ita quod simul sunt et non sunt* (porque existem e não existem, simultaneamente). Por esse argumento a indução analógica não se sustenta: *Quare similiter erit de efficiente dante*

---

[42] *Questions sur la Physique d'Aristote*, ed. Philippe Delhaye, Louvain, 1941 (Les Philosophes Belges): *Utrum causata a primo indigeant eo ad conservationem sui essa* [O que é primeiramente causado precisa de sua causa para conservar seu ser]

esse, quod ipsum conservat (A esse respeito, será semelhante por dar eficientemente o que o conserva).

Tendo em conta as disputas da física nominalista do século XIV, é interessante notar que a objeção do comentador de que a eficácia duradoura da primeira causa quanto a seu efeito deve constantemente acrescentar momentos de atualidade a este seria absurda para o aristotélico. Pela objeção, aqui também se desvela o pano de fundo orgânico-metafórico, pelo qual o problema da conservação se orienta. Tudo que há é corruptível, daí que sucumba, decaia e sofra; tudo que se move mostra, mesmo por isso, sua fragilidade e indigência, por continuamente transformar a possibilidade em realidade. Se essa representação fundamental for correta, a eficácia da causa primeira, ante o mundo por ela provocado e em face daquilo que nele se conserva, não supõe um acréscimo constante, mas apenas a restituição constante de uma perda. Disso não está excluído o mundo dos astros, cujo movimento os seguidores de Aristóteles supunham eterno; a regularidade dos movimentos das esferas é manifestamente atribuída a que a primeira causa sempre acrescenta exatamente o que foi perdido.[43] Mesmo aquilo que é assim definido que não pode ser, de todo modo pode ter uma pura realidade determinável desse modo por outro agente. Isso é notoriamente dito quanto às esferas celestes e quanto à conduta do primeiro motor imóvel. Aqui, outra vez, há um realismo conceitual surpreendente e quase mágico: tudo que não é o primeiro, é, por efeito dessa definição, por si mesmo incapaz de determinar o que é, ou seja, de estar numa posição inferior em uma série ordenada. O que não tem sua realidade em si mesma mantém para com essa uma relação de indiferença, que, por assim dizer, se manifesta constantemente na separação dessa realidade: *omnia enim alia a Primo, cum sint in potentia ad suum esse, necessario indigent aliquo alio quo conservantur in esse* (na verdade, todas as coisas salvo a Primeira necessariamente requerem algo mais por meio do qual são conservadas no estado de ser, pois estão em potência próximas de seu próprio ser).

---

[43] Ibid., p. 103: *Quae autem conservantur in esse mediante motu, eis additur aliquid, quia conservantur in esse per innovationem, sed quia nullum talium est aeternum sed omnia subdita motui sunt corruptibilia, ideo non fit eis additio in infinitum* [Algo é acrescentado àquelas coisas que são conservadas na existência por meio do movimento porquanto são conservadas por inovação. Mas, como tal coisa não é eterna, sendo corruptível tudo que é sujeito ao movimento, a adição não vai até o infinito].

Mas, contra essa concepção, como se resolve a incômoda objeção de que, no processo da reprodução orgânica, o filho possa, por fim, existir sem a permanência constante do pai? Esse exemplo, que fere a orientação orgânica, por outro lado não basta para provar que, ao menos, algumas causas eficientes são capazes de conferir existência e conservação na existência *apud absentiam* (daquilo que está ausente)? Essa consequência é redondamente rechaçada como falsa. Se, mesmo apesar da ausência de sua causa, um objeto efetivo pode continuar, então essa causa só na aparência era suficiente para que ele surgisse. A possibilidade da separação, da não simultaneidade da existência, demonstra que se deve indagar por uma causa mais alta e suficiente. Para o exemplo da relação entre o pai e o filho, isso significa que o pai apenas acidentalmente é o criador do filho: *pate rest causa per se generationis eius, non autem per se substantiae* (O pai, por si mesmo, é a causa de sua geração, mas não de sua substância). É outra vez claro o artifício da argumentação: onde uma causa se comprova dispensável para a conservação do por ela produzido, onde a causalidade concomitante pode não ser fenomenicamente provada, a *sufficientia causalitatis* será posta em questão. Desse modo, nas premissas da argumentação já está presente o que reaparece como inferência. Se o construtor pode deixar sua obra como ela está, a partir desse momento ele não é mais construtor, no sentido pleno do termo, mas, ao mesmo tempo e além disso, ainda também demonstra que não foi a causa suficiente de sua obra. Nada de semelhante à alta consideração posterior do relojoeiro que é ressaltado justamente porque sua obra existe sem ele e sua intervenção, senão que evidencia a premissa contrária: *si aliquod sit agens sine quo effectus potest manere postquam factus est, non est sufficiens agens illius effectus* (se algo é um agente sem o qual o efeito pode continuar a existir depois de haver sido feito, ele não é o agente suficiente desse efeito). Aqui, no entanto, no fundo, para que a causa primeira compensasse a insuficiência possível de todas as outras causas, ela deve pelo menos preencher as condições de uma causa suficiente, ou seja, que sem ela não se poderia manter a totalidade de seus efeitos.

Nas articulações escolásticas, esse texto pode não ser muito original; mas, no embaraço dos pontos débeis de sua argumentação e de seu pano de fundo, é tão instrutivo como quanto ao uso supostamente ortodoxo do texto de referência aristotélica da *Física*.

O dilema escolástico em relação à história do conceito da *conservatio* pode ser definido como divergência dos interesses sistemáticos, por um lado, na *demonstração* de Deus, e, por outro, no *conceito* de Deus. O conceito de Deus satisfatório para uma teologia cristã não pode tratar o atributo do criador como o extremo valor da qualidade do motor imóvel; a prova da existência de Deus, que deve satisfazer crescentemente a padrões racionais, somente funciona no modelo aristotélico quando um *actus secundus* apenas necessita, por assim dizer, ser acrescentado ao *actus primus* do mundo e, daí, quando o movimento, como a categoria decisiva de toda a realidade física, já pressuponha a existência temporalmente ilimitada do mundo.

Tomás de Aquino efetuara uma omissão decisiva do livro XII da *Metafísica* aristotélica, ou seja, a inferência da pura realidade do motor imóvel a partir da absoluta homogeneidade do tempo. Essa omissão vai pesar naquilo que deve ser demonstrado, portanto no conceito de Deus. Em sua mais importante obra filosófica, Tomás claramente deixa reconhecer que também para ele a demonstração aristotélica do primeiro motor imóvel tem por por pressuposto a eternidade do mundo — e isso quer dizer: a exclusão do pensamento da criação. Esse posicionamento crítico, na *Summa contra gentiles* (I, 13), há muito tempo tem deixado perplexos não só os comentadores como também os editores. É assim que a edição *Leonina* de 1888, baseada na texto autógrafo, altera a formulação *ex suppositione aeternitis* por *ex suppositione novitatis*.[44] A prova do pensamento da causalidade concomitante apenas tem êxito se, ao mesmo tempo, implicitamente recusa-se a declarar o que foi provado ser o criador. Mas dessa maneira é exatamente observado que a *conservatio* se torna uma função absolutamente essencial e única de um Deus que se afirma, ao mesmo tempo que sua radicalidade é redu-

---

[44] É estranho que o autógrafo da parte aqui citada da *Summa contra gentiles* (1, 13) aí apresente uma lacuna. Sobre ela, chamou-me a atenção P. Engelhardt, a propósito do *Philosophische Raundschau* 3, 1955, p. 106, em que me detivera minuciosamente com o texto. A modificação da edição *Leonina* de 1888 corresponde à *Editio piana* e para os assim chamados *codices correcti*, conforme a descrição de Sylvester Ferrariensis. Que a modificação não pode ser traçada da tradição mais velha e, assim, mostra uma tendência interpretativa (que ou significa que a interpretação original não era aprovada ou que não foi compreendida) está claro na nota escrupulosa dos editores da *Leonina* de 1918: *qui haberent non invenimus* [Não descobrimos o que pretendem]. É ainda de se comparar com a interpretação subjetivizante da edição Vivès (Paris, 1874), em que a efetividade da prova é relacionada à distância de seus destinatários: *Ponendo igitur novitatem mundi ad probandum Deum esse, non attingis negantes illam novitatem. Via ergo efficacissima ad probandum Deum esse est ex suppositione aeternitatis mundi. Sic enim omnes eodem argumento convincere potes* [Se, portanto, considera-se a temporalidade do mundo de modo a demonstrar a existência de Deus, não se atingirá aqueles que negam aquela temporalidade. Daí que o modo mais efetivo de provar Sua existêdncia deriva da suposição da eternidade do mundo. Com efeito, por meio desse argumento, estaremos aptos a convencer a todos].

zida ao ponto de nele não se encontrar sequer um "resto" de substância física. Tomás, com efeito, admite que se reconheça que a ideia da *via efficacissima* (a via mais eficaz) da demonstração de Deus malogra, à medida que se tenha postulado um começo do mundo; de fato, porém, a prova exige esse preço a uma causalidade relativamente primeira, cuja escala absoluta permanece inalcançável. Esse interesse demonstrativo da prova é também a razão por que o conceito de *conservatio* não podia ter alcançado sua forma radical de *creatio continua* até que a demonstração escolástica da prova da existência de Deus sofresse a crise gerada pela crítica de Duns Scott. A dependência imediata do mundo diante de Deus não pode ser demonstrada porquanto a razão exige de si mesma a capacidade de demonstrar a existência de Deus e confia nessa capacidade.

Esse excurso deve fazer compreensível por que Wilhelm de Ockham, no debate com a crítica da demonstração de Deus por Duns Scott, esposa abertamente a posição de que a demonstração, em suma, não pode se relacionar à produção do mundo, pois essa não excluiria um *regressus ad infinitum*, senão que se funda na *conservatio* do mundo como ele se apresenta mesmo ao homem, que, no entanto, por conta de sua indiferença à sua própria existência,[45] é contingente. Essa *conservatio* não é mais derivada do axioma da causalidade concomitante, pois Ockham já se separara tanto de Aristóteles que sustentava como possível o movimento de um corpo que não é imputado à causalidade simultânea de outro corpo ou meio.[46] Esse apoio demonstrativo pela *conservatio* agora se faz teologicamente sólido pelo abandono da distinção entre *creatio* e *conservatio*, de um modo conceitualmente crítico; o que só podia ser significativo com base na remoção da *conservatio* da física de Aristóteles. Ambos os conceitos se diferenciam apenas pelas conotações negativas, porquanto criação implica a negação de o mundo que existisse imediatamente antes da criação e a conservação supõe que sua existência é ininterrupta.[47] A identidade do conceito encontra seu fundamento real, assim parece, na consistência do pensamento

---

[45] Ph. Böhner, *Zu Ockhams Beweis der Existenz Gottes*, in *Franziskanische Studien*, 32, 1950, pp. 50 ss.
[46] E.A. Moody: "Galileo and Avempace". *Journal of History of Ideas*, 12, 1951, p. 399.
[47] II. Sent. Q. 4/5 X: *si dicas, quod conservare et creare different: dico quod quantum ad nomen positivum non different: sed quantum ad negations connotatas: quia creare connotat negationem immediate praecedentem esse, conservare connotat negationem interruptionis esse* [Se você disser que conservar e criar são diferentes, responderia que, à medida que os termos são usados em um sentido positivo, eles não diferem. Mas assim sucede em referência à conotação negativa, pois criação conota um ser precedente, imediatamente negativo, e conservação conota um negativo que é a interrupção de ser].

de Deus, não na indestrutibilidade da criatura: *Producere sive creare respectu dei et conservare non differunt quia nihil potest ad eo produci quin ab eo conservetur*[48] (Com respeito a Deus, produzir ou criar não difere da conservação, pois nada pode ser produzido por Ele, sem ser por Ele conservado).

Junto à parcimônia do conceito, que Ockham impede que se admita uma diferença entre criação e conservação, na concepção voluntarista do conceito de Deus ainda desempenha um papel assinalável a simetria entre *creatio* e *annihilatio*. A redução ao *purum nihil* (puro nada) reservada à vontade e ao poder divinos implica a expressividade do ato; não é assim a pura ausência da *conservatio* mas a deliberada contradição à criação que faz com que nenhuma criatura possa ser alcançada pela vontade destrutiva, pois em cada ação criadora está pressuposta a existência da matéria a que ela se relaciona.[49] A Contingência, conceito, sistema escolástico da criação, sobre a exigência de conservação, é aguçada pela possibilidade de aniquilação, à medida que Deus não restringe sua onipotência por exercê-la. Isso vale no caso extremo das considerações que aqui se tornam viáveis, do tipo da variação livre, inclusive para a imortalidade da alma humana.[50]

Por fim, o termo *conservare*, empregado em um sentido explícito na conexão teológica, foi separado do conceito de criação; como no caso da questão de se Deus pode separar um acidente da substância que a contém e manter cada uma por si, uma questão importante para a cristologia e para a doutrina dos sacramentos, o que contrariava seriamente a lógica original da formação de ambos os conceitos. O modo de consideração do mundo pela alta escolástica encontrava, por assim dizer, sua normalidade na contingência como a falta de direito da criatura para sua existência, que, como a primeira das leis, Deus conservava existente, em demonstração de fidelidade. Em lugar dessa tematização da normalidade, torna-se cada mais intensa a iniciativa da pergunta radical, para a qual, precisamente, a consideração da *annihilatio* é, por definição, paradigmática; basta apenas pensar em sua significação quanto à instabilidade de toda teoria do conhecimento. Quanto mais o pensamento filosófico, a serviço da interpretação da

---

[48] II. *Sent.* Q. 10 H.
[49] II. *Sent.* Q. 7 J.
[50] I. *Sent.* Q. 17 a. 1 L.: ... *istam animam contingenter creavit. Ergo ipsam potest annihilare* [... que a alma que Ele criou contingentemente; por isso pode aniquilá-la].

exposição de ideias bíblico-teológicas previamente dadas, se dedica ao tema dos atos e intervenções extraordinárias de Deus no curso do mundo, para harmonizá-los com o catálogo dos atributos metafísicos do absoluto, mais clara se torna a necessidade intersistemática de caracterizar a normalidade como aquilo que pode ser rompido; na verdade, embora ela se sustente a si mesma e não seja mais sustentada, na realidade, carece totalmente de necessidade. Deve-se ver esse processo da polarização sistemática de normalidade e excepcionalidade, de *potentia ordinata* e *potentia absoluta*, como o prenúncio da ruptura da racionalidade do sistema da Idade Média tardia, daquela ruptura na autonomia e autoconservação que Dilthey descreveu como parte de uma Renascença da Antiguidade.

O auge medieval do pensamento da contingência, conforme o qual a realidade do mundo não é suficiente para trazer segurança e estabilidade para o homem, fixara também o cânone para sua superação. Se estava de acordo com a modalidade ocidental do ser não ser capaz de perdurar sem a conservação divina ou não ser capaz de agir regularmente sem a expressa vontade divina, havia apenas uma alternativa para sair-se dessa insegurança: o próprio mundo devia tornar-se o *ens necessarium* (ente necessário). A transição para o panteísmo está ligada aos princípios de uma filosofia da natureza que começava a ver a autoconservação como o sentido do organismo do mundo, e a necessidade para ele imprescindível de uma natureza com sua sublime necessidade de elevá-la ao equivalente do poder criador, negando a tese de que Deus podia criar qualquer coisa, exceto um Deus. Ockham tinha afirmado que a onipotência não poderia produzir tudo, o que não encerrava nenhuma contradição, pois não poderia produzir um Deus.[51] Assim a

---

[51] I. *Sent.* Q. 17a. 8 G.: ... *omnipotenz non potest efficere omne illud quod non includit contradictionem, quia non potest efficere deum* [O onipotente não pode efetuar tudo que não implique contradição, pois não pode fazer um deus].
O problema surge no século XIV como uma questão ainda restrita à teologia da graça: se o *augmentatio caritatis* (aumento do amor) poderia levar à *caritas infinita* (amor infinito) (por exemplo, no caso de Cristo). Uma pessoa divina se origina (*procedit*) por geração, não por criação. Nesta medida, o enunciado tradicional é preservável ao ser mudado — *omnipotenz potest efficere omne factibile quod non includit contradictionem* [...] (Quem é onipotente pode fazer criável aquilo que não envolve contradição...). Assim como a intencionalidade da causa é o pressuposto para a contingência do mundo (mesmo Ockham não mais acredita que seja possível raciocinar da última para a primeira, mas que apenas a última pode ser deduzida, dando-se a primeira como artigo de fé), a naturalização da causa é a condição para que se elimine a contingência: *si enim esset* (sc. *deus*) *causa naturalis, cum sit infinitus, produceret totum effectum suum et totaliter* (II *Sent.* Q. 4/5 K.) (Se, na verdade, Ele (ou seja, Deus) fosse uma causa natural, por ser infinito, Ele produziria seu efeito completo, assim como a totalidade.) Mas Deus também se torna uma causa regressivamente quando o mundo se torna um *ens infinitum* e então não deixa margem para a discussão de sua totalidade, que exaure o fundamento de sua criação.

palavra platônica do mundo como o Deus visível era tomada a sério, e por um outro aspecto, no século XVI, por Vives, Telesio e Giordano Bruno. Ou seja, como contestação da contingência, como afirmação da totalidade realizada do possível, contra o voluntarismo seletivo. Essa tendência culminaria no monismo substancialista de Spinoza.

V

Aqui ainda é preciso voltar a Descartes para caracterizar definitivamente a que se relaciona a negação da *conservatio* por Spinoza. Descartes descobre o problema a partir da perspectiva atomística dos instantes sempre presentes, nos quais se dá a evidência do *cogito ergo sum*, à diferença da duração fenomênica dos objetos físicos, bem como da continuidade da consciência. Isso significa que, na verdade, a *creatio continua* se mantém, mas que o interesse e a concepção dessa ideia não derivam da concepção da criação, nem, por fim, se confundem com a execução idêntica de como o pensamento tardo-medieval representava a *conservatio*.

Para Descartes, a criação é a constituição da realidade *naquele* instante e apenas acessoriamente é a resposta à pergunta pelo *primeiro* momento, pelo começo, cuja contingência constitutiva em nada difere da experiência que a consciência tem da contingência de sua presença no *cogito*. Nesta medida, o termo *conservatio* não é idêntico a *creatio*, porquanto constitui sua explicação metafísica, na medida que a fala da criação é logicamente examinada como o caso limite da contingência atomística, constantemente experimentada, do tempo e de sua exigência de uma causação continua: *Tempos praesens a proxime praecedenti non pendent, ideoque non minor causa requiritur ad rem conservadam, quam ad ipsam primum producendam* (O tempo presente não tem dependência causal do tempo que imediatamente o precede. Daí, de modo a assegurar a existência continua de uma coisa requer-se menos

---

Talvez a contribuição mais essencial que a tradição platônica podia proporcionar para a formação do pensamento do começo do mundo moderno fosse o retorno, sobre o modelo do soberano, do Deus motor imóvel e imperturbável do demiurgo do *Timeu*, que expande no mundo e sobre o mundo toda a destreza e plenitude, mais adequada a ele, é de todo possível. O Deus da nova filosofia da natureza é uma divindade que se reparte inteiramente; a forma primitiva da panteísmo pós-spinozista é por isso a cunhagem de um mundo que, na essência de seu processo, se conserva a si mesmo. A autoconservação estoica entra em uma exuberância cósmica por meio do criacionismo: a plena reconciliação de todos os processos é, desde o princípio, assegurado; o mundo heraclitiano é ao mesmo tempo o mundo parmenídeo (Bruno refere-se expressamente a Parmênides).

uma causa do que a necessitada para produzi-la pela primeira vez).⁵² A inferência da causa exigida para a duração continuada no tempo para a identidade da causa primeira não é de um só golpe conclusiva, mas também se tornou acidental.⁵³ A conservação requer uma força interna e nossa consciência nada declara que a possuamos. A afirmação de uma força mantenedora é neste ponto estranha pois, ao mesmo tempo, deve ser pressuposto que a causa que nos conserva e ao mundo seja tal que se possa manter a si mesma apenas por meio de uma força. Se a prova cartesiana de Deus não pode se apoiar na contingência como em uma determinação do mundo, pois a prova deve antes de tudo constituir o pressuposto para a transição da certeza de conhecimento quanto ao mundo físico, então a contingência se torna uma determinação formal do tempo como a condição da autoconsciência, que, com efeito, ganha absoluta certeza para sua presença, ao passo que, em relação ao passado e ao futuro, é exposto às incertezas da *memoria* e da *imaginatio*. Na escolástica, a afirmada e contestável *distinctio realis* entre essência e existência dos corpos físicos demonstra-se, pela experiência interna, como um diagnóstico descritivo que se refere à indiferença das partículas de tempo entre si: a certeza da incapacidade para a autoconservação é promovida pela consciência do tempo. Essa argumentação sempre volta a se demonstrar como a base do conceito cartesiano de Deus. Se o homem tivesse a força da autoconservação, deveria poder-se dar todas as propriedades (*perfectiones*), de cuja falta mostra estar consciente. Mas isso é exatamente o que ele não pode. Em consequência: *Ergo non habeo vim meipsum conservandi* (Por isso não tenho o poder de conservar-me a mim mesmo).⁵⁴ Essa conclusão, contudo, serve apenas para a passagem para a determinação do conceito de Deus, com ajuda daquelas propriedades que o próprio homem não pode se dar a si mesmo, não obstante sinta sua ausência como falta: *ergo est etiam in illo, a quo conservor, earundem perfectionum perceptio* (Daí que a percepção da mesma perfeição n'Ele exista, graças à qual sou conservado). Deus

---

⁵² *Secundae Responsionis*, Axioma II, ed. Adam-Tannery, VII, 165.
⁵³ *Principia philosophiae I, 21*: ... *ex hoc quod iam simus non sequitur nos im tempore proxime sequenti etima futuros, nisi aliqua causa, nempe eadem illa, quae nos primum pruduzit, continuo velutireproducat, hoc est conservet* (... e do fato de que estamos agora não se segue que estaremos um momento depois, caso alguma causa — a mesma que nos produz — não continuasse a nos produzir; o que vale dizer, a nos conservar). Note-se a mudança do argumento aqui quanto a *Méditations* III. 31 (*Oeuvres* VIII, 49), onde a inferência do momento passado para o presente é considerada inadmissível.
⁵⁴ *Secundae responsiones, prop. III, in Oeuvres* VII, 168 ss.

possui essas qualidades que faltam à consciência *formaliter vel eminenter* (formal ou eminentemente).

De maneira bastante análoga, já no *Discours* Descartes procurara derivar da ideia encontrada na consciência de uma criatura perfeita a incapacidade da consciência finita de formar essa ideia por sua própria força. Disso, concluía, em relação ao mundo físico, cuja existência a princípio fora suposta apenas hipoteticamente, uma dependência análoga do poder divino, de modo que esses objetos não poderiam existir um instante sequer sem Deus.[55] Nesta conexão, há também em Descartes uma metáfora solar (*Sonnengleichnis*).

Ele fala de uma pedra conservada em Bolonha, que supostamente poderia acumular a luz do sol. Daí não se deveria concluir que qualquer coisa poderia ser conservada sem a influência de Deus, pois o certo é ao contrário *multo certius..., nullam rem sine Dei concursu posse existere, quam nullum lumen Solis sine Sole*[56] (É muito mais certo que nada possa existir sem a ajuda divina do que possa haver luz do sol sem o sol). Nesse ponto, Descartes distingue entre uma *positiva actio* de Deus, que só pode ser benéfica e favorável à conservação, e a recusa da conservação, como um mero abandono da ajuda, que, no sentido restrito do termo, não é "ação" e, desse modo, não está sujeita ao critério da justificação: *Dico fieri non posse, ut Deus quicquam aliter destruat quando cessando a suo concursu, quia alioqui per positivam actionem veniret in non ens* (Declaro que, para Deus, não é possível destruir algo, exceto por cessar sua assistência. De outro modo, o não ser se converteria em ação positiva).

A explicação do teorema da conservação é mais uma vez empregada no *Discours*, embora não seja completamente desenvolvida porque ainda se baseia apenas na experiência externa, que ainda é de validade hipotética, sem se respaldar na consciência da deficiência; na verdade, isso é feito na forma da proposição formulada como geralmente reconhecida pelos teólogos de que a atividade com que Deus conserva o mundo presente é plenamente idêntica ao modo como o criou.[57] O pen-

---

[55] *Discours de la méthode* IV, 4.
[56] *Correspondance*, agosto 1641. In: *Oeuvres* III, p. 429. Aqui também se encontra a argumentação que, não tomando a consciência como ponto de partida, é convencional: *Nec Deus ostenderet potentiam suam esse immensam, si res tales efficeret, ut postea sine ipso esse possent; sed contra, illam in hoc testaretur esse finitam, quod res semel creatae non amplius ad eo penderent* [Deus não mostraria Seu poder ser imenso se fizesse coisas tais que logo pudessem existir sem Ele. Ao contrário, aquele poder haveria de ser finito se as coisas, uma vez criadas, não mais dependessem d'Ele].
[57] *Discours* V, 3.

samento deve neste ponto oferecer respaldo ao esboço cosmogônico; ou seja, oferecer a equivalência da única criação de um mundo desde o começo preparado para um desenvolvimento gradual e contínuo, a partir de uma situação caótica, como uma consequência contida na proposição acima referida dos teólogos. Desse modo é questionada a prudente afirmação cartesiana de que é muito provável Deus ter desde o começo feito o mundo como ele devia.

A internalização da *creatio continua* ainda não é, por conseguinte, constatada no *Discours*, embora já seja claro até que ponto sistemático esse pensamento é necessário e de onde podia ser tomado. Através da internalização e articulação com o tempo discreto como a dimensão da experiência interna origina-se um novo conceito de contingência e da *creatio continua*, que encontraria nos *Principia* uma compreensão generalizável à *natura durationis rerus* (natureza da duração das coisas). O conhecimento disso por Spinoza antes de 1663 é por nós tão sabido como as *Animadversiones* que Leibniz escreve antes de 1692.

A contribuição de Spinoza para essa história conceitual está sobretudo no alto grau de abstração que concedeu ao princípio de autoconservação, que ia além da tradição orgânico-metafórica do princípio e de sua aplicabilidade ética, bem como política. Esse princípio abstrato universal pode ser fundamentalmente compreendido como uma proposição acerca da carga da prova. Ele estabelece quando a justificação pode ser requerida. O que precisa ser indagado não é a consistência senão que a mudança daquele objeto qualquer ou da circunstância. Para que se possa predizer sua inalterabilidade, a realidade não precisa ser pura, no sentido do *actus purus* aristotélico-escolástico. Sob esse conceito de condição inalterável reúnem-se os *contradictoria* tradicionais de repouso e movimento. Hobbes tinha a respeito se antecipado: o contrário do movimento não é o descanso senão que o movimento contrário.[58] O movimento não é mais de ser compreendido como uma extensão finita dirigida ao descanso em um lugar natural, ou seja, como uma extensão que se esgota a si mesma: *quietem nullius rei causam esse* (o descanso não pode ser causa de nada).[59] Para Spinoza, é a continui-

---

[58] *De corpore* IX, 7: ... *probari potest quicquid movetur, eadem via et velocitate semper processurum* [... a mesma razão pode servir para provar que o quer que se mova sempre será movido do mesmo modo e com a mesma velocidade].

[59] *De corpore* IX 9: ... *neque omnino per eam quicquam agi, utquae neque motus neque mutationis ullius causa sit* [... nem pode qualquer ação proceder disso; nem o movimento, nem a mutação pode ser por ele causado].

dade de uma dada condição, seu *perseverare*, o simplesmente pré-dado, o que deve agir sobre o novo fator para mudá-lo. Em sua generalização abstrata, a formulação da autoconservação não tem mais nada a ver com uma forma de conduta, com um impulso orgânico, com um esforço psíquico em si. Ela perdera toda implicação teleológica, mesmo se as inferências hipoteticamente derivadas dessa premissa emprestem à ética e à política sua tardia aparência teleológica.

A proposição de Spinoza do *conatus* (esforço) de uma coisa em se conservar em sua existência (*in suo Esse perseverare*) não é senão a essência dessa mesma coisa, sua *actualis essentia*[60] — a mesma formulação que Dilthey sustentava que Spinoza *extraíra da tradição estoica*;[61] é, apesar do termo *conatus*, a negação de um impulso específico na forma de uma *inclinatio*, porquanto Spinoza declara que não passa da própria coisa deixada em si mesma, que se apresenta na condição de perseverança ou como perseverança de uma condição. À tradição estoica de todo modo remete o lugar em que essa discussão se põe na estrutura rigidamente segmentada da *Ética* de Spinoza, ou seja, da terceira parte, que trata da origem e natureza dos afetos. Mas é enganosa essa localização tradicional.

Para percebê-lo, há de se ver que a proposição da autoconservação como a realidade primária das coisas em Spinoza derivava de formulações precedentes, antes de tudo da *Propositio* 4: *Nulla res, nisi a causa externa, potest destrui* (Coisa alguma pode ser destruída a não ser por uma causa externa). Não há mais o fator de decadência interno, análogo à velhice e à exaustão, como fatalidade imanente às coisas, que comovia os estoicos, quando o *pyr technikón* (fogo criador) delas degenera em *pyr átechnon* (fogo esterilizador). Em sua anedota dos brâmanes, Voltaire exemplificava essa concepção ao aludir à pesquisa de Montesquieu sobre o ocaso de Roma como contraexemplo exótico ao pensamento dos tempos modernos, ao fazer os sábios indianos burlar-se das *belles dissertations*, então na moda, sobre o ocaso e decadência dos Estados: *Vous prenez bien de la peine ; cet empire est tombé parce qu'il existait. Il faut bien que tout tombe*.[62] Era exatamente a inversão da carga da prova estabelecida por Spinoza. A decrepitude até o nada é o caso particular extremo do estreito reino dos entes orgânicos, cujas forças se esgotam

---

[60] *Ethica* III prop. 7.
[61] *Gesammelte Schriften* II, p. 286.
[62] *Dictionnaire philosophique*, Art. Etats, éd. Naves, p. 187.

e aos quais parece ser atribuído uma duração de vida. O homem há de aceitá-lo como orientação universal. Para Spinoza, a condição física do mundo não tem relação alguma com o tempo: *conatus, quo res existit, nullum tempus definitum involvit* (o esforço pelo qual cada coisa existe não envolve um tempo definido).[63] Vê-se que *perseverare* tornou-se agora o termo objetivamente adequado; por outro lado, a fórmula *suum esse conversare* (conservar o seu ser) é exigida simplesmente como forma transitiva, para, por assim dizer, descer desse princípio válido para todo o mundo até ações articuladas a uma ética e, deste modo, poder definir a felicidade e a virtude.[64]

O termo tem também criticamente o propósito de confrontar a tradição da *conservatio*, de assumir seu problema e encerrá-lo. Pois, com inteira independência de se a tradição estoica pode aqui, em alguma medida, explicar a produção racional ou o que foi trazido para a racionalidade, permanece no fundo um distanciamento historicamente muito importante e agudo que recusa a ideia de que a *conservatio* seja a *causa externa* necessária para todos os entes.

Caso não se veja o que já se fizera propriamente atual e plausível nos começos da recepção de Telesio e Campanella — ou seja, a substituição do pensamento transitivo da conservação pelo reflexivo e intransitivo — toda a genealogia estoica proposta por Dilthey não conduz a nada. Em Dilthey, essa conexão permanece obscura, mas apenas ele torna compreensível que a renovação do organismo estoico do mundo só podia ser uma solução preliminar provisória, cuja racionalidade não bastava para a nova função de confrontar a *creatio continua*, oferecida de modo excessivo por Descartes, e ao princípio da contingência que a cumpre.

A racionalidade de Spinoza evita nesse ponto a pretensão excessiva da questão de Leibniz da razão suficiente, *cur potius aliquid quam nihil* (por que há alguma coisa e não nada?), muito embora a analogia metafísica da *conservatio sui* permaneça desconhecida à *causa sui*. Mas Spinoza não requer que se procure a causa suficiente de haver algo e não o nada, mas apenas que se indague para que e conforme qual razão suficiente aquilo que é deixa de ser o que é. A autoconservação agora implica tal princípio de exclusão quanto a perguntas relativas à razão suficiente e a admissão correspondente das questões que se referem à

---

[63] *Ethica* III prop. 8.
[64] Ibid., IV 18, escólio.

mudança de estado. Aqui está a articulação com o que devia produzir o princípio de inércia de Newton: limitado à mecânica, ele serve apenas para dar sentido a determinadas perguntas, ou seja, aquelas acerca da magnitude das forças. Embora a primeira lei newtoniana tenha se tornado definível apenas pelo corolário pressuposto sobre o espaço absoluto e o tempo absoluto, no entanto, tomada por si, ela não tinha qualquer conteúdo físico, senão que só o assumiu pela segunda lei sobre as mudanças de movimentos e as forças a a elas correspondentes.

Quero oferecer duas contribuições ilustrativas para a conexão entre a lei da inércia de Newton e o princípio metafísico-abstrato da conservação, como antítese para a *creatio continua*. Na *Física* de Johannes (Jean Leclerc) de 1710, encontra-se um entrelaçado singular, talvez incompreensível, entre a tradição e o novo. A princípio, o conceito de movimento como a *simplicissima modificatio corporis* (a mais simples modificação do corpo)[65] é subordinado ao conceito geral de estado e, para isso, afirma-se ser constante, sob a condição da exclusão de outras causas.[66] Nessa conexão, não seria adequado um debate sobre a positividade do movimento, que mantivesse a oposição contraditória entre descanso e movimento e levantasse a questão sobre se o repouso é algo positivo ou apenas a *privatio motus*.[67] Dava-se aqui um experimento intelectual ainda bastante escolástico, em que se imaginava que Deus (*Fingamus Deum*...) quisesse dar movimento a uma bola. Para fazer com que um corpo em movimento descanse, é apenas preciso que Deus queira que ele deixe de se mover, pois ele não se move *sine ulla positiva volitione* (sem alguma volição positiva); mas, ao contrário, para que ponha um corpo parado em movimento, não basta que Deus deixe de querer que ele esteja parado, senão que há de querer o movimento desse corpo e que ele alcance um certo grau. O descanso é assim a pura suspensão do ato divino, ao passo que o movimento pressupõe a de-

---

[65] *Physica* V 5 n. 1; *Opera philosophica*, Leipzig 1710, IV, p. 198.
[66] Ibid., V 5 n. 13, in *Opera* IV, p. 202: *Quodvis corpus indivisum in eodem semper statu manet, in quo est, nisi causa externa mutationem aliquam ei adferat*... (Qualquer corpo indiviso sempre permanece no estado em que está a menos que uma causa externa provoque mudança nele). Com base nisso, é discutida a naturalidade do movimento circular: *Omne corpus motum ex seipso tendit, ut secundum lineam rectam, non vero curvam pergat moveri* [Cada corpo tende por si mesmo ao movimento, de modo que começa a se mover de acordo com a linha reta, mas não certamente de acordo com uma linha curva] (ibid., prop. 2). A magnitude da dificuldade em justificar a economia racional da matéria em questão se trai verbalmente pelas palavras "ex seipso tendit" (tende por si mesmo ao movimento).
[67] Ibid., v. 5, n. 14. In: *Opera* IV, pp. 204-207: *Quaeritur de quite, quae est motui opposita, utrum sit aliquid positivum an vero privatio dumtaxat motus*... [É de se perguntar se o repouso, o oposto do movimento, é algo positivo ou, na verdade, nada além da privação de movimento...].

terminação positiva do mesmo. Daí decorre que: *Itaque quies nihil est, motus vero aliquid* (O descanso, por isso, não é nada, mas o movimento é verdadeiramente algo). Disso outra vez se segue que o menor corpo em movimento é capaz de pôr em movimento o maior corpo que estivesse em repouso. É decisivo que não aplique seu experimento mental à aceleração senão que se refira ao movimento, de modo que pode se restringir à ideia básica da forma transitiva da *conservatio* aos corpos em repouso.

Os *Anfangsgründe der Naturlehre* [Princípios fundamentais da doutrina da natureza] de J. Chr. Erxleben (para nós, de grande valor porque Lichtenberg enriqueceu a obra de seu predecessor em Göttingen, primeiro com um prefácio à terceira edição (1784), e então, até a sexta edição (1794), com a adição das próprias seções, sem falar que, ademais, era um dos compêndios importantes do século XVIII) ainda manifesta as dificuldades linguísticas de liberar a formulação do princípio da inércia do campo semântico dos impulsos internos, das forças e inclinações.

Mostra-se, antes de tudo, que, desde 1771, o professor de filosofia de Göttingen esforçava-se em estabelecer uma ligação com o princípio da razão suficiente de Leibniz. O esforço constante, que perdurou por dois séculos, de eliminar[68] da física o termo "força" era expresso por Erxleben por uma espécie de meticulosidade cheia de precaução, que de modo algum quer falar, com Newton, de uma vis *inertiae*: ... *tem-se assim de considerar como se houvesse algo no corpo que busca mantê-lo constantemente em seu estado presente; como se, por esse algo, o corpo pudesse resistir ao repouso quando esteja em movimento; e ao movimento quando em repouso.*[69] Mas em caso algum isso deveria ser denominado de força, pois uma coisa não precisa de uma força própria, "para permanecer o que já é". E além do mais: *Pode-se de fato pensar uma força que nunca age por si mesma senão que apenas resiste? Que não tem magnitude por si senão que é grande ou pequena de acordo com aquilo a que resiste? A partir daí, para Erxleben, é palpável a relação com o princípio da razão suficiente e a "inércia"* (*Trägheit*) *não passa de um determinado aspecto*

---

[68] Maupertuis: *Essai de cosmologie* II: (force) *un mot qui se sert qu'à cacher notre ignorance*.
[69] *Anfangsgründe der Naturlehre*, 6. ed., Göttingen 1794, & 55 s (pp. 49 ss). O "Neuer Lehrbegriff der Bewegung und Ruhe" [Nova concepção do movimento e do repouso] de Kant (1758), também poderia ser aqui referido, com sua observação de que "... esta força de inércia (*Trägheitskraft*) foi planejada sem necessidade" e poderia ser representada pelo princípio da paridade entre ação e reação, "sem ter de se cogitar em uma modalidade especial de força da natureza", "muito embora essa força suposta seja extraordinariamente adaptada" para a dedução das leis do movimento.

desse princípio: A inércia é assim de fato nada mais do que o princípio da razão suficiente empregado às mudanças de estado dos corpos. Se os corpos devem ser capazes de movimento e repouso, devem ser inertes (*so müssen träge seyn*).

Dessas passagens, a partir das quais os efeitos de Newton e Leibniz parecem inesperadamente convergir, é preciso mais uma vez voltar a Leibniz e à sua já mencionada metáfora do relâmpago, na *Theodizee*, para a *creatio continua*. Torna-se claro quão problemática figura a metafórica das *fulgurations* no contexto da filosofia de Leibniz ao rememorarmos a radicalidade de sua crítica anterior ao 21º capítulo dos *Principia* de Descartes e vermos quão mais consistente Leibniz constrói sua posição contrária do que fizera Poiret, promovido na *Encyclopédie* à condição de testemunha principal dessa crítica. Em suas anotações correntes ao texto cartesiano, Leibniz oferece a exata inversão da argumentação ali desenvolvida. Para isso deve-se levar em conta uma condição adicional que Descartes introduz a propósito da causalidade formal. Para provar a existência de Deus, a partir da essência da duração das coisas, não basta que os momentos destacados dessa duração não tenham qualquer relação de condicionalidade, de modo que a futura existência do mesmo objeto não pode ser inferida do presente, *nisi aliqua causa* (a não ser por outra causa). A essa causa mantenedora subjaz a condição ulterior de que deve ser idêntica à original produtora da causa conforme sua forma essencial, de maneira que cada ato de *conservatio* se torna formalmente análogo a um ato de *reproductio*. Exatamente por isso a autoconservação está excluída, pois ela em princípio requer a mesma causalidade formal quanto à criação original. Mas ente algum é capaz disso, de modo que — e assim o curso do pensamento deve conduzir à sua conclusão — já não é *causa sui* (causa de si próprio). O argumento cartesiano dos *Principia* já contém este traçado para a solução de Spinoza. Assim, para Descartes, a autoconservação é um atributo teológico, uma característica da relação divina quanto à existência, e, por conseguinte, a autoconservação apenas pode significar ser o próprio Deus.

Se agora Leibniz exige que haja, em vez de uma *ratio durationis* uma *ratio mutationis*, deve-se atribuí-lo não simplesmente a seu princípio bem diferente de tempo, subjacente ao princípio de continuidade. Leibniz era um mestre na arte da argumentação crítica, que se fundamenta amplamente no corpo dos pressupostos do criticado. Encara a duração de um objeto como uma sequência de estados, em que cada um preenche a condição da causalidade formal para os sucessivos e, assim, exatamente, como aquilo que era contestado por Descartes a propósito do problema do começo. Leibniz deriva a constância da energia de um princípio formulável de maneira bastante escolástica: *Effectus integer aequivalet causae plenae* (O efeito integral é equivalente à causa plena).⁷⁰ Se se observa um objeto como um sistema fechado, sobre o qual não se exerce a influência da força, então cada estado desse objeto representa o efeito do estado que lhe precedeu; requer-se uma causa adicional e externa para provocar uma mudança e apenas a propósito dessa relação externa cabe falar, no sentido estrito do termo, em causalidade. Também todo ser finito assim existe a partir de si mesmo, muito embora essa existência não esteja fundada em si mesma. É característica da restrição de Leibniz à argumentação cartesiana que ele igualmente recorra a autoconsciência humana para essa forma de existência da autoconservação, que aqui, assim como em Descartes, é representativa de todo o real: *Ex eo quod jam sumus, sequitur, nos mox adhuc futuros esse, nisi existat ratio mutationis* (De nossa existência no momento presente, segue-se que também existiremos depois, caso não intervenha uma razão para a mudança).⁷¹

VI

Se a história conceitual da *conservatio* se integra na corrente central do processo de formação dos tempos modernos, isso se verifica pela

---

⁷⁰ *Dynamica* II seção 1 (*Mathematische Schriften*, ed. Gerhardt, 2ª parte, v. II, p. 437). A *Dynamica*, originada em Roma, em 1689, é tanto o resultado do primeiro conhecimento de informações dos *Principia* de Newton como de sua crítica do princípio de conservação da totalidade do movimento em Descartes, por cuja recusa Leibniz explicitamente acentua o elemento da *conservatio divina*, posto em jogo mais pelos cartesianos do que pelo próprio Descartes: *circa legem naturalem, secundum quam volunt* (*sc. Cartesii*) *a Deo eandem semper quantitatem motus conservari...* [... acerca da lei natural, de acordo com a qual eles (ou seja, os cartesianos) sempre querem que tenha a mesma quantidade de movimento a ser conservada por Deus...] (ibid., p. 117). Leibniz muda apenas em um ponto menor, pois omite o sujeito da conservação: *rationi consentaneum sit, eandem motricis potentiae summam in natura conservari...* [... está de acordo com a razão que a mesma soma de motivo potencial seja conservada no universo] (1686). Leibniz vê na relatividade do movimento a razão decisiva para a passagem da *quantitas motus* para *a vis motrix*, como substrato da lei da constância: *Ratio autem ultima est, quod ipse motus per se non est aliquid absolutum et reale* [A razão derradeira está em que o próprio movimento não é em si algo absoluto e real]. — Leibniz expressa a consequência de seu princípio da conservação da energia em termos de uma regressão do ato à potência: *Eadem semper potentia est in Universo* [Há sempre a mesma potência no universo], ibid., p. 440.

⁷¹ *Animadversiones in partem generalem Principiorum Cartesianorum* (*Philosophische Schriften*, ed. Gerhardt, IV, p. 360).

oposição ao princípio da autoconservação. O princípio da autoconservação deve ser relacionado à oposição ao que os tempos modernos contam como incitação à sua consciência da realidade e se formula a partir dessa relação.

A maneira mais direta de verificá-lo está em observar-se como a escatologia teológica deve ter em conta, em suas afirmações e argumentos, o novo princípio. O destino do mundo não mais pode ser a aceleração de um processo para o ocaso, de qualquer modo natural e imanente. A concepção orgânica de todo o mundo tornou-se caduca, depois que se ressaltou que a realidade orgânica é uma província minúscula do universo fisicamente interpretável. O argumento da mera autoconservação — ou seja, que a única razão para sua existência continuada é a sua própria facticidade — pode também ser um resultado fraco do ponto de vista da demanda da razão suficiente da existência; no entanto, essa é a única razão suficiente. O Deus, que converteu o fim deste mundo em conteúdo de sua revelação, entrou em um papel chocante ante o antigo cosmo. É de se recordar a cena apócrifa em que Paulo anunciava ao imperador Nero a destruição deste mundo pelo fogo; o imperador é tomado por tamanha fúria que ordena os cristãos serem queimados e a execução de Paulo, muito embora ele apenas recorresse à boa *ekpyrosis* (conflagração) estoica do cosmo, por certo sem o consolo do retorno do mesmo, a partir da força produtiva e renovada do fogo.[72] O conceito medieval de contingência troca as posições de Deus e o mundo: a *creatio continua* como quintessência da conservação era a única razão para o não-não-ser (*Nicht-nicht-sein*) do mundo. A *vis per se existendi* (força de existir por si) tornou-se exclusivamente um atributo divino,[73] que concedia um apoio apenas momentâneo à existência do mundo. O teólogo dos tempos modernos, ao contrário, pratica a escatologia sob o pressuposto de que a destruição intervém sobre um mundo sem dúvida existente; o que, por certo, se põe em questão para cada momento futuro. Isso modifica a linguagem da escatologia, sua radicalidade, sua extensão e intensidade.

---

[72] *Passio S. Pauli*, cap. 7 (ed. Lipsius-Bonnet, Acta Apost. Apocr. I, 30): *Haec audiens Nero et ira succensus, quia mundi figuram per ignem Paulus dixerat resoluendum, iussit omnes Christi milites igne cremari...* [Ouvindo isso, Nero se inflamou com raiva, pois Paulo tinha dito que a forma do mundo era ser destruído pelo fogo e ordenou que todos os soldados de Cristo fossem cremados com fogo...]. Para o cristão contra a censura de deleite pelo fim do mundo, cf. o meu "Das dritte Höhlenglichnis" [O terceiro mito da caverna]. In: *Studi e ricerche di storia della filosofia*, XXXIX, Turim, 1961, pp. 16 ss.
[73] Assim ainda em Descartes: *Meditationes* III, p. 33.

Demonstro-o por um livro muito lido na metade do século XVIII, o *Lehrgebäude vom Untergang der Erde* [Doutrina do fim da terra] (1754) de Johann Friedrich Weitenkampf.[74] *Quem poderia deixar de duvidar que Deus possivelmente pudesse possuir a suprema sabedoria se Ele quisesse conceber um mundo maravilhosamente amplo para o tempo tão curto de uns poucos milhares de anos, destruindo, em seguida, por completo, essa obra-prima de sua onipotência?*[75] A magnitude do universo converteu-se em argumento contra a totalidade das ocorrências escatológicas, cuja revelação contudo refere-se ao homem como uma pequena parte desse universo. A revogação desse enorme esforço levava à autocontradição da instância criadora: *Sua bondade também seria eclipsada se quisesse reduzir o mundo material ao nada de antes, pois quem poderia derivar desta ação a infinita inclinação de Deus de outorgar às suas criaturas tantas perfeições quantas fossem possíveis? Pela criação e pela conservação Deus é benevolente, não, entretanto, pela destruição.*

Se, contudo, o mérito da existência do universo se opõe ao pensamento da destruição total, como então a escatologia ainda pode ser justificada quanto ao homem? Weitenkampf aqui emprega um argumento familiar ao século da teodiceia, na verdade, apenas com uma restrição: a do escândalo da imensidade da punição do inferno. A justeza, assim como a perenidade dessa punição, é, com efeito, sustentada, assim como a premissa de que a maioria dos homens pertence inquestionavelmente à *massa damnata*. Mas é exatamente a partir dessa concordância que Weitenkampf consegue integrar a escatologia na teodiceia: um término deve ser estabelecido para a continuada existência e o crescimento da humanidade, a fim de que a perdição não avance desmedidamente. *O número das almas condenadas seria tão surpreendentemente grande que sobrepujaria toda a razão humana e converteria necessariamente Deus em um criador cruel. Socorro, Deus eterno! Dado que seria imenso o número das criaturas condenadas, como seria possível que Deus fosse infiniitamente benevolente se o mundo durasse para sempre?*[76] A convergência dos argumentos — por um lado, a favor da existência continuada do mundo como um todo, por outro, contra a existência permanente da humanidade — pode ser muito surpreendente, mas ela serve ao autor

---

[74] 2. ed., Braunschweig, 1762 (citado de acordo com a edição). Weitenkampf, mestre de filosofia em Helmstedt, morreu em 1758.
[75] II &42, p. 110.
[76] I & 16, p. 60 ss.

para que, condenando Deus a ser justiceiro com as almas condenadas, pelo menos não tivesse de destruir arbitrariamente o conjunto de sua obra. A compaixão com as criaturas não nascidas de uma humanidade supremamente merecedora de condenação estabelece a expectativa do fim da história como esperança, sem sobrecarregar o equilíbrio da teodiceia com a aniquilação de um mundo, que, manifestamente, pode ser pensado independentemente de sua relação com a existência humana. *Ora, pensar-se-ia haver uma boa razão para crer que Deus permitiria que este antro de vícios e pecados permanecesse ainda nas mesmas circunstâncias ou que seu amor infinito não o impulsionaria constantemente a dar um fim a isso tão logo que a sabedoria divina o pedisse?... Mas como o mundo já tem uma longa duração e o número dos perdidos cresceu tão extraordinariamente, como, ademais, não há mais esperança de que a raça humana jamais mude, e como o fim do chão do mundo é o meio de prevenir este mal, temos todos mais razão em esperar que o dia derradeiro esteja próximo em vez de adiá-lo por mais tempo.*[77]

O princípio de economia de sua escatologia permite que Weitenkampf satisfaça as implicações tornadas indiscutíveis da conservação: sucede apenas que é preciso tornar o mundo nada acolhedor para a propagação da humanidade. Vistos em termos do todo do universo, os acontecimentos escatológicos são insignificantes e superficiais. O pano de fundo das consequências copernicanas é inequívoco: o que para a história do homem é de relevância letal, cosmicamente não tem significado. *"Se comparamos este corpo celeste com outras obras da natureza que cintilam no espaço incalculável do céu, este é inexpressivo e sem valor. Que tipo de inferência seria se, por a terra perecer no futuro, concluíssemos que os outros corpos celestes também deveriam perecer? Que deveria mover o Todo Poderoso para que, tendo em conta um planeta assim pequeno e que talvez pouco signifique ao Seus olhos, destruísse milhares de outros que, em nosso universo, o superam em magnificência?"*[78]

Mesmo a velha ideia de resgatar os acontecimentos escatológicos do fim do mundo de uma contradição interna teológica pela concepção de serem o mero prelúdio para outra criação de um novo céu e de uma nova terra — ideia que, em conexão com a ideia da *creatio continua*, não gozou de maior estima — se opunha, segundo Weitenkampf, àquela economia escatológica e era de ser considerada entre os meros

[77] II & 46, p. 120.
[78] I & 11, p. 22.

"exageros". *Ele, de fato, não cria um mundo novo senão que renova o velho.*[79] Pode-se daqui concluir *a fortiori* que a Weitenkampf era estranha a ideia de uma conservação por meio da *creatio continua*, se não podia sequer conceder à escatologia uma medida daquele tipo de criação. Para satisfazer as exigências dos textos bíblicos, o que era de mudar tinha de ser laboriosamente extirpado da supremacia do princípio de conservação e sem a mínima intervenção. A existência continuada do mundo físico pertence aos pressupostos da felicidade dos espíritos imortais — portanto, dos poucos que podem escapar da danação eterna. *Daí que o mundo material é outra vez um meio para satisfazer a infinita inclinação de Deus em favor da felicidade de suas criaturas. Essa infinita inclinação dura eternamente. Daí que o meio também deva durar para sempre Portanto, se Deus destruísse o mundo físico, subtrairia dos espíritos uma forma de prazer e, assim, lhes faria perder uma grande parte de sua felicidade anímica. Deste modo a sua condição beatífica não seria plena e a inclinação divina não seria satisfeita. Por conseguinte, ele não destruirá o mundo físico.*[80] Para que permaneça, o mundo não necessita de nenhuma ajuda e de algum suplemento energético para ser eternamente o meio de felicidade dos eleitos. Por conta de sua velhice, o céu está mais baixo e os grandes corpos celestes, pela perda de força, mais próximos entre si, *até que, por fim, todo o céu sucumbirá como uma casa velha ou como uma velho carruagem e estará sobre a terra — tal decrepitude de uma velhice sem forças é um jogo da imaginação A mesma medida de forças está sempre presente no mundo e muito se enganaria a si próprio no caso de se querer acreditar que as forças do mundo se encanecem, desaparecem e, de ano para ano, decaem.*[81]

Desse modo, com a integração do princípio da autoconservação na consciência dos tempos modernos, a autoevidência de uma escatologia como teologia praticante da esperança ainda é definida por o caráter episódico do mundo ter se tornado objetável por força de que a violação dessa autoconservação do todo exige uma "onipotência" injustificável. É a inutilidade da representação da salvação para a maioria da humanidade que, em suma, ainda suporta o pensamento escatológico, como uma espécie de postulado residual da teodiceia, ao mesmo tempo que

---

[79] II & 46, p. 120.
[80] I & 28, pp. 85 ss.
[81] II & 40, pp. 105 ss.

permite que esse processo degenere em uma identidade pontual, interna ao mundo, com a humanidade.

VII

A negação da autoconservação encontrou sua forma romântica. Com a ideia da autodestruição, ela quebra com o mero "e assim por diante", do mesmo modo como a teoria do progresso no Iluminismo procurara fundar e projetar a história da humanidade. O cotidiano de uma história assim concebida termina com a *celebração de todas as celebrações*, com o maravilhoso ocaso, como anotava Friedrich Schlegel nos fragmentos de 1800: *O destino (Bestimmung) do homem é destruir-se a si próprio. Mas para isso antes precisa tornar-se digno disso; coisa de que não é até hoje.*[82] A tentativa de forçar o mundo a caber numa concepção orgânica total, que fora abandonada no começo da história conceitual da autoconservação, levou à tradução singular da autoconservação como autogeração (*Selbsterzeugung*), conforme é indicado pelo físico romântico Johann Wilhelm Ritter — a quem Walter Benjamin atribuía a "mais significativa prosa pessoal do romantismo alemão": *Tudo que há, se preserva organicamente. Toda pedra, a cada momento, surge de novo, gera-se a si sem cessar. Apenas morrem sem cessar os pais da criança e, por isso, não se vê o indivíduo crescer. Se se puder superar a aniquilação, o novo será agregado ao velho que permanece, e ter-se-á agora a verdadeira propagação e multiplicação.*[83] A autoconservação é assim apenas a aparência de um crescimento orgânico, que, de fato, é apenas capaz de equilibrar as perdas no supostamente inorgânico. Como princípio racional, a autoconservação é negada precisamente por essa concepção. A negação é compreendida como a superação de uma compreensão demasiado pobre do mundo.

Esta outra possibilidade de negação da autoconservação, como sua superação, toma o termo "autoconservação como metáfora para a mera economia da resignação ao existente". Nietzsche insistirá na ideia da *altamente ridícula economia da autoconservação — pois esse é o instinto*

---

[82] *Philosophische Fragmente*, n. 585 (e também 589, 592), *Kritische Ausgabe* XVIII, pp. 174-5.
[83] *Fragmente aus dem Nachlaß eines jungen Physikers. Ein Taschenbuch für Freunde der Natur* [Fragmentos do espólio de um homem físico. Um livro portátil para amigos da natureza], Heidelberg 1810, n. 64 (I. pp. 39 ss.). — Para a caracterização por Walter Benjamin do prefácio dos *Fragmenten*, cf. *Angelus novus*, Frankfurt, 1966, p. 176. Em acréscimo, cf. "Carta a G. Scholem", 5 de março de 1924, in *Briefe* I, p. 343): *Por contraste, Novalis é um orador popular.*

mesmo de nossa natureza e horda.[84] Mas já Hobbes considerara obscura a determinação da vontade, pois, por um lado, a mera autoconservação é a quintessência de sua meta e, por outro, é a intensificação do poder.[85] Para Nietzsche, o impulso biológico da autoconservação representa exatamente o princípio universal em sua dubiedade. Esse impulso já é encarado como o substrato da sublimação mais alta quando Nietzsche dele diz que, *de tempos em tempos, ele irrompe como razão e paixão do espírito* e tem então *um séquito esplendoroso de fundamentos em torno de si e se empenha em fazer esquecer com toda força que, no fundo é impulso, instinto, loucura, desrazão*. O impulso de autoconservação é atribuído a uma inconsequência de Spinoza, que aqui negligenciou a economia do método de estar vigilante *ante os supérfluos princípios teleológicos*.[86] Nietzsche pode não ter visto que, para Spinoza, aquele impulso devia ser exatamente a quintessência da economia metódica contra a *creatio continua* escolástico-cartesiana; Nietzsche nisso percebia um excesso por acreditar ter encontrado um princípio ainda mais abrangente. Essa era, na verdade, como para os românticos, outra vez, apenas um princípio do que está pleno de vida (*lebendig*), em face de que, para Nietzsche, toda a física se desvanece. Se a vida é vontade de poder, então a autoconservação é *apenas uma das consequências indiretas e mais frequentes* dela, portanto um derivativo secundário e débil. Prepara-se uma nova e enérgica metafórica da vida, que viria a encontrar sua conversão no aparato de um modelo psíquico na "energia de vida" libidinal de Sigmund Freud. Lê-se em Nietzsche: *Cada animal*, aí incluindo la bête philosophique, *esforça-se instintivamente pelo máximo de boas condições, sob as quais possa liberar bastante suas forças e alcance o ápice de sentimento de poder*.[87] Como pano de fundo metafórico, a representação de um gás sob alta pressão parece determinar o processo mental de superação da autoconservação. Mas é importante que, para Nietzsche, essa liberação de força não tem evidentemente nada a fazer ou nada deve ter com o alcance da felicidade: *Não falo de seu caminho para a "felicidade" senão de seu caminho para o poder, para a façanha, para o fazer mais potente e, na maioria dos casos, de fato, de seu caminho*

---

[84] *Die fröhliche Wissenschaft* I, 1, *Werke*, Musarion-Ausgabe, XII, pp. 33, 35.
[85] Cf. K.-H. Ilting: "Hobbes und die praktische Philosophie der Neuzeit". *Philosophisches Jehrbuch*, 72, 1964, p. 100.
[86] Jenseits von Gut und Böse I 13, WW XV, pp. 20 ss.
[87] *Zur Genealogie der Moral* III 7 (WW XV, p. 383).

para a infelicidade. O mundo a que se refere não é mais o "animal", senão que o filósofo.

Pela crítica de Nietzsche, há um século está decidida a disputa acerca da alternativa entre à preeminência do princípio da autoconservação e o princípio do prazer: *Antes de tudo, algo vivo procura ampliar sua força — a própria vida é vontade de poder.* No começo dos tempos modernos, o esquema físico da conservação como *conservari* impessoal, como *perseveratio*, deslocou o modelo teológico transitivo da *conservatio* escolástica, assim como o modelo orgânico da *conservatio sui*, junto com o resto metafórico quase impossível de ser ultrapassado da vis *inertiae*. O resultado desse processo foi, por seu lado, o ponto de fuga de novas oposições. Mas, desse ponto de vista, torna-se apenas mais claro em que medida formulações da conservação intransitiva presidem a racionalidade dos tempos modernos.

OBSERVAÇÃO FINAL: EM VEZ DE CONCLUSÃO

Em nossa língua, Hans Blumenberg é um pensador quase desconhecido.

Dele, só dispomos de duas traduções [*O riso da mulher de Trácia* (Das Lachen der Thrakerin) e *Teoria da não conceitualidade* (*Theorie der Unbebrifflichkeit*)], publicadas em 1987 e 2011, respectivamente, e de um livro sobre sua obra: O intervalo da contingência (2011), de Oliver Feron.

Ao interessar-me por sua obra, não pensei de início em fazer algo profissional com sua leitura. Só durante seu curso pensei em orientá-la. Percebi então que, entre seus muitos investimentos, o relativo à experiência estética tinha menor significado. Tinha portanto que escavar um elo entre suas muitas publicações e minha orientação específica. Não foi difícil perceber que este deveria basear-se no potencial aberto por sua investigação do que a princípio chamara de metaforologia, daí vindo ao campo mais amplo em que a conceitualidade é insuficiente. Daí a questão apontar para as direções da linguagem. Nisso, encontrava uma semelhança do que sucedera com Kant: assim como este percebera que as questões postas pela razão ultrapassavam o conhecimento científico e, em sua Terceira Crítica, compreendera a distinção entre os juízos determinante e de reflexão, Blumenberg apontava para os limites do que o Ocidente sempre tivera como a culminância do investimento verbal: a formulação de um conceito. Uma maneira, portanto, de dirigir anos de estudo da obra de Blumenberg consistia em relacionar a composição da não conceitualidade com o questionamento da *mímesis*. É verdade que Olivier Feron já o iniciara, mas em uma direção bastante diversa da que tenho feito. Procurei de minha parte mostrar que, assim como já antes verificara que a *mímesis* implicava a relação tensa entre uma base de semelhança e um desdobramento da diferença quanto a um referente suposto ou efetivo, também a transposição metafórica não se reduzia a estabelecer um análogo com uma formulação mais frequente senão que a analogia aí funcionava à maneira da semelhança na *mímesis*, servindo pois de ponto de partida para a transgressão da área semântica de uso frequente; portanto que o que Blumenberg desenvolvera como "metáfora absoluta", e, em menor medida, como "metáfora explosiva", era o instrumento pelo qual a não conceitualidade ficcional se configura. Como o próprio pensador não estabelecera a relação entre aquelas espécies de metáfora e a ficcionalidade, não era esta a via para o que fosse uma introdução à sua obra. Tampouco era o meio para insistir na restrição que o Ocidente tem manifestado, sobretudo a partir da abertura dos Tempos Modernos, quanto à ficcionalidade, passando caber à ciência não só se desgarrar da filosofia e da teologia, como passar a por suspeita a capacidade de toda formulação de linguagem que não fosse operacionalmente dirigida. Por isso, o surgimento tardio da reflexão sobre o ficcional, com os fragmentos que Bentham escreveu no começo do século XIX para a sua *Theory of fictions*, se deu sob a marca da negação: ficção era o que não tinha fundamento. Em lugar deste requisitório, a metaforologia permite uma guinada completa no que se estabelecera desde Descartes. — Não se cogita de negar a validez da ciência, de manter a guerra entre ciência e filosofia, senão de mostrar que a linguagem contém dois eixos e não só o conceitual. Em consequência, como é indigente uma teoria do conhecimento que não leve em conta todo o espectro das formações discursivas, desde a formação técnica, vindo à mais perfeita das conceituações, a matemática, até a formulação ficcional. Em lugar, portanto, de uma construção piramidal, passamos a dispor de um amplo leque de possibilidades expressivas, cabendo ao analista nas diversas formas discursivas aprofundar como a concreção técnica, a abstração científica e/ou filosófica, a exploração do sensível estético dispõem dos eixos da conceitualidade e da não conceitualidade. — Se o leitor então se perguntar onde isso é aqui feito, a resposta seria que suas bases são apenas esboçadas; que o que aqui se fez se justifica apenas como início de uma fundamentação que exigirá a contribuição de muitos e muitos pesquisadores.

Rio de Janeiro: agosto 2013-setembro 2014

REFERÊNCIAS BIBLIOGRÁFICAS

(Temos como padrão de referência: Nome, sobrenome do autor, título, no original, sublinhado, tratando-se de obra, aspeado, se for capítulo, artigo ou ensaio separado, seguido, entre parênteses, da data do original, cidade, editora, data da edição efetivamente citada. (No texto, título de obra, capítulo, artigo ou ensaio serão também traduzidos.)

Além dos cortes de texto e bibliografia, referidos na Introdução, só tive acesso a *Begriffsgeschichte, Diskursgeschichte, Metaphergeschichte*, Hans Erich Bödeker (org.), Göttingen, Wallstein Verlag, 2002, quando a redação estava quase terminada. (Tampouco tive em conta os livros de G. Lakoff e M. Johnson sobre a questão central da metáfora por que só os conheci quando este livro já estava prometido a seu editor.) Embora outras traduções tenham sido consultadas, encontram-se, no texto, referência apenas à tradução francesa da *Krisis* de Husserl e da tradução brasileira da *Theorie der Unbegrifflichkeit*. A indicação será então assim feita: entre parênteses, a data da edição efetivamente citada, seguida de barra (/), a separar a indicação de página, respectivamente, no caso da *Krisis*, do original alemão e da tradução francesa, no caso da *Theorie*, da tradução brasileira e do original alemão.

Seção I

CAPÍTULO I

Blumenberg, H. *Lebenszeit und Lebenswelt*. Frankfurt am Main, 1986.
_____. *Beschreibung des Men*schen, Sommer, M. (org. do espólio do autor). Frankfurt Frankfurt am Main: Suhrkamp, 2006.
_____. "Anthropologische Annäherung an die Aktualität der Rhetorik" (1971). In: *Wirklichkeiten in denen wir leben*. Stuttgart: Reclam, 1981.
Costa Lima, L. *Vida e mímesis*. Rio de Janeiro: Editora 34, 1995.
_____. *O controle do imaginário & a afirmação do romance. Dom Quixote. As relações perigosas, Moll Flanders, Tristram Shandy*. São Paulo: Companhia das Letras, 2009.
_____. *Frestas. A teorização em um país periférico*. Rio de Janeiro: Contraponto, 2012.
Gehlen, A. *Der Mensch. Seine Natur und seine Stellung in der Welt (1940)*. 14. ed. Wibelsheim: Aula Verlag, 2004.

Herder, J. G. "Abhandlung über den Ursprung der Sprache" (1772). In: *Herder frühe Schriften* (1764-1772), v. I. Ulrich Gaier (org.). Deutscher: Frankfurt am Main: Klassiker Verlag, 1981.
Heidegger, M. *Brief über den Humanismus* (1947). Emmanuel Carneiro Leão (trad.). [*Sobre o humanismo*. Rio de Janeiro: Tempo Brasileiro, 1967.]
Husserl, E. *Formale und transzendentale Logik* (1929). Ed. cit: *Gesammelte Schriften*, 7. Ströker, E. (org.). Hamburgo: Felix Meiner, 1974.
_____. *Cartesianische Meditationen. Eine Einleitung in die Phänomenologie* (1931, em trad. francesa). Ed. cit. In: *Gesammelte Schriften*, 8. Ströker, E. (org.). Hamburgo: Felix Meiner, 1976.
Kant, I. "Immanuel Kants Logik, ein Handbuch zu Vorlesungen". Gottlob Benjamin Jäsche (org.), (1800). In: *Immanuel Kant: Werkausgabe*, v. VI, 2, *Schriften zur Metaphysik und Logik*, Wilhelm Weischedel (org.), Frankfurt am Main: Suhrkamp, 1977, pp. 423-582.
_____. "Kritik der Urteilskraft" (1790). In: *Schriften zur Ästhetik und Naturphilosophie*. M. Frank e V. Zanetti (orgs.), Frankfurt am Main: Deutscher Klassik Verlag, 1996.
Marquard, O. "Die Krise der Reteleologisierung und die Existenzphilosophie Heideggers". In: *Der Einzelne. Vorlesungen zur Existenzphilosophie*. Franz Joseph Wetz (org.). Stuttgart: Reclam, 2013.
Mohanty, J. N. "The Development of Husserl's thought". In: *The Cambridge Companion to Husserl*. Barrry Smith e David Woodruff Smith (orgs.). Cambridge: Cambridge University Press, 1995.
Ricoeur, P. "Husserl et le sens de l'Histoire". *Revue de Métaphysique et de Morale*, jul.-out. 1949, pp. 280-316.
Schmitt, Carl. *Der Nomos der Erde im Völkerrecht der Jus Publicum Europaeum*. Colônia: Greven Verlag, 1950. Trad. brasileira: *O nomos da Terra no direito das gentes do jus publicum europaeumn*. Rio de Janeiro: Contraponto/ PUC, 2014.
Ströker, E. (org.). *Husserls Werk. Zur Ausgabe der gesammelten Schriften*, v. Register. Hamburgo: Felix Meiner Verlag, 1993.
Welton, D. Citação de Adelgundis Jaegerschmidt, "Conversations with Edmund Husserl". In: *New yearbook for phenomenology and phenomenological philosophy* (2001), prefácio a *Discovering the New Husserl. A Critical Reader*. Don Welton (org.). Bloomington/ Indianápolis: Indianopolis University Press, 2003.

CAPÍTULO II

Bandy, W. T. *Baudelaire Judged by his Contemporaries*. Nova York: Publications of the Institute of French Studies, Columbia University, 1933.
Benjamin, W. "Über einige Motive bei Baudelaire". In: *Gesammelte Schriften*, v. I-2, R. Tiedemann e H. Schweppenhäuser (orgs.). Frankfurt am Main: Suhrkamp, 1980.
Blumenberg, H. "Selbsterhaltung und Beharrung. Zur Konstitution der neuzeitlichen Rationalität". In: *Subjektivität und Selbsterhaltung. Beiträge zur Diagnose der Moderne*. H. Ebeling (org.). Frankfurt am Main: Surhrkamp, 1976, pp. 144-207.
_____. *Beschreibung des Menschen*. Frankfurt am Main: Suhrkamp, 2006.
Calasso, R. *La Folie Baudelaire*. Milão: Adelphi, 2008.
Carter, A. E. *Baudelaire et la critique française, 1868-1917*. Columbia: University of South Carolina Press, 1963.

De Gandt, F. "Husserl et la science du monde de la vie". In: *Lectures de La Krisis de Husserl*. Paris: J. Vrin, 2008, pp. 103-122.
De Warren, N. "La crise de la raison et l'énigme du monde". In: *Lectures de La Krisis de Husserl*, op. cit., pp. 23-44.
Fink, E. *Studien zur Phänomenologie (1930-1939)*. Haia: Martinus Nijhoff, 1966.
Husserl, E. "Die Krisis der Europaischen Wissenschaften und die transzendentale Phänomenologie" (1954). In: *Gesammelte Schriften*, v. 8. E. Ströker (org.). Hamburgo: Felix Meiner Verlag, 1992. Trad. e intr. de G. Granel. *La Crise des Sciences Européennes et la Phénoménologie Transcendentale*. Paris: Gallimard, 1976.
Janssen, P. Verbete "Lebenswelt". In: *Historisches Wörterbuch der Philosophie*, v. 5, J. Riiter e K. Gründer (orgs.). Basileia/Stuttgart: Schwabe & Co., 1980.
Jünger, E. *Der Kampf als inneres Erlebnis* (1980). Trad. de F. Poncet. *Le Combat comme expérience intérieure*. Paris: Gallimard, Pléiade, 2008.
Paci, E. *Funzione delle scienze e significato dell'uomo*. Milão: Il Saggiatore, 1963.
Simmel, G. "Der Begriff und die Tragödie der Kultur" (1911). In*: Aufsätze und Abhandlungen* 1909-1918, v. I. Klaus Latzel (org.). Frankfurt am Main: Suhrkamp, 2001.
_____. *Lebenschauung. Vier metaphysische Kapitel* (1918). Ed. cit: *Gesamtausgabe*, v. 16. Frankfurt am Main: Suhrkamp, 1999, pp. 209-425.

Seção II

CAPÍTULO III

Aristóteles. *Poética*, utilizo as traduções para o francês de J. Hardy. *Poétique*. Paris: Belles Lettres, 1977; e de R. Dupont-Roc e J. Lallot. Paris: Seuil, 1980.
_____. *The "Art" of rhetoric*, trad. de J. H. Freese. Cambridge, Mass./ Londres: Harvard University Press, 2006.
Blumenberg, H. *Paradigmen zu einer Metaphorologie* (1960). Ed. cit. Frankfurt am Main: Suhrkamp, 1998.
_____. "Ausblick auf eine Theorie der Unbegrifflichkeit". In: *Schiffbruch mit Zuschauer*. Frankfurt am Main: Suhrkamp, 1979.
Burke, K. A. *A Grammar of motives and a rhetoric of motives* (1945 e 1950). Cleveland/ Nova York: A Meridian Book, 1962.
Charbonnel, N. *La Métaphore entre philosophie et rhétorique*. Paris: PUF, 1999.
Costa Lima, L. T*rilogia do controle*. Rio de Janeiro: Topbooks, 2007.
Ghiazza, S. *La Metáfora tra scienza e letteratura*. Florença: Le Monnier Università, 2005.
Kleiber, G. Cf. Charbonnel, N.
Klinkenberg, J.-M. "Métaphore et cognitio", cf. Charbonnel, N.
Mende, D. "Technisierungsgeschichten. Zum Verhältnis von Begriffsgeschichte und Metaphorologie bei Hans Blumenberg". In: *Metaphorologie. Zur Praxis von Theorie*. Haverkamp A.; Mende, D. (orgs.). Frankfurt am Main: 2009, pp. 85-107
Quintiliano, M. F. *Institutio oratoria*, 4 v. Ed. bilíngue (latim-francês). *Institution oratoire*, trad. de H. Bornecque. Paris: Garnier, 1933.
Rapp, C. Rhetorik. Übersetzt *und erläutern von. Darmstad, Wiss.: Bu*chgesellschaft, 2002.
Richards, I.A. *The Philosophy of rhetoric* (1936). Londres/ Oxford/ Nova York: Oxford University Press, 1964.
Ricoeur, P. *La Métafora vive*. Paris: Seuil, 1975.

Ritter, J. "Vorwort" ao *Historisches Wörterbuch der Philosophie*, v. I. Darmstadt: Wissenschaftliche Buchgesellschaft, 1971, pp. v-xi.
Schlanger, J. *Les Métaphores de l'organisme*. Paris: Vrin, 1971.
Tanine, J. G. *Pour une nouvelle théorie dês figures*. Paris: PUF, 2001.
Valesio, P. *Aoscoltare Il silenzio. La retorica come teoria*. Bolonha: Il Mulino, 1986.
Weinrich, H. "Metapher". In: *Historisches Wörterbuch der Philosophie*, v. 5, pp. 1179-1186
Witgenstein, L. *Philosophische Untersuchungen* (1945). Ed. póstuma por G. E. M. Ascombe; G. H. von Wright; R. Rhees em 1953. Ed. cit.: Frankfurt am Main: Suhrkamp, Werkausgabe, v. 1, p. 299.

CAPÍTULO IV

Adams, D. "Bibliographie Hans Blumenberg". In: *Die Kunst der Überlebens über Hans Blumenberg*. Wetz, F. J.; Timm, H. (orgs). Frankfurt am. Main: Suhrkamp, 1999, pp. 426-70.
Behrenberg, P. cf. Adams, D.
Blumenberg, H. "Licht als Metapher der Wahrheit. Im Vorfeld der philosophischen Begriffsbildung" (1957). Republ. In: *Ästhetische und metaphorologische Schriften*. Haverkamp, A. (seleção e posfácio), Frankfurt am Main: Suhrkamp, 2001.
_____. "Nachahmung der Natur". Zur Vorgeschichte der Idee des schöpferischen Menschen [Imitação da natureza. Para a pré-história da ideia do homem criador] (1957). In: *Wirklichkeiten in denen wir leben*. Stuttgart: Reclam, 1981, pp. 55-103. (Há tradução brasileira. In: *Mímesis e a reflexão contemporânea*. Costa Lima, L. (org.). Rio de Janeiro: Eduerj, 2010, pp. 87-135.)
_____. "Lebenswelt und Technisierung unter Aspekten der Phänomenologie" [O Mundo da vida e a tecnização sob a perspectiva da fenomenologia] (1959), primeira publicação na revista *Filosofia*, Turim, em livro. In: *Wirklichkeiten in denen wir leben*, op. cit., pp. 7-54.
_____. "Sprachsituation und imannente Poetik". In: *Poetik und Hermeneutik*, II, Blumenberg, H.; Heselhaus, C.; Iser, W.; Jauss, H. R. (orgs). Munique: Wilhelm Fink, 1966.
_____. "Anthropologische Annäherung an die Aktualität der Rhetorik" (1971 a). In: *Wirklichkeiten in denen wir leben*, op. cit., pp. 104-36.
_____. "Beobachtungen an Metaphern". In: *Archiv für Begriffsgeschichte*, n. 15, 1971 b, p. 171.
Blumenberg, H. "Ausblick auf eine Theorie der Unbegrifflichkeit". In: *Schiffbruch mit Zuschauer*. Frankfurt am Main: Suhrkampf, 1979.
_____. *Die Legitimität der Neuzeit* (Versão original 1966, refundida em paperpaback em 1973, 1974, 1976. Ed. definitiva: 1988 refundida: 1988), Frankfurt am Main: Suhrkamp.
_____. *Paradigmen zu einer Metaphorologie* (1960), em livro: Frankfurt am Main: Suhrkampf, 1998.
_____. *Theorie der Unbegrifflichkeit*. Haverkamp, A. (org.). Frankfurt am Main: Suhrkampf, 2007. Trad. de L. Costa Lima. *Teoria da não conceitualidade*. Belo Horizonte: Editora UFMG, 1913
Blumenberg. Carl Schmitt. *Briefwechsel 1971-1978*, Franfkfurt am Main: Suhrkamp, 2007 b.

Campe, R. "From the theory of technology to the technique of metaphor: Blumenberg's opening move". In: *Qui parle*, v. 12, n. 1, Spring/Summer 2000, pp. 105-26.

_____. "Von der Theorie der Technik zur Technik der Metapher. Blumenbergs systematische Eröffnung". In: *Metaphorologie*. Harverkamp, A.; Mende, D. (orgs.). Frankfurt am Main: Suhrkamp, 2009, pp. 283-315.

Celan, P. "Ansprache anlässlich der Entgegennahme der Literaturpreises der freien Hansestadt Bremen". In: *Der Meridian und andere Prosa*. Frankfurt am Main: Suhrkamp, 1988, pp. 37-9.

_____. "Der Meridian. Rede anlässllich der Verleihung dês Georg-Büchner-Preises". In: *Der Meridian und andere Prosa*, op. cit., pp. 40-62.

Diderot, D. *Pensées philosophiques* (1746). Ed. cit.. In: *Oeuvres philosophiques*. Vernière, P. (org., bibliografia e notas). Paris: Garnier, 1990, pp. 9-49.

Fumaroli, M. *L'Âge de l'Éloquence*. Genebra: Droz, 1980.

Haverkamp, A. "Das Skandalon der Metaphorologie". In: *Metaphorologie*. Haverkamp, A.; Mende, D. (orgs.). Frankfurt am Main: Suhrkamp, 2009, pp. 33-61.

Heidegger, M. *Sein und Zeit* (1927). Tübingen: Max Niemeyer. Trad. cit. *Ser y tiempo*. trad. de Jorge Eduardo Rivera C. (trad.). Santiago de Chile: Editorial Universitária, 1997.

Heidenreich, F. "Inconceptuabilité — Penser en images, penser en concepts". In: *Hans Blumerberg Anthropologie philosophique*. Trierweiler, D. (org.). Paris: PUF, 2010, pp. 77-90.

Kaube, Jürgen: "Meine Dämonen hatten schwarze Uniformen". Frankfurt am Main: Frankfurt Allgemeine Zeitung, 18 jun. 2014.

Kant, I.: *Kritik der Urteilskraft* (1790). & 59, Frank, M. e Zanetti, V. (orgs.). Frankfurt am Main, Deutscher Klassik Verlag, 1996.

Lewitscharoff, S. *Blumenberg*. Frankfurt am Main: Suhrkampf, 2011.

Marquard, O. "Entlastung vom Absoluten". In: *Die Kunst des Überlebens, Nachdenkens über Hans Blumenberg*. Wetz, F. J.; Timm, H. (orgs.). Frankfurt am Main: Suhrkamp, 1996, pp. 17-27,

Mende, D. "Technisierungsgeschichten. Zum Verhältnis Von Begriffsgeschichte und Metaphorologie bei Hans Blumenberg". In: *Metaphorologie. Zur Praxis von Theorie*. Haverkamp, A.; Mende, D. (orgs.). Frankfurt am Main: Suhrkamp, 2009. (O texto se encontra em versão para o inglês. In: *Telos*, n. 158, Spring 1982.)

_____. *Metapher — zwischen Metaphysik und Archäologie. Schelling, Heidegger, Derrida, Blumenberg*. Munique: Wilhelm Fink, 2013.

Merleay-Ponty, M. "Sartre et l'ultra-bolchevisme". In: *Les Aventure de La dialectique*. Paris: Gallimard, 1966, pp. 132-231.

Monod, J.-C. *La Querelle de La sécularisation. De Hegel à Blumenberg*; Paris: Vrin, 2002.

_____. *Hans Blumenberg*. Paris: Belim, 2007.

Schmitt, C. *Politische Theologie II. Die Legende von der Erledigung jeder politischen Theologie* (1970), Berlim: Duncker & Humblot, 1990.

Untersteiner, M. *I Sofisti*. ed. revista, 2 v. Milão: Lampugnani Nigri, 1967.

Valéry, P. "Note et digression" (1919). In: *Oeuvres,* I. Paris: Gallimard Plêiade, 1957.

Wallace, R. "Translator's introduction". In: *The Legitimacy of the modern age*. Mass.: M.I.T., 1983.

Índice Remissivo

A

Aberta, ação comunicativa, 71
Absoluta, consciência, 38
Absoluta, metáfora, 127, 161, 165–168, 171–173, 175, 178, 179, 180, 186–188, 192, 197
Adams, D., 168
Adloff, 69
Agatão, 134
Agostinho, 209–210, 226
Alegoria, 228–229
Alemão, idealismo, 112, 124
Alogia e metafora, 125–126, 159, 193
Analogia, 123, 140, 176, 180
Analogia e transformação, 161
Analógica, indução, 231
Anamnese, 53, 57–58
Animal e humano, comportamento, 64
Anonimato e autencidade, 28, 33, 38
Anonimato e Vollendung, 49
Antiga, metafísica, 182
Antropocentrismo, 36–37
antropologia filosófica 72–73
Antropológica, abordagem, afirmação, postura, tematização, 25–27, 33, 44, 45, 62
Aquino, T. de, 130, 185, 222–223, 227, 234–235
Arendt, H., 23
Argumentação, teoria da, 133, 134, 136, 153
Aristóteles, 26, 29, 121, 126, 128, 131–132, 134–135, 137, 153, 189, 197, 200, 217–219, 222, 225–228, 232, 235
Aristotélica, cosmologia, 216
Aristotélica, metafísica, 227
Aristotélica, teleologia, 203
Aristotélico, conceito de natureza, 224
Arte e experiência do mundo, 166
A secas, ascetismo, 35, 118
Autoconservação, concepção estoica de, 216
Askalon, Antiochos de, 220
Autoconservação e princípio do prazer, 254
Autoconservação, história conceitual da, 252
Autoconservação potencial metafísico, 216
Autoconservação, princípio de, 218, 220, 241

B

Bacon, F., 215
Bailly, 230
Bandy, W., 87
Baudelaire, C., 86, 88–89, 91, 95
Bayle, P., 208

Beckett, S., 30–31
Behrenberg, 168
Belo, 19, 172
Benjamin, W., 197, 252
Bentham, J., 256
Bergson, H., 131
Blumenberg, H., 11–14, 17–18, 20–25, 26–27, 30–31, 34–35, 37, 39, 44, 46–48
Bossuet, J.-B., 124
Brabant, S. de, 231
Brentano, A., 26, 147
Breton, A., 200
Bruno, G., 213, 215, 238
Buffon, G. L. L., 124
Buridan, 227
Burke, K., 121
Buytendijk, 69

C

Calasso, R., 86
Calvino, J., 162
Camões, L., 83
Campanella, T., 204, 214, 243
Campe, R., 168–175, 181–182, 187
Capitalismo, 107, 162
Carnap, 121
Carne, consciência da, 42, 111–112, 113–114
Carter, 87
Cartesiano, legado, sujeito método, 35–36, 82, 104, 108–111, 148, 207, 239, 246
Cassirer, E., 27, 85
Catão, 220
Celan, P, 194
Certeza de si, 34
Cético, 211
Charbonnel, N., 121
Chockerlebnis Choque, vilolência de, 87, 88
Cícero, M. T., 122, 152, 215, 219–220
Ciência e filosofia, 94, 101, 106, 151, 256
Ciência, idealização da experiência, 21, 102–103, 111
Ciência(s), 19, 20–22, 31, 35, 38, 39–40, 47, 52, 67–68, 81–82, 86, 91, 93, 101, 103, 106, 109–111, 114, 115, 124, 144, 148–149, 158, 167, 173, 177, 205, 226
Ciências, a crise das, 50, 80, 107, 117, 124, 149, 167
Ciência, teoria na, 104–105
Científica/o, experiência, lógica, método, 18, 21, 53

Científico, conceito: verdade/correção, 123, 198
Cinética, capacidade, 72–73
Clericus, J., 244–245
Cogitandum, 20, 23, 62, 104
Cogitatum, 31, 39, 56–58, 78, 112
Cogito, 34, 35, 38, 39, 42, 45–47, 50, 51–54
Comte, A., 155
Conceito, capacidade, funcionalidade, validade do, 13, 30, 77–78
Conceito e ciência da natureza, 179
Conceito e o esquema, 153
Conceito e razão, 197
Conceitos, história dos, 131, 164, 168, 169, 172, 173, 178, 184, 187, 197
Conceitual e metafórico, 67
Conhecimento, teoria geral do, 130
Consciência, 35–37, 39, 45, 47, 51, 54, 57–58, 64, 65, 72, 74–77, 83, 87, 88, 92, 96, 113–114, 147–148, 155, 188, 198, 206–207, 209, 238–241, 248, 251
Consciência e alteridade, 39
Consciência e diferimento, 75
Consciência e intencionalidade, 45, 57
Consciência e razão, 59
Consciência e reflexão, 53
Consciência e tempo, 32, 44
Conservação, conceito, princípio, 204, 211, 214, 222, 224–225, 228–229, 233, 235, 239, 240, 247, 249, 251, 254
Conservação e criação, 208, 227
Contingência, conceito, sistema escolástico da, 213, 221, 236, 238
Contradição, princípio da, 209
Controle negativo, 74
Copernicana, cosmologia, 112
Corpo, técnicas do, 122
Cosmo e racionalidade, 189
Costa Lima, L., 40, 137, 203, 257
Creatio continua, 110, 206–208, 213, 227, 229, 235, 238, 241, 243–245, 248, 250, 253
Criação, conceito de, 228, 236
Criptoteologia, 29, 38, 50
Cristã, cosmologia, 154
Cuidado (Sorge), 28, 52, 171
Cultura, conceito de, 84–85
Cultura, crise da, 84
Curiositas, 124, 187
Curtius, E. R., 192
Cusa, N. de, 145, 153

D

Darwin, C., 66, 124
Dasein, 23, 26–28, 30, 33, 38, 43, 52, 56, 63, 108, 158, 206, 211
Da Vinci, L., 146

De Gandt, F., 81, 97
Demócrito, 189
Demonstrativo, aparato, 24
Demonstrativo e reflexivo, juízos, 179
Derrida, J., 93, 163
Descartes, R., 31, 34–35, 50, 82, 84, 86, 94, 99, 103, 115, 117, 124, 152, 155, 172, 206–208, 218, 238–240, 243, 256
Descrição, descritivo, 51, 106, 239
Destruktion, 93, 99, 145, 154
Determinante, juízo, 40
De Warren, N., 81, 96–100, 109
Diderot, D., 121, 188, 205, 211
Dilthey, W., 203, 213–215, 237, 242–243
Direito, estado de, 214
Discursivas, formas, formações, 40, 67, 165, 176, 256
Dogmas, roda travada dos, 74
Dräger, H., 143
Duchamp, M., 200
Dupont-Roc, R., 136

E

Eidética, concepção, disposição, forma, redução, unidade, 41, 44, 45, 51–52, 55–58, 60, 62, 77, 221
Eissler, R., 126
Empírico, sujeito, 23, 34–35, 40, 46, 51, 100, 110, 116, 125, 132, 135, 186
Enigma, a metáfora como, 128
Entimema, 132–135, 167
Epicuro, 216
Epoché, 22, 23, 31, 41, 49–50, 62, 81, 92–93, 98, 103, 114, 117
Erxleben, J. C., 245–246
Escatologia, 157–158
Escatologia, ógico, 248–252
Escolástica, 203–206, 213, 215, 219, 222–223, 226, 227, 233, 233–234, 236, 247, 254
Esforço, conceito de, 212
Essência, 22–24, 26–31, 33–34, 36–38, 40–41, 42, 45, 49, 54–55, 62, 64, 72, 77, 92, 99, 104, 106, 115, 139, 173, 204, 214, 226, 239, 242, 246
Essência e fato, 49
Essência, intuição da, 31, 36, 38, 41
Essencialista, redução, 31
Estética, experiência, revalorização, 88, 183, 184, 186, 192, 194, 199, 255
Estoica, tradição, cosmologia, conceito, ética, matéria, princípio, recepção, 157, 203, 204, 213, 217, 219, 242–243, 248
Estrangeira, experiência, 41–44, 46, 51–52, 54, 60, 113–114
Ética, experiência, 40

Evidência, espécies de, 97
Evolucionista, explicação, 26
Existência, filosofia, problemática da, 31-33, 49
Expectativa, 36-38
Experiência, 18, 20, 41, 70
Explosiva, metáfora, 174, 192, 256
Explosiva, metáfora e tradição mística, 180
Externa, percepção, 53
Extramundana, transcendência, 38

F

Factualismo e positivismo, 50
Fato, índole, legitimidade de, 46, 50
Fenômeno, 18
Fenomenologia clássica, husserliana, 13, 17, 31-32, 33, 40, 51, 55, 62, 177
Fenomenologia, conversão religiosa, 115
Fenomenologia e cartesianismo, 33
Fenomenologia, função salvadora da, 50
Fenomenologia, hegelianismo secreto, 116
Fenomenologia, temática transcendental da, 13, 80
Fenomenológica, tarefa antropológica, 20, 34, 38, 118, 148
Fenomenológico(a), atitude, descrição, ingagação legado, operação, sujeito, proposta, 20, 24-25, 47, 50, 77, 85, 98
Feron, O., 255
Ficção, 67, 79
Ficcional, discurso, 140
Ficcionalidade literária, teoria da, 17
Figura, 128, 146
Filosofia e não conceito, 164, 168
Filosofia e razão universal, 95, 100
Filosofia e retórica, 136
Filosofia X técnica, 147
Filosófica, antropologia, 13, 30, 33, 52, 67, 72-73, 78, 109, 188
Fink, E., 80, 92-94, 98, 109, 115
Força, conceito de, 204, 212
Forma e Gestalt, 103, 193, 199
Formey, 205-209, 211-212
Foucault, M., 93
Franco, M. A., 128
Freud, S., 46, 113, 116, 179, 253
Friedrich, H., 88, 249, 252
Fumarolli, M., 152
Fundamental, ontologia, 30, 62, 171, 180

G

Gadamer, H. G., 158-159, 167, 178
Galileu, 44, 96, 101, 108-109
Gandhi, M., 109
Gehlen, A., 61-63, 67-76, 78, 171-172, 176

Genética, lógica, 23-25, 101, 115
Ghiazza, S., 122, 137
Global, capitalismo. *cf.* Capitalismo
Górgias, 151
Graça, doutrina agostiniana da, 162
Guernsey, 71, 76
Gurwitsch, A., 25

H

Haverkamp, 182, 196
Hegel, G. W., 155
Heideggeriano, pensamento, 17, 22, 52
Heidegger, M., 13, 30-33, 35, 38, 43, 49, 52, 56, 62-63, 67, 78, 85, 93, 99, 108, 145-147, 155, 163, 170-172, 179, 181-182
Heidenreich, F., 176, 177-181
Heinrich, D., 143
Herder, J.G., 61-63, 65-68, 71-75, 176
Hermenêutica, 139, 158-159
Hermenêutica, conceito na, 178
História, conceito de, 168
história e cosmo, 156
História, filosofia da, 46, 108, 148, 155, 172, 187.
   cf. também História, reflexão fenomenológica.
História, reflexão fenomenológica, 22, 36-37, 45, 47, 106
História, tecnização e retórica. 171
Historismo, 56
Hobbes, T., 29, 60, 67, 203, 211-212, 214-215, 221, 241, 253
Homem, ciências do, 209
Homem, como criatura carente, 70, 72, 74, 152, 176
Homem, configuração biológica, 53, 63, 69, 74, 78, 113
Homem e diferimento, 75, 77
Hominização, processo de, 72
Hugo, V., 86, 88
Hume, D., 95-96, 111, 205
Husserl, E., 12-13, 17-35, 37-62, 67, 72, 74, 76-78, 79-118, 124, 143, 145-150, 154, 162, 164, 167, 177, 197, 257
Husserliana, transcendência, 31
Husserliano, cartesianismo, 30, 35, 62
Husserliano, essencialismo, 34, 40-42, 63
Husserliano, o aporético, 112
Husserliano, projeto, 25

I

Ideias, história moderna das, 206
imagem e conceito, 123
Imaginação, 19, 90, 206, 251

Imaginário, controle do, 78, 137
Imóvel, primeiro motor, 232-233
Inconceituável, 174. *cf.* também Não conceitualidade.
Indecidível, 127
Indeterminação, princípio da, 60, 70, 77-78
Inércia e conservação, 244
Inércia, força, príncipio da, 203, 204, 217, 244
Infinita, tarefa, 20
Infinito, 18, 20
Instauração, conceitos de, 122
Intencionalidade, 45, 51, 52, 56-57, 114, 147-149, 175, 180, 191-192, 194-196, 237. *cf.* também Consciência e intencionalidade.
Intencionalidade, teleologia da, 149
Intersubjetividade, 42-43
Intuição, 18-20, 31, 33-36, 38, 45, 54, 104, 117, 186, 198
Intuição de si, 34
Iser, W., 184

J

Jansse, P., 114
Jäsche, B., 27
Jauß, H. R., 184
Jean-Paul, 170
João, 157
Joyce, J., 178
Jünger, E., 89

K

Kant, I., 18-21, 26-27, 33, 40, 60, 86, 95, 108, 110-112, 116, 117, 153-154, 165, 179, 186, 198, 214, 245, 255
Kant, símbolo em, 153, 186
Kästner, A. G., 229-231
Kaube, J., 142, 189
Kierkegaard, S., 31-32
Kleiber, G., 121
Klinkenberg, G.-M., 121

L

Lallot, J., 136
Lamartine, A. de, 86, 88
Langrebe, L., 143
Lapa, R., 128
Lebenswelt, 17-18, 20-21, 52, 97-100, 109, 114-115, 123, 143, 145, 164, 167, 172, 184
Leibniz, G. W., 188, 205, 229-230, 241, 243, 245-247
Lembrança, 36-38, 44, 46, 54-57, 206
Lévy-Bruhl, 25, 115
Lewitscharoff, S., 144
Liberdade, postulado da, 198

Lichtenberg, G. C., 245
Linguagem, capacidade, função, invenção, origem, realce, 61, 65, 67, 69, 72, 75, 121
Linguagem, eixos da, 14, 25, 70, 93, 165, 179-181, 189, 199
Lipsius, J., 213
Literário, teoria do discurso, 79
Lorenz, K., 68-69
Löwith, K., 155-157

M

Mängelwesen,. *cf.* Homem, como criatura carente.
Marquard, O., 31-32, 35, 40-41, 144, 182, 185, 194
Marx. K., 91, 92, 155
Matemática, equação, figura, formalização, 97, 100, 103, 104, 109
Matemático, objeto., 41, 105, 108
Matematizável, certeza, 102
Mauss, M., 122
Medicina, 132
Memória, 44, 46, 52, 57. *cf.* também Retenção.
Mende, D., 127, 163-169, 171, 178, 181, 187
Mercadoria, fetichismo da, 91
Merleau-Ponty, M., 93, 175
Messiânico, fluxo, 158
Metafísica, história da, 222
Metafísico, enunciado, 130
Metáfora, analogia, 125, 243
Metáfora e plano predicativo, 139, 186
Metáfora, espécies de, 14, 256
Metáfora e transposição, 123, 137-138, 255
Metafóra(ico), 78, 105, 121-123, 139, 153, 160-161, 167, 183, 185, 189, 192, 194, 196-197, 197, 199, 205, 216, 229, 232, 253
Metáfora, metacinética da, 167, 171
Metafórico e conceitual, 123, 137, 159
Metaforologia, 154, 163, 166-174, 175, 178, 182-185, 187, 193, 196, 256. *cf.* Não conceitualidade.
Metaforologia e conceitualidade, 164-165, 180, 255
Metaforologia e indizibilidade, 180
Metaforologia e metafísica, 182
Mímema, constituição do, 127, 197
Mímesis, 14, 79, 127, 136, 165, 174, 197
Miranda, Sá de, 128
Mito, 190
Mnese, 52, 57-58
Moderna, ciência,. *cf.* Ciência.
Modernos, tempo, começo dos, 156, 203, 254
Mohanty, J., 21
Mônada, 54-55, 229-230

Monod, J.-C., 142, 143, 155, 167, 175–176, 182
Montaigne, M., 191
Montesquieu, C.-L. de, 242
Morte, irrepresentabilidade de, 59
Movimento, teoria aristotélica do, 206, 222
Mundo, adiamento da destruição do, 210
Mundo, intuição do, 18–20
Mundo, questão do, 17, 96, 170
Musset, E. de, 86, 88

N

Não conceitualidade, 67, 78, 106, 140, 154, 163, 165, 176–178, 184, 188, 190, 192, 196, 255–256
Natural, lei, 63, 211–212, 247
Natureza, 22, 43, 59, 64–65, 97, 146, 147.
    cf. também Ciência/s
Natureza e técnica, 146
Negação, invenção da, 53, 59
Negatividade, tradição da, 95
Negativo, controle,. *cf.* Controle negativo.
Nero, 248
Neske, G., 26
Newton, I., 203, 205, 212, 244–246
Newtonianismo, 206
Nietzsche, F., 252–253

O

Objetividade/smo, 30, 42, 50, 52–53, 81, 83, 91, 102
Objetivo, mundo / objetivação do, 42, 43–44, 92, 103
Objetualidade, 52
Ockham, W. de, 124, 228, 235–236, 237
Oken, L., 124
Ontológica, tradição, 154
Orgânica, metáfora, 123, 125, 225
Ousia,. *cf.* Essência
Outro, carnalidade do/ transparência do, 43, 51, 54

P

Paci, E., 91, 108
Pascal, B., 146, 188
Paulo, 157, 206, 248
Pergunta e resposta, 167
Pinto, A. M., 127
Platão, 41, 61, 100, 131, 189, 214
Platônica, anamnese, 171
Platônica/o, concepção, entrave, pensamento, variante, 23–24, 41, 51, 100, 151, 216, 230
Platônico, mito, 193, 196
Platonizante, idealismo, 39
Plessner, H., 69

Poe, E. A., 89
Poética, 121–122, 127, 129, 136, 137, 193
Poiret, R., 208, 210, 246
Positivismo/ta, 24, 33, 44, 50, 91, 94, 167, 179
Prazenteiro, ânimo, 30
Pré-científica, etapa, 22
Pré-lógica, mentalidade, 25
Preservação, 205, 209
Prevenção, 60, 74–75, 199
Primeiros princípios, ciência dos, 132, 162
Prinz, H. B., 68
Probabilidades, cálculo das, 188
Produção, mímesis da, 174
Progresso, crença, teoria do, 155, 177, 252
Protensão,. *cf.* Retenção.
Provável, a linguagem do, 135
Pseudo-Longino, 122
Puffendorf, S. von, 60

Q

Quintiliano, M. F., 129

R

Razão, 12, 19, 30, 36, 40–41, 45–46, 50, 57–59, 65, 67, 72, 75–77, 80, 89, 95–96, 100, 102, 112, 116, 150
Razão e diferimento, 75
Razão e plenitude teleológica, 150
Razão, perversões da, 46
Realitas e perfectio, 204, 216
Redução, 22–23, 29, 43, 47, 49, 59, 81, 92, 117, 136, 188, 236
Reducionista, método, 23
Reflexão, 39, 52–54, 56–58, 78, 85, 87, 105
Reflexão, juízo de, 40, 165, 186
Reflexivamente, 56
Relação, conceitos de, 231
Retenção, 32, 36–37, 44, 46, 52–54, 56–57
Retórica, 105, 121–122, 125, 129–130, 131–134, 136–137, 139, 147, 151–153, 158, 167, 171–173, 179–181, 188, 200
Retórica, espécies de, 133
Retórica, técnica, 146
Retórica, teoria da argumentação, 153
Retórico, 178
Ricoeur, P., 45, 81, 122, 134, 136–139, 197
Ritter, J., 126, 164–167, 172, 179, 183, 197
Ritter, J. W., 252
Rosa, J. G., 178
Rothacker, E., 126, 183
Rousseau, J.-J., 62, 131, 205

267

S

Sainte-Beuve, C. A., 86
Sartre, J.-P., 93, 175
Scheler, M., 30, 32, 53, 99
Schelsky, H., 69
Schlanger, J., 122-125, 137
Schmitt, C., 67, 154, 160-163, 174
Schopenhauer, A., 60
Schütz, A., 109
Scott, D., 235
Secularização, 154-162
Secularização e tempos mdernos, 159
Sêneca, 218
Ser, clareira do, 37
Ser, em Heidegger, 22-23, 26-28, 37
Ser, essência da existência, 171
Signo, arbitrariedade do, 62
Simbólico, cálculo, 39
Simmel, G., 82-87, 89
Sócrates, 146, 151
Sofistas, 131, 146, 173
Sorge,. *cf.* Cuidado.
Spaemann, R., 204
Spinoza, B., 204-207, 211-212, 214, 216, 238, 241-244, 246, 253
Stebbing, L. S., 130
Storch, O., 69
Ströker, E., 21
Sublime, 18-20, 122
Sujeito e objeto, 82, 84, 86
Süßmilch, J. P., 62

T

Tácito, 190
Tanine, J. G., 122
Téchne, 94, 102, 105, 132-133, 135, 145, 171-172, 199
Técnica, 146
Técnica, primado da, 32
Tecnização, 39, 106-107, 109, 116, 147, 149, 151, 166-167, 172
Tecnização, O Mundo do vida e a, 123, 145, 150-151, 182
Tecnização X teoria, 50, 150, 162
Teleologia(ógico), princípio, 203, 219, 234, 237
Telesio, B., 213, 214, 217, 238, 243
Tempo, consciência externa do, 58
Tempo, consciência íntima do, 53-54
Tempo, pontualidade do, 207
Teodiceia, 208-210, 249, 251
Teologema, 111
Teológica, transcendência, 31
Teoria, concepção, 35
Theoretikos X artesão, 146

Todt, Organização, 143
Total, horizonte, 127, 175, 192
Transcendental, dimensão, espectador, identidade, 44, 52, 55
Transcendental, redução, 38, 45, 46, 115
Transcendental, sujeito, 45, 46, 70, 117
Tropo, 122, 129, 136, 211
Turgot, J., 155

U

Uexküll, J. V., 69
Ungaretti, G., 174, 198
Untersteiner, M., 151

V

Valéry, P., 146
Valesio, P., 121
Verblendung, 48-49
Verdade, discurso da, questão da, 96, 100, 116, 123, 175, 185, 194, 215
Verdade e conceito, 173
Verdade versus metáfora, 255
Verossimilhança, 133, 188, 197
Vico, G. B., 131, 167
Vida, essência da, 108
Vida, essência do mundo da, 115
Vida, metafórica da, 253
Vida, mundo da,. *cf.* Lebenswelt.
Vieira, A., 152
Vigny, A. V., 86, 88
Vives, J. L., 213, 215, 238
Voltaire, F.-M., 155, 208, 242
Von Galen, conde, 142

W

Wallace, R., 155
Warhrol, A., 200
Weber, M., 162
Weinrich, H., 126, 129-130, 137-138, 140, 161
Weischedel, W., 131
Weitenkampf, J. F., 249, 251
Welton, D., 19
Willamowitz, U. v., 218
Wittgenstein, L., 130-131, 135, 167, 174, 179-180, 184, 192-193, 195
Wolf, C., 205
Wolff, U., 142

Z

Zenão, 215, 217-218, 221

OBRAS DO AUTOR

Por que literatura. Petrópolis: Vozes, 1966 (esgotado).
Lira e antilira: Mário, Drummond, Cabral (1968). Ed. revista e modificada. Rio de Janeiro: 1995; 3. ed. Goiânia: ed. martelo, 2014.
Estruturalismo e teoria da literatura. 1. e 2. ed. Petrópolis: Vozes, 1973 (esgotado).
A metamorfose do silêncio. Rio de Janeiro: Eldorado, 1974 (esgotado).
A perversão do trapezista: o romance em Cornélio Penna (1976). Ed. revista, com novo prefácio e intitulada *O romance em Cornélio Penna*. Belo Horizonte: UFMG, 2005 (esgotado.)
Mímesis e modernidade (Formas das sombras) (1980). 2. ed. atualizada. Rio de Janeiro: Graal, 2003.
Dispersa demanda. Rio de Janeiro: Francisco Alves, 1981 (esgotado).
O controle do imaginário. Razão e imaginação nos tempos modernos (1984); 2. ed. revista (1989). Cf. *Trilogia do controle*, 2007.0
O fingidor e o censor. Rio de Janeiro: 1988. Cf. *Trilogia do controle*, 2007.
A aguarrás do tempo: estudos sobre a narrativa (1989), esgotado.
Pensando nos trópicos (Dispersa demanda II) (1991), esgotado.
Limites da voz (Montaigne, Schlegel, Kafka) (1993); 2. ed. revista. Rio de Janeiro: Topbooks, 2005.
Vida e mímesis (1995), esgotado.
Terra ignota. A construção de Os sertões. Rio de Janeiro: Civilização Brasileira, 1997.
Mímesis: desafio ao pensamento. Rio de Janeiro: 2000; 2. ed.: Florianópolis, Editora da Universidade Federal de Santa Catarina, 2014.
Intervenções, São Paulo, Edusp, 2002.
O redemunho do horror. As margens do Ocidente (2003). 2. ed. São Paulo: Perspectiva, 2011.
História. Ficção. Literatura. São Paulo: Companhia das Letras, 2006; reimpressão, 2011.
O controle do imaginário & a afirmação do romance. Dom Quixote, As Relações perigosas, Moll Flanders, Tristram Shandy. São Paulo: Companhia das Letras, 2009.
Escritos de véspera, Aline Magalhães Pinto e Thiago Castañon (orgs.). Florianópolis: Editora da Universidade Federal de Santa Catarina, 2011.
Frestas. A Teorização em um país periférico. Rio de Janeiro: Contraponto, 2014.

TRADUÇÕES

Control of the Imaginary. Reason and Imagination in Modern Times. Minnesota: University of Minnesota Press, 1988 (esgotado).
Die Kontrolle des Imaginären. Vernunft und Imagination in der Moderne. Frankfurt am Main: Suhrkamp Verlag, 1990.
The Dark Side of Reason. Fictionality and Power. Califórnia: Stanford University Press, 1992.
The Limits of Voice. Montaigne. Schlegel, Kafka. Califórnia: Stanford University Press, 1996.
Mimesis. Herausforderung an das Denken. Berlim: Kulturverlag Kadmos, 2012

ORGANIZAÇÃO DE COLETÂNEAS

Teoria da cultura de massa. A. Moles, Erwin Panofsky et al. São Paulo: Paz e Terra, 7. ed. revista, 1. reimpressão, 2010.

Teoria da literatura em suas fontes, 2 v. Rio de Janeiro: Civilização Brasileira; 3. ed., 2002, esgotada; 4. ed (modificada), no prelo.

Mímesis e a reflexão contemporânea. Rio de Janeiro: Eduerj, 2009.

EM HOMENAGEM

Máscaras da mímesis. A obra de Luiz Costa Lima. H.U. Gumbrecht; J.C. de Castro Rocha (orgs.). Rio de Janeiro: Record, 1999.

Luiz Costa Lima: uma obra em questão. Dau Bastos (org.). Rio de Janeiro: Garamond/Faperj, 2010.

CADASTRO
ILUMINURAS

Para receber informações sobre nossos lançamentos e promoções, envie e-mail para:

cadastro@iluminuras.com.br

Este livro foi composto em *Chronicle* pela *Iluminuras* e terminou de ser impresso em agosto de 2015 nas oficinas da *Graphium* Gráfica, em São Paulo, SP, em papel off-white 70g.